警 察 法 学 文 库

湖北警官学院"荆楚卓越经管人才协同育人计划"项目资助出版

论联合国安理会决议的司法审查

熊安邦 著

WUHAN UNIVERSITY PRESS
武汉大学出版社

图书在版编目(CIP)数据

论联合国安理会决议的司法审查/熊安邦著.—武汉：武汉大学出版社,2019.12
警察法学文库
ISBN 978-7-307-21289-3

Ⅰ.论… Ⅱ.熊… Ⅲ.联合国安全理事会—决议—司法监督—研究 Ⅳ.①D813.4 ②D99

中国版本图书馆 CIP 数据核字(2019)第 268460 号

责任编辑:田红恩 责任校对:汪欣怡 版式设计:马 佳

出版发行:**武汉大学出版社** (430072 武昌 珞珈山)
(电子邮箱:cbs22@whu.edu.cn 网址:www.wdp.com.cn)
印刷:北京虎彩文化传播有限公司
开本:720×1000 1/16 印张:20.25 字数:289 千字 插页:1
版次:2019 年 12 月第 1 版 2019 年 12 月第 1 次印刷
ISBN 978-7-307-21289-3 定价:68.00 元

目　录

引　言

一、本书的研究意义

1. 理论意义

冷战结束以来，随着恐怖主义、民族分裂、跨国犯罪等非传统安全威胁增加，联合国安理会在维护国际和平与安全方面的管辖范围越来越广、措施越来越多，发挥的作用也越来越大；但与此同时联合国安理会的有关行动和决议的合法性也受到了越来越多的质疑，严重影响安理会的权威和有关决议的实施，最终影响到国际社会在维护国际和平与安全方面的合作。所以，就安理会决议的合法性问题展开深入系统的研究，对正确认识和处理维护国际和平与安全与维护国家主权、维护国际和平与安全与保护人权、维护国际和平与安全与国际法治的关系等重大理论问题具有重要的意义。

为了增强安理会决议和行动的合法性，提高安理会在维护国际和平与安全的作用与权威，有国家代表和学者提议建立国际法院对安理会决定进行司法审查的制度。然而，对安理会决议进行司法审查，在《联合国宪章》以及国际法院的相关司法实践中并没有直接的依据，所以对安理会决议进行司法审查只是一种理论构想。对于怎样构建对安理会决议的司法审查制度涉及很多理论问题，例如，构建这一国际司法审查制度的理论依据是什么，由谁来进行司法审查，司法审查的范围、标准、形式是什么，司法审查的法律效力如何？都需要从理论上来进行探讨，这些探讨将涉及国际法治、国际宪政、国际政治与国际法的相互关系等国际法领域的重大理论问题，因而对这一主题展开相关研究具有重要的理论意义。

2. 实践意义

自冷战结束以来，随着安理会在维护国际和平与安全方面发挥着越来越大的作用，安理会决议的合法性也受到了越来越多的挑战。增强安理会决议的合法性，对于提高安理会维护国际和平与安全的能力和威信将有极大的作用。目前，国际社会对联合国各方面改革的呼声越来越高，其中最为重要的是对安理会的改革，然而对安理会的改革涉及各国尤其是大国间的权力分配等国际政治问题，其难度之大是显而易见的，甚至可以说在可预见的时间范围内不会取得重大突破。在此背景下，如何增强安理会决议和行动的合法性、提高其在维护国际和平与安全方面的作用与权威，又是一个非常紧迫的问题，在这方面可以考虑重新调整联合国内部机构间的关系，建立国际法院对安理会决议的司法审查制度。

同时，中国作为联合国安理会常任理事国和一个正在崛起的负责任的大国，怎样应对这一重大问题，也将是一个重大挑战，所以对构建国际法院对安理会决议进行司法审查制度这一论题展开研究，对我们应对联合国改革和安理会决议合法性危机具有重大的实践意义。

二、国内外研究现状

1. 国内研究现状

第一，有关国际法院对安理会决议司法审查权的直接研究。目前国内就国际法院对安理会决议进行司法审查的问题，国内仅有几位学者在论文或著作中有所提及，并未对此进行深入系统的分析研究。如杨泽伟教授主编的《联合国改革的国际法问题研究》一书中，从国际法院改革的角度对建立国际法院司法审查制度有所提及；① 易显河教授在《向共进国际法迈步》一文中也对国际法院的司法审查权有所论及，在该文中，

----

① 杨泽伟：《联合国改革的国际法问题研究》，武汉大学出版社 2009 年版，第 191 页。

易教授指出："国际法院拒绝裁定它对安理会的决定不具有司法审查权，不过其亦从未声称拥有这样的权力。"①对国际法院司法审查权作出过比较深入的研究的论著有：高健军教授的《从"洛克比"案看国际法院同安理会的关系》、宋杰博士专著的《国际法院司法实践中的解释问题研究》以及王秀梅教授的论文《国际法院对安理会的司法审查权刍议——以国际组织宪政为视角》等。

高健军教授在《从"洛克比"案看国际法院同安理会的关系》一文中，在分析了国际法院同安理会的关系后，得出的结论是国际法院限制安理会权力行使方面应发挥一定的作用。高教授认为，虽然《联合国宪章》对安理会的权力作出过一些限制，但这种规定是不明确的，因而需要有关机关作出解释，而国际法院则是作出此类解释的最佳机关。国际法院在对《联合国宪章》进行解释时，会涉及对安理会决议的司法审查问题。不过他认为，国际法院在实施司法审查权的范围应当受到严格的限制，以免妨害安理会处理危机国际和平与安全的事项方面的效率。另外，要建立国际法院对安理会决议的司法审查制度，还需要对《联合国宪章》有关条款进行修改。②

宋杰博士在其专著《国际法院司法实践中的解释问题研究》中，在研究国际法院关于《世界卫生组织宪章》的解释问题时，分析了国际法院的司法审查权及其限制。他认为，就联合国大会和安理会决议而言，国际法院很难对其进行司法审查，如果国际法院这行使这种司法审查权，将会导致联合国各机关之间在管辖权问题上产生冲突。他还认为，国际法院不能对安理会决议实施司法审查是由国际法院所处社会的本质决定的，国际法院在实践中还从没有挑战过安理会决议的效力，国际法院采取的这种自我抑制态度是建立在对现实的认识与把握的

①　易显河：《向共进国际法迈进》，载《西安政治学院学报》2007年第1期，《新华文摘》2007年第13期长篇摘用，第13~16页。
②　高健军：《从"洛克比"案看国际法院同安理会的关系》，载《中外法学》1998年第1期。

基础之上。①

　　王秀梅教授在《国际法院对安理会的司法审查权刍议——以国际组织宪政为视角》一文中指出,谈及国际法院对安理会决议的司法审查问题时,洛克比案是一个不能绕过的案例,另外,安理会的造法性决议也引起了国际社会的巨大争议。人们对安理会行动合法性的质疑已经影响到人们对安理会维持国际和平与安全能力的信任,由国际法院对安理会决议合法性进行审查是按照西方国家国内宪政思维进行思考的产物。迄今为止并没有对此提出一个全面的方案,这主要是因为国际法院的对安理会决议的司法审查客观上会制约安理会维护国际社会安全的能力和效率。王秀梅教授还认为,随着安理会制定的法律越来越多,国际法院的法官已经无从继续回避其对安理会决议的司法审查,但对安理会决议进行司法审查需要对现行的国际制度作出重大改革,因此,确立并实现国际法院对安理会的司法审查制度,将任重而道远。②

　　第二,对相关国际司法机构的司法审查权研究。对其他国际司法机构的司法审查权研究对研究国际法院的司法审查权问题有重要的参考价值,这类研究成果主要体现在对欧洲法院的司法审查权方面的研究。如曾令良教授的《欧洲联盟法总论》一书,就从宪法的角度对"欧洲法院对欧盟机构行为的司法审查"以专章的形式进行了论述;③ 曾教授的《欧洲共同体司法审查制度剖析》一文对欧共体各类司法审查作了较为详尽细致的介绍与分析。④ 曾教授指导的董国路博士就是以《欧洲法院司法审查权研究》为题作为博士论文,该论文对欧洲法院的司法审查权作了详细论证。陈海明博士的《卡迪案及其对国际法意义的分析》对欧洲法院

---

① 宋杰:《国际法院司法实践中的解释问题研究》,武汉大学出版社 2008 年版,第 36~38 页。

② 王秀梅、李小玲:《国际法院对安理会的司法审查权刍议——以国际组织宪政为视角》,载《河南省政法管理干部学院学报》2011 年第 2 期。

③ 曾令良:《欧洲联盟法总论》,武汉大学出版社 2007 年版,第 279~304 页。

④ 曾令良:《欧洲共同体司法审查制度剖析》,载《武汉大学学报(社会科学版)》1988 年第 2 期。

审查安理会决议的合法性问题进行了比较深入的探讨;① 朱文奇教授的《论成立国际刑事法院的合法性问题》一文论及了前南国际刑事法庭对安理会建立其自身的决议合法性进行司法审查的问题。② 这些研究成果对研究国际法院的司法审查问题有重要的参考价值。

第三，对联合国安理会决议的效力及合法性问题的研究。国际法院的对安理会决议的司法审查，就是对其合法性的审查，所以有关安理会决议的效力及合法性的论文也是本书的重要参考资料。这方面的主要论文有：简基松教授的《对安理会"决议造法"行为之定性分析与完善建言》、洪永红的《试论卢旺达国际刑事法庭的合法性》、朱文奇教授的《论成立国际刑事法庭的合法性问题》、高健军的《从"洛克比"案看国际法院同安理会的关系》、黄瑶教授的《国际组织决议的法律效力探源》、杨泽伟教授的《再论国际组织决议的法律效力问题》以及秦娅的《联合国大会决议的法律效力》等。③

第四，对国际法院与国际司法制度及相关案例的研究。研究国际法院对安理会决议的司法审查离不开对国际法院、国际司法制度及相关案例的研究，国内这方面的著作有刘芳雄博士的专著《国际法院咨询管辖权研究》、宋杰博士的《国际法院司法实践中的解释问题研究》以及苏晓宏的《变动世界中的国际司法》等。④ 邵沙平教授主编的《国际法院新近案例研究(1990—2003)》一书对国际法院的相关案例进行较为深入分析

---

① 陈海明：《卡迪案及其对国际法意义的分析》，载《太平洋学报》2010 年第 1 期。

② 朱文奇：《论成立国际刑事法庭的合法性问题》，载《时代法学》2005 年第 6 期。

③ 简基松：《对安理会"决议造法"行为之定性分析与完善建言》，载《法学》2009 年第 10 期；洪永红：《试论卢旺达国际刑事法庭的合法性》，载《西亚非洲》2008 年第 9 期；朱文奇：《论成立国际刑事法庭的合法性问题》，载《时代法学》2005 年第 6 期；高健军：《从"洛克比"案看国际法院同安理会的关系》，载《中外法学》2002 年第 1 期；黄瑶：《国际组织决议的法律效力探源》，载《政治与法律》2001 年第 5 期；杨泽伟：《再论国际组织决议的法律效力问题》，载《法商研究》1998 年第 6 期；秦娅：《联合国大会决议的法律效力》，载《中国国际法年刊》，中国对外翻译出版公司 1984 年版，第 165～191 页。

④ 刘芳雄：《国际法院咨询管辖权研究》，浙江大学出版社 2008 年版；宋杰：《国际法院司法实践中的解释问题研究》，武汉大学出版社 2008 年版；苏晓宏：《变动世界中的国际司法》，北京大学出版社 2005 年版。

研究，尤其是该书对"洛克比空难案件引起的有关 1971 年《蒙特利尔公约》的解释和适用问题案"一案的介绍与评析具有重要的参考价值。①

2. 国外研究现状

国外学者关于安理会决议的合法性及司法审查问题研究主要是兴起于冷战结束后，尤其是洛克比案发生以后，就安理会决议的合法性、安理会与国际法院的关系等问题展开很多讨论。② 安理会通过决议成立前南斯拉夫国际刑事法庭后，就法庭的合法性问题也展开了一些讨论。2001年"9·11 事件"发生后，国际反恐形势发生了巨大变化，安理会通过了一系列反恐决议，国外学者又掀起了一次讨论安理会决议合法性问题的新高潮，如反恐与使用武力的问题、反恐与人权保护的关系问题等。③

---

①　邵沙平：《国际法院新近案例研究(1990—2003)》，商务印书馆 2006 年版，第 172~202 页。

②　See Franck, The "Powers of Appreciation": Who Is the Ultimate Guardian of UN Legality? (1992) 86 A. J. I. L. 519; Reisman, The Constitutional Crisis in the United Nations (1993) 87 A. J. I. L. 83; R. St J. Macdonald, Changing Relations between the Inter-national Court of Justice and the Security Council of the United Nations (1993) 31 Can. Y. I. L. 3; Watson, Constitutionalism, Judicial Review, and the World Court (1993) 34 Harv. I. L. J. 1; Gowlland-Debbas, The Relationship between the International Court of Justice and the Security Council in the Light of the Lockerbie Case (1994) 88 A. J. I. L. 643; Bedjaoui, The New World Order and the Security Council-Testing the Legality of its Acts (1994); Brownlie, The Decisions of Political Organs of the United Nations and the Rule of Law, in Essays in Honour of Wang Tieya (1994). p. 91; Gill, Legal and Some Political Limitations on the Power of the UN Security Council to Exercise its Enforcement Powers under Chapter VII of the Charter (1995) 26 N. Y. I. L. 33; Alvarez, Judging the Security Council (1996) 90 A. J. I. L. 1; Bernd Martenczuk, The Security Council, the International Court and Judicial Review: What Lessons from Lockebie, EJIL (1999), Vol. 10 No. 3, p. 525.

③　See Eric Rosand, The Security Council as "Global Legislator": Ultra Vires or Ultra Innovative?, 28 Foraham Int'l L. J. 542 (2004); Matteo M. Winkler, When Legal System Collide: The Judicial Review of Freezing Measures in the Fight Against International Terrorism (2007). Student Scholarship Papers. Paper 40; Kamrul Hossain, Legality of the Security Council Action: Does the International Court of Justice Move to Take Up the Challenge of Judicial Review?, Uluslarasi Hukuk ve Politika Cilt 5, No: 17 ss. 133-163, 2009; Andrea Bianchi, Assessing the Effectiveness of the UN Security Council's Anti-terrorism Measures: The Quest for Legitimacy and Cohesion, EJIL (2006), Vol. 17, No. 5, pp. 881-919.

一般均认为对安理会权力存在法律限制，即使是安理会为维持或恢复和平而采取行动，也应受《联合国宪章》及其规定的联合国宗旨与原则；另外，安理会受还受一般国际法规范、强行法规范和人权义务的约束。① 关于国际法院能否对安理会决议进行司法审查的问题，一般认为《联合国宪章》和《国际法院规约》均没有作出规定，《联合国宪章》的起草历史也表明国际法院对安理会的决议没有司法审查权。《联合国宪章》和《国际法院规约》虽然没有规定国际法院对安理会的司法审查权，但这并不表明国际法院不能对安理会决议实施司法审查，国际法院在实践中事实上对安理会决议进行了审查，尽管国际法院并不承认这一点。②

关于司法审查的方式，一些学者认为，国际法院的诉讼管辖仅限于国家之间的争端，这决定了不能在国际法院直接对安理会决议的合法性提出挑战，而是在国与国之间的争端中附带地审查安理会决议的合法性，而咨询管辖方式则是一种可行的方式。法院关于安理会决议越权的决定具有什么样的法律效力？在咨询管辖中当然只具有建议的性质。在诉讼管辖中，由于法院裁决只对当事国有约束力，而对安理会和其他国家没有法律约束力。法院的决定除了法律约束力外，还具有其他效果，其中最重要的就是削弱了安理会相关决定的合法性。关于法院审查的范围问题，最重要的是安理会根据《联合国宪章》第 39 条作出的决议是否可以被审查？关于根据《联合国宪章》第 39 条作出的决议能否审查的问题，有两种不同的观点。有学者认为，有关安理会《联合国宪章》第 39 条作出的决议是由一个政治机构对一个政治问题作出的决定因而是不可

① See Gill, Legal and Some Political Limitations on the Power of the UN Security Council to Exercise its Enforcement Powers under Chapter VII of the Charter (1995) 26 N. Y. I. L. 33, pp. 74-79; Hitoshi Nasu, Chapter VII Powers and the Rule of Law: The Jurisdictional Limits, Australian Year Book of International Law, vol 26 (2007): p. 87; August Reinisch, Developing Human Rights and Humanitarian Law Accountability of the Security Council for the Imposition of Economic Sanctions, Vol. 95, No. 4 (Oct., 2001), pp. 851-872.

② See Graefrath, Leave to the Court What Belongs to the Court: The Libyan Case, EJIL(1993), Vol. 4, No. 1, p. 184.

审查的观点是可以接受的，而且这类决定也没有可以审查的法律
标准。①

　　总的来说，国外学者有关安理会决议合法性问题的研究主要是个案
分析为主，② 研究方法以法律分析方法为主，成果形式主要是论文，也
有些专著有专章讨论此问题。③ 对于安理会的权限，学者们普遍认为应
给予限制，尤其是对安理会的准立法行为(quasi-legislative) 和准司法行
为(quasi-judicial) ，学者们表现出一定的担忧。④ 建立国际法院的司法

---

　　① 　Dapo Akande, The International Court of Justice and the Security Council: Is
There Room for Judicial Control of the Decisions of the Political Organs of the United
Nations?, International and Comparative Law, Vol. 46, 1997.

　　② 　Abdul Ghafur Hamid @ Khin Maung Sein, A Legal Implication of the Lockerbie
Case: Can the International Court of Justice Judicially Review Security Council Decisions?,
IIUM Law Journal Vol. 8, No. 2, (2000) , pp. 171-182; Jonathan A. Frank, A Return
to Lockerbie and the Montreal Convention in the Wake of the September 11ᵗʰ Terrorist
Attacks: Ramifications of Past Security Council and International Court of Justice Action,
30 Denv. J. Int'l L. & Pol'y 2001-2002, pp. 532-546; Lorraine Finlay, Between a Rock
and Judicial Review of Security Council Resolutions, 18 Tul. J. Int'l & Comp. L. 477,
2009-2010.

　　③ 　Jeremy Matam Farrall, United Nations Sanctions and the Rule of Law,
Cambridge University Press, 2007, pp. 72-76; Erika De Wet, The Chapter VII Powers
of the United Nations Security Council, Hart Publishing, 2004, pp. 25-132; Nigel
D. White, The United Nations System: toward International Justice, Lynne Rienner
Publishers, 2002, pp. 119-129; David Schweigman, The Authority of the Security
Council under Chapter VII of the UN Charter, Martinus Nijhoff Publishers, 2001,
pp. 205-286; Mohammed Bedjaoui, The New World Order and the Security Council:
Testing the Legality of its Acts, Martinus Nijhoff Publishers, 1994, pp. 55-95.

　　④ 　See Keith Harper, Does the United Nations Security Council Have the
Competence to Act as Court and Legislature?, (1994) 27 NYU JIL & Pol. 103; Vera
Gowlland-Debbas, Security Council Enforcement Action and Issues of State Responsibility,
(1994) 43 ICLQ 55; Frederick L. Kirgis, Jr. , The Security Council's First Fifty Years,
(1995) 89 AJIL 506; K. Robert, Second-Guessing the Security Council: the ICJ and Its
Power of Judicial Review, (1995) 7 Pace ILR, 281-327; G. R. Watson,
Constitutionalism, Judicial Review, and the World Court, (1993) 34 Harvard ILJ, 1-
45.

审查制度是较多学者提出的建议，但也有很多学者对此提出了反对意见，认为建立国际法院对安理会决议的司法审查制度缺乏一定的法理基础和现实政治基础。关于国际法院司法审查制度，学者们主要是从建立该制度的法理和法律方面来讨论的，也对司法审查的范围、标准、方式作了一些讨论，但研究主要是集中在某几个典型案例，并没有对司法审查制度作较为全面系统的分析研究。

三、本书的基本思路和研究方法

1. 基本思路

本书以冷战结束以来，国际格局形势所经历的重大变化和国际社会对国际法治不断强化的需求为背景，把握安理会决议合法性问题和司法审查之间的相互关系，从国际司法制度的发展和国际法治完善的角度，来分析和设想对安理会决议的司法审查制度之构建。

本书将首先在分析研究安理会决议合法性危机的基础上，从国际法治和对安理会权力限制的角度提出建立对安理会决议进行司法审查的可能性与必要性，接着具体分析司法审查主体的一般理论和实践，以及国际法院、前南斯拉夫国际刑事法庭、国际刑事法院、欧洲法院对安理会决议实施司法审查的理论和实践。在第三章，将探讨建立安理会决议司法审查制度应确立的原则，这些原则应包括案件性原则、政治问题不审查的原则、安理会决议有效推定原则以及安理会决议合法性解释原则，在国际法院对安理会决议进行司法审查还没有强有力的理论基础和明确的法律规定的情况下，国际法院应持司法克制主义的态度。第四章将在借鉴欧洲法院司法审查范围的基础上，将国际法院对安理会决议进行司法审查的范围主要限定于安理会根据《联合国宪章》第七章作出的有约束力的决议，但也应包括对安理会决议实施情况的审查。本书第五章将具体探讨对安理会决议实施司法审查应有的标准，即司法审查的依据。《联合国宪章》及其所包含的国际法基本原则理应被遵守，但国际强行法、国际习惯以及一般法律原则是否也应该是司法审查的依据，值得研究。第六章将探讨国际法院对安理会决议实施司法审查所应采取的方式。司法审查的方式按不同的标准可分为主动审查和被动审查、直接审查和间接审查、诉讼管辖与咨询管辖等方式。根据第三章所确立的司法审查原则，国际法院的司法审查应是一种被动的审查，在现有的诉讼管辖与咨询管辖方式下均可实施司法审查，但是否可以扩大咨询案的申请主体值得研究。本书第七章将分析对安理会决议实施司法审查的效力问题，尤其是当安理会决议被裁定为违法后，将有怎样的法律后果。本书的最后一章将在分析中国长期以来在国际法院和安理会实践的基础上，根据目前国际法治发展和联合国改革的趋势，提出中国在对安理会决议司法审查制度应持的立场。

2. 研究方法

案例分析法：案例分析法将是本书的一种重要研究方法，主要是通过分析有关国际法院案例(包括诉讼案例和咨询案例)来研究建立国际法院司法审查制度的可行性、司法审查的范围、标准、形式和效力。

比较分析法：本书还将运用比较研究方法，研究国内司法审查制度对国际法院司法审查制度的借鉴作用；同时也将注意到国内法律制度与国际法律制度的根本区别。

交叉学科研究方法：本书将运用交叉学科的方法如国际关系学、国际政治学等来分析对安理会决议进行司法审查的问题；安理会是一个政治机构，国际和平与安全也主要是一个政治问题，建立国际法院对安理会的司法审查制度也将涉及权力分配等国际政治问题，所以国际政治的分析方法也将是本书要采用的一种重要研究方法。

第一章　联合国安理会决议司法审查的法理基础

联合国安理会决议是重要的国际法律文件，但由于安理会自身原因和一些西方大国作用，安理会某些决议面临着合法性危机，一些学者提出了对安理会决议进行司法审查的建议，这些建议具有什么样的法理和法律基础将是本章探讨的主要内容。

第一节　安理会决议概述

联合国安理会作为联合国六个主要机关之一，占有首要的政治地位，是联合国集体安全机制的主要执行者，在维持国际和平与安全方面负主要责任。联合国自 1945 年正式成立以来，联合国安理会在维持和平、建设和平、调解和消除冲突、保护武装冲突中的平民、打击恐怖主义犯罪、防止核扩散和裁减军备等方面都取得了重大成就。但另一方面，由于国际政治格局的复杂多变以及国际法发展相对滞后，安理会自成立时起就一直面临着一系列的困难和挑战，很长时间都难以发挥其应有的作用。以安理会通过的决议数量为例，自 1946 年 5 月 17 日安理会通过第一份决议起到 1991 年苏联解体冷战结束，安理会在成立后的前46 年里，总共才通过了 700 多份决议，平均每年不到 16 份，其中最少的 1959 年才通过了 1 份决议，整个 20 世纪 60 年代共通过 54 份决议，①

---

① 资料来源：联合国网站，http：//www.un.org/chinese/documents/scres.htm.

安理会所能发挥的作用由此可窥见一斑。冷战结束后,国际格局呈现一超多强的多极化格局,美国外交政策呈现出单边化倾向,总是试图操纵安理会以推行其单边政策,所以尽管冷战结束以来,安理会通过的决议数量大幅增加,但一些安理会决议的合法性却受到众多质疑。

一、安理会决议的名称与分类

(一)安理会决议的名称

安理会在维持国际和平与安全的过程中,经常会形成和通过不同的文件,这些文件包括:安理会决议(the Resolutions of the Security Council)、安理会决定(the Decisions of the Security Council)、安理会主席声明(Presidential Statements)、安理会会议记录(Meeting Records)、安理会主席说明(Notes by the President)、安理会特派团报告(Mission Reports)及其他文件,这些文件的重要性和效力依次递减。[1]

在英文版的《联合国宪章》中并没有"resolution"这个词,全部采用的是"decision"这个词;[2] 而在中文版的《联合国宪章》中,与英文版的《联合国宪章》中的"decision"这个词对应的词是"决议",也就是说《联合国宪章》中文版的"安理会决议"就是英文版的《联合国宪章》中的"the decisions of the Security Council"。那安理会决议(resolution)和安理会决定(decision)的关系是怎样的呢?准确地说,安理会决议是安理会决定的一种文件形式,安理会的一份决议往往包含多项安理会决定;[3] 而安

---

① 靳玮:《安理会主席声明有何效力》,载《环球时报》2006年10月8日,第5版。

② 参看《联合国宪章》第25条、第27条、第41条、第44条、第48条均是采用的"decision"这个词,而且整个《联合国宪章》英文文本中根本就没有"resolution"这个词。

③ 如安理会关于利比亚局势通过的第1970(2011)号决议就包含安理会的多项决定,其中包括:决定将利比亚局势问题移交国际刑事法院检察官;决定对利比亚实施武器禁运;决定对卡扎菲等人实行旅行禁令;决定对卡扎菲等人和有关实体的资产实施冻结;决定实施有关指认标准;决定成立新的制裁委员会;决定继续积极处理该案等。

理会的决定有时包含在安理会的决议中，有时又是单独存在的，但单独存在的安理会决定没有正式的文件编号，单独存在的安理会决定一般涉及安理会的程序事项，① 目前安理会决定一般均包含在安理会决议中，所以，本书所论述的对安理会决议的研究，实际上就是对安理会决定的研究。

　　联合国安理会的文件中，安理会主席声明是重要性和效力仅次于安理会决议和安理会决定的重要文件。② 安理会主席声明需要得到 15 个理事国的一致同意，然后经过安理会轮值主席国主席在安理会大会上宣读后，变成安理会的一份文件。③ 但一般认为，安理会主席声明不具有法律效力，只是在对某个问题表达一种无需采取行动的观点，④ 所以有关安理会主席声明的合法性问题，也不是本书所研究的主要内容。

　　(二) 安理会决议的分类

　　1. 内部决议和外部决议

---

　　① 安理会的许多决定并没有以决议的形式出现，而是单独存在的，如安理会于 1950 年 4 月 12 日第 471 次会议委派 Sir Owen Dixon 为联合国印度巴基斯坦代表；又如 1950 年 6 月 25 日，安理会第 473 次会议决定依《暂行议事规则》第 39 条邀请大韩民国代表在审议"大韩民国遭受侵略之控诉"的问题期间列席安理会会议；再如 1990 年 8 月 2 日，安理会第 2932 次会议决定邀请伊拉克和科威特代表参与讨论有关项目，但无表决权等。这些决定都没有包含在安理会决议中，但这些决定也需要安理会理事国表决通过。

　　② 靳玮：《安理会主席声明有何效力》，载《环球时报》2006 年 10 月 8 日，第 5 版。

　　③ 靳玮：《安理会主席声明有何效力》，载《环球时报》2006 年 10 月 8 日，第 5 版。

　　④ 靳玮：《安理会主席声明有何效力》，载《环球时报》2006 年 10 月 8 日，第 5 版。曾令良教授也认为，安理会主席声明是没有法律约束力的文件，针对朝鲜的核试验和宣布退出《不扩散核武器条约》的行为，联合国安理会 2006 年 10 月 6 日发布了主席声明 (S/PRST/2006/41)。关于该份主席声明的法律效力问题，曾令良教授的观点是："虽然该声明是主席代表安理会发表的，甚至可以辩解为根据《联合国宪章》第七章而发表的，但是它毕竟只是一个表明政治态度的《主席声明》(a presidential statement)，而非安理会根据《联合国宪章》第七章以正式表决的方式而作出的具有法律约束力的'决议 (resolution)'"。参见曾令良：《朝鲜核试验问题的国际法考量》，载《世界经济与政治》2007 年第 1 期。

国际组织的内部决议和外部决议是按照决议制定的目的和效力范围来划分的。国际组织的内部决议主要是指国际组织为其内部工作目的而制定的、关于组织本身职能及其运行的决议。内部决议在国际组织决议中占有很大的比重，主要用于管理组织自身的内部事务。联合国安理会的这类决议主要包括：建立辅助机构；任命秘书长；选举国际法院法官；通过程序规则；请求国际法院发表咨询意见；接纳、中止和开除会员国等。当然有些内部决议也可能既对国际组织的外部关系产生影响，如建立联合国维持和平部队的决议，就具有重要的外部效果。

国际组织为了参与国际社会事务的管理，也会针对外部目的而制定一些决议，安理会的这类决议主要是针对联合国会员国通过的一些决议。当然，外部决议与内部决议之间的界限有时并不是十分清晰，有些内部决议往往也产生外部效果；而有些外部决议也会在组织内部产生约束效力；另外，有些决议实际上既是内部决议又是外部决议。①

2. 有约束力的决议和无约束力的决议

从安理会决议的约束力来划分，安理会决议可分为有约束力的决议和无约束力的决议。但从《联合国宪章》的规定来看，这一划分似乎也没有依据，因为根据《联合国宪章》第 25 条规定，"联合国会员国同意依宪章之规定接受并履行安理会之决议"，该条并未将联合国安理会决议作有拘束力和无拘束力之划分。正如《联合国机构惯例汇编》前言所指出的一样，第 25 条没有划定与之有关决定的明确界线，安理会没有理由认为有必要规定联合国会员国根据第 25 条承担的义务范围。从安理会的讨论来看，何种"决定"会员国有义务接受并执行，很难达成共识。② 在纳米比亚咨询意见案中，国际法院认为："就执行行动而言，第 25 条没有对安理会决定作出限制，仅规定适用于安理会根据《联合国

---

① 黄瑶：《国际组织决议的法律效力探源》，载《政治与法律》2001 年第 5 期。
② 许光建：《联合国宪章诠释》，山西教育出版社 1999 年版，第 176 页。

宪章》作出决定。这样，当安理会根据《联合国宪章》作出一项第 25 条下的决定后，包括投了反对票的安理会理事国和非安理会理事国的联合国会员国均应遵守这项决定。"①

一般认为，安理会根据《联合国宪章》第六章作出的决议只具有建议的性质，国家没有义务(除了道义上的)接受这类义务，而安理会根据《联合国宪章》第七章作出的决议是有拘束力的，会员国有义务接受并履行。② 但实际情况要比这类简单的划分要复杂得多，安理会根据《联合国宪章》第六章作出的决议也不是都没有法律约束力的，例如根据《联合国宪章》第六章作出的实施调查的决定，很多国家就认为是有拘束力的，而且会员国根据《联合国宪章》第 25 条有义务遵守这些决定。③ 另外，安理会有的决议即使是根据《联合国宪章》第七章作出的，也有可能是一项不具有拘束力的建议或呼吁，如安理会根据《联合国宪章》第七章作出的一些授权性决定，从这些决议的措辞来看，很难断定这些决议对联合国会员国有强制约束力。所以，有关安理会决议的约束力，有时主要取决于安理会本身的意向，即使有关的决议未援引《联合国宪章》第七章的条款，只要安理会认为这一决议具有强制力，会员国就应予以遵循；相反，援引了《联合国宪章》第七章的安理会决议，也可能只是一项不具有拘束力的建议或呼吁。④

二、安理会决议的法律性质

联合国安理会作为联合国最主要的机构之一，通过了大量的决议，而这些决议的法律性质是什么呢？学者们对此作了大量的分析研究，也形成多种不同的观点。一般而言，国际组织的决议是具有立法(law-

---

① Legal Consequences for States of the Continued Presence of South Africa in Namibia (South West Africa) notwithstanding Security Council Resolution 276 (1970), Advisory Opinion, I. C. J. Reports, 1971, pp. 41-42.

② 许光建：《联合国宪章诠释》，山西教育出版社 1999 年版，第 177 页。

③ 许光建：《联合国宪章诠释》，山西教育出版社 1999 年版，第 177 页。

④ 许光建：《联合国宪章诠释》，山西教育出版社 1999 年版，第 178 页。

enacting)和执法(law-executing)规则意义的法律行为。① 那么安理会决议具有什么样的法律性质,是不是国际法的渊源呢?

关于安理会决议的法律性质主要有以下几种观点:①安理会决议构成所谓的国际组织内部法律(internal law of international organization),② 不过这里所说的内部法律不同于一般所讲国际组织的内部组织法,如有关组织机构的结构、组成、职能等方面的内部组织法,而是指仅对组织成员具有法律约束力的内部决定。②安理会决议是一种法律行为,作为法律的一种新的分支,既不同于国家法也不同于国际法。③ ③国际组织法构成一种不同条约的法律渊源,但属于国际法律框架体系,国际法渊源由国际习惯、条约、一般法律原则以及国际组织创设的法律四类组成,传统的国际法划分不能反映现实情况,国际组织决议既不是条约也不是国际习惯,而是国际法的一种新渊源。④ 苏联学者 Krylov 就认为安理会决议是一种非常重要的国际法渊源,是国际法的第三渊源(the third source of international law)。⑤ ④安理会决议不是国际法的渊源,通过决议只是在执行某一规约,如条约等,决议只是条约法律的衍生物(derivatives of treaty law),不是独立的法律渊源,安理会的决议就是安理会履行《联合国宪章》所赋予的权力与义务。⑥

当然,关于联合国安理会决议的法律性质问题最权威的说法应该是作为联合国主要司法机关的国际法院的观点,国际法院在一些咨询管辖

---

① Renata Sonnenfeld, Resolutions of the United Nations Security Council, Martinus Nijhoff Publishers, 1988, p. 1.

② Renata Sonnenfeld, Resolutions of the United Nations Security Council, Martinus Nijhoff Publishers, 1988, p. 5.

③ Renata Sonnenfeld, Resolutions of the United Nations Security Council, Martinus Nijhoff Publishers, 1988, p. 5.

④ Renata Sonnenfeld, Resolutions of the United Nations Security Council, Martinus Nijhoff Publishers, 1988, p. 6.

⑤ Renata Sonnenfeld, Resolutions of the United Nations Security Council, Martinus Nijhoff Publishers, 1988, p. 6.

⑥ A. J. P. Tammes, Decisions of International Organs as a Source of International Law, RCADI, vol. 94, 1958/Ⅱ, p. 269.

案件和诉讼管辖案件中都适用过安理会的决议。① 在最近的科索沃独立咨询意见案中，国际法院就表示："在《联合国宪章》法律框架范围内，特别是基于《联合国宪章》第 24 条和第 25 条和第七章，安全理事会可以通过决议，施加国际法的义务。国际法院已经在一些情况下解释和适用这样的安全理事会决议，并一直视其为国际法规定的义务框架的一部分"。② 在该案中，国际法院还认为，"联合国安理会第 1244（1999）号决议是安全理事会根据《联合国宪章》第七章明确通过的，因此明确施加了国际法律义务。法院注意到没有任何参与者质疑，专门处理科索沃局势的第 1244（1999）号决议是有关科索沃局势的法律的一部分。"③可见，国际法院的观点是，安理会决议具有国际法性质，是国际法的一部分，至少安理会根据《联合国宪章》第七章通过的决议是国际法的一部分。

另外，近年来已有不少国际法学者在他们的著作中也把国际组织的决议列为国际法的辅助渊源之一。例如，欧美学者斯塔克的《国际法导论》、布朗利的《国际公法原理》、阿库斯特的《现代国际法概论》和伊格纳钦科主编的《国际法》等，我国学者王铁崖教授主编的《国际法》和梁

---

① See Legal Consequences for States of the Continued Presence of South Africa in Namibia（South West Africa）notwithstanding Security Council Resolution 276（1970），Advisory Opinion，I. C. J. Reports 1971，p. 16；Questions of Interpretation and Application of the 1971 Montreal Convention arising from the Aerial Incident at Lockerbie（Libyan Arab Jamahiriya v. United Kingdom），Provisional Measures，Order of 14 April 1992，I. C. J. Reports 1992，p. 15，paras. 39-41；Questions of Interpretation and Application of the 1971 Montreal Convention arising from the Aerial Incident at Lockerbie（Libyan Arab Jamahiriya v. United States），Provisional Measures，Order of 14 April 1992，I. C. J. Reports 1992，pp. 126-127，paras. 42-44；Accordance with international law of the unilateral declaration of independence in respect of Kosovo，Request for Advisory Opinion，para. 85.

② 联合国文件：《国际法院关于科索沃单方面宣布独立是否符合国际法的问题的咨询意见——秘书长的说明》，2010 年 7 月 26 日，A/64/881，第 30 页，第 85 段。

③ 联合国文件：《国际法院关于科索沃单方面宣布独立是否符合国际法的问题的咨询意见——秘书长的说明》，2010 年 7 月 26 日，A/64/881，第 30 页，第 85 段。

西教授主编的《国际法》等，都肯定了一部分国际组织的决议可以作为国际法辅助性渊源的地位。①

三、安理会决议的法律效力

有学者认为，"法律效力"和"法律拘束力"应该是有区别的。② 拘束力通常与义务相联系，指在法律上有必须履行的义务；效力的含义则比较广泛，有"结果""后果""效果"之意。③ 法律效力可以包括拘束效力和拘束效力以外的其他法律效力的各种情况，所谓"其他法律效力"主要是指能够引起法律后果、改变法律情势以及对法律的形成和发展产生影响和作用的各种法律上的效果。④

（一）安理会决议效力来源

如上所述，一项安理会决议是否具有约束力，关键在于安理会的意图是什么。如果安理会试图使一项决议成为有法律约束力的决定，则该决议就具有约束力。那么，为什么一项安理会决议对联合国会员国有约束力？这是安理会决议的效力根据问题，其实质上与国际法效力的根据同属一个问题。

关于国际法效力的根据，一般国际法理论认为，国家同意是国际法具有法律约束力的根据。如常设国际法院在荷花号案中指出："对各国有约束力的法律规则，源自各国的自由意志，该自由意志表现为公约或普遍接受为法律原则的惯例。"⑤《奥本海国际法》认为，国际社会各成

---

① 杨泽伟：《再论国际组织决议的法律效力问题》，载《法商研究》1998 年第 6 期。

② ［英］J. G. 斯塔克著，赵维田译：《国际法导论》，法律出版社 1984 年版，第 60 页。

③ 秦娅：《联合国大会决议的法律效力》，载《中国国际法年刊》，中国对外翻译出版公司 1984 年版，第 166 页。

④ 秦娅：《联合国大会决议的法律效力》，载《中国国际法年刊》，中国对外翻译出版公司 1984 年版，第 166 页。

⑤ Permlanent Court of International Justice Publication, Series A, Judgment No. 10, p. 18.

员的共同同意可以说是国际法作为法律体系的根据。① 王铁崖先生也认为，国际法效力的根据在法律上是各国的意志的协调一致，而在事实上是国家往来关系的需要。②

至于安理会决议的效力根据，则直接取决于《联合国宪章》，因为《联合国宪章》表现了联合国各会员国之间经过妥协和协调的共同国家意志，即安理会决议的效力根据最终是取决于联合国各会员国通过《联合国宪章》或加入联合国时所表达的共同同意。换言之，安理会决议的效力根据是各会员国通过《联合国宪章》所作的明确的书面授权。《联合国宪章》为安理会履行职责划定了权限范围，它是安理会开展活动的法律依据，也是其作出决议的法律基础。就安理会决议的约束力而言，其直接的法律基础就是《联合国宪章》，特别是《联合国宪章》第 25 条的规定，"联合国会员国同意依宪章之规定接受并履行安全理事会之决议"。鉴于联合国还享有必要的暗含权力，安理会决议的约束力还应当可以源自《联合国宪章》中的暗含规定。

（二）安理会决议约束的对象

联合国安理会决议对联合国会员国具有约束力已没有疑问，那么安理会决议对非联合国会员国的国家是否具有约束力呢？另外，安理会决议还能否对个人产生直接的约束力以及能否对其他国际组织产生约束力呢？这些问题都涉及安理会决议约束的对象问题。

首先，就非联合国会员国而言，《联合国宪章》并没有明确要求它们"接受并履行安理会之决议"，这一点与联合国会员国有些区别，但这并不是说非会员国就可以不遵守安理会决议，因为《联合国宪章》第 2 条第 6 项规定，"本组织在维持国际和平及安全之必要范围内，应保证非联合国会员国遵行上述原则"。很难想象一个非联合国会员国的国家在违反安理会决议的情况下，能够做到遵行《联合国宪章》所规定的各项基本原则，所以，非联合国会员国也应遵守联合国安理会决议，至少

---

① ［英］詹宁斯、瓦茨修订，王铁崖译：《奥本海国际法》第一卷第一分册，中国大百科全书出版社 1995 年版，第 8 页。

② 王铁崖：《国际法引论》，北京大学出版社 1998 年版，第 36 页。

在维持国际和平及安全之必要范围内如此。

其次，就个人（包括自然人和法人）而言，由于个人并不是国际法的主体，所以从理论上讲，安理会决议并不能对个人产生直接的法律约束力，个人并不存在直接违反安理会决议问题。即使是联合国安理会通过的一系列制裁恐怖主义分子、恐怖组织及有关人士的决议，也是对国家规定的义务，即国家应对这些制裁对象采取相应的措施，违反这些决议将由国家承担相应的国际法律责任。对个人直接产生法律约束力的制裁措施来源于各国执行安理会决议的法律规章以及司法行政命令等，而不是直接来自安理会决议或其他国际法。同样，如果某一个人违反了安理会有关经济制裁、旅行限制或武器禁运的决议，对该个人实施处罚的也是有关国家，而不是联合国安理会。所以，联合国安理会决议并不对个人产生直接的法律约束力。

最后，对国际组织而言，特别是政府间国际组织，它们不同于个人，它们属于国际法主体，因而包括联合国安理会决议在内的国际法对它们是有约束力的。《联合国宪章》第103条规定，"联合国会员国在本宪章下之义务与任何其他国际协定所负之义务有冲突时，其在本宪章下之义务应居优先"。虽然这条是对联合国会员国的义务规定，但由于政府间国际组织是由国家间协议成立的，所以国际组织的行为也不能违反联合国会员国根据《联合国宪章》所负之义务。而且，《联合国宪章》第48条第2项也规定，"此项决议应由联合国会员国以其直接行动、及经其加入为会员之有关国际机关之行动履行之"。这就是说，对于安理会的决定，联合国会员国不仅要以其作为联合国成员的直接行动遵照执行，而且还要以其作为其他国际组织成员的身份遵照执行，进而使这些国际组织实际上也必须执行安理会的决议。① 同时，安理会通过的很多决议中也明确规定国际组织应遵守安理会的决议。如联合国安理会2001年3月7日通过的有关制裁利比里亚的决议中就规定："吁请各国以及各有关国际组织和区域组织严格依照本决议的规定行事，而无须顾及在本决议通过之日以前所存在的任何权利或义务，或颁发的任何执照

---

① 许光建：《联合国宪章诠释》，山西教育出版社1999年版，第341页。

或许可证。"①所以安理会决议对国际组织是有约束力的，国际组织违反安理会决议将承担相应的国际法律责任。

(三)安理会决议的期限问题

安理会决议的效力还涉及安理会决议的有效期问题，即一项安理会决议在多长时间内对联合国会员国有约束力。安理会很多有关制裁的决议、维和行动的决议以及授权打击索马里海盗的决议都有明确的期限，但是在授权使用武力的决议中几乎都没有对决议的时效范围作出具体规定，安理会实际上把判断权交给了会员国，由会员国自行判断授权的开始和终止，由此留下后患。② 如 2003 年美英联军对伊拉克发动战争的依据之一就是"系列决议授权论",③ 该理论认为，联合国安理会在长达十多年的时间里对伊拉克的决议不是孤立的，而安理会对授权使用武力决议的时效没有作出具体的规定，也就是说，由于安理会第 678(1990)号决议并没有规定具体终止时间，因此联合国会员国可以根据安理会第 1441(2002)号决议重新自行决定使用安理会第 678(1990)号决议中所许可的武力措施。

第二节　安理会决议的合法性危机

一、合法性与正当性概念辨析

在论述安理会决议的合法性危机之前，有必要对合法性这一概念的含义进行界定。在我国学术界，"legitimacy"和"legality"这两个词都被翻译为"合法性"，不过，也有学者将"legitimacy"翻译为"正当性",④笔者个人更倾向于将"legitimacy"翻译为"正当性"；而将"legality"翻译

---

① 参见联合国安理会第 1343(2001)号决议，第 22 段。
② 戴轶：《试论安理会授权使用武力的法律规制》，载《法学评论》2008 年第 3 期。
③ 曾令良：《21 世纪初的国际法与中国》，武汉大学出版社 2005 年版，第 54 页。
④ 参见潘德勇：《论国际法的正当性》，载《法制与社会发展》2011 年第 4 期。

为"合法性"。由于这两个词之间有着很密切的关系，所以在此将对对这两个词的各自含义和关系进行简单分析。

"legitimacy"一词通常被用在社会学、政治学等学科中，在政治学中通常用来指政府与法律的权威为民众所认可的程度。马克斯·韦伯将合法性（legitimacy）作为一种社会学现象进行研究，韦伯认为，"合法性就是人们对享有权威的人的地位的承认和对其命令的服从"。① 哈贝马斯则认为，"合法性意味着对于某种要求行为正确的和公正的存在物而被认可的政治秩序来说，有着一些好的根据，一个合法的秩序应得到承认，合法性意味着某种政治秩序被认可的价值"。② 在国际法领域，国际法的正当性（legitimacy）也被越来越多的学者所讨论。③ 国际法的正当性包括两个方面，即形式正当性和实质正当性，形式正当性主要是指国际法的创制形式的正当，实质正当性主要是指国际法的正义性。④

而本书所讲的合法性（legality）纯粹是从法律角度而言，就安理会决议而言，其合法性是指安理会决议的决策过程以及内容符合国际法，而不论正当与否。合法性与正当性存在矛盾之处，有的决议是合法的但不

---

① ［德］马克斯·韦伯著，林荣远译：《经济与社会》（上册），商务印书馆2006年版，第239页。

② ［德］哈贝马斯著，张博树译：《交往与社会进化》，重庆出版社1989年版，第184页。

③ 如 Steven Wheatley, The Democratic Legitimacy of International Law, Hart Publishing, 2010; Lukas H. Meyer, Legitimacy, Justice and Public International Law, Cambridge University Press, 2009; Jutta Brunne, Stephen J. Toope, Legitimacy and Legality in international Law: An Interactional Account, Cambridge University Press, 2010; Rüdiger Wolfrum, Volker Röben, Legitimacy in International Law, Springe, 2008; Mattias Kumm, The Legitimacy of International Law: A Constitutionalist Framework of Analysis, EJIL. Vol. 15, 5（2004）. pp. 907-931; J. L. Goldsmith & E. A. Posner, The Limits of International Law, Oxford University Press, 2005; A. Buchanan, Justice Legitimacy, and Self-Determination: Moral Foundations for International Law, Oxford University Press, 2004. 国内的有潘德勇：《论国际法的正当性》，载《法制与社会发展》2011年第4期；刘志云：《国际法的"合法性"根源、功能以及制度的互动》，载《世界经济与政治》2009年第9期；王林彬：《国际法内在"合法性"的经济分析》，载《法学评论》2011年第1期。

④ 潘德勇：《论国际法的正当性》，载《法制与社会发展》2011年第4期。

一定是正当的，而有的决议是正当的但不一定是合法的。前者如联合国安理会对伊拉克的长期贸易禁运而导致的伊拉克人道主义危机；后者如安理会设立前南斯拉夫国际刑事法庭的有关决议。不过安理会的构成和决策过程的非正当性也会对其决议的合法性产生重要影响，如安理会组织结构不合理、决策程序不透明等也会导致安理会决议的合法性受到质疑。

总之，正当的不一定合法，合法的也不一定正当。本书所指的安理会决议的合法性主要是从实在国际法的角度来论述的，也就是说安理会决议的合法性危机主要是指安理会的决定违反了实在国际法。当然，由于实在国际法的不完善，正当性也可以成为考虑安理会决议合法性的重要因素。

二、安理会决议合法性危机的表现

联合国安理会虽然在维护国际和平与安全方面发挥着重要的作用，享有很高的政治权威，但是在安理会通过的决议中，很多决议的合法性受到了来自国际社会各方面的质疑。决议合法性危机有的涉及决议表决程序问题，有的涉及安理会是否超越其职权，还有的是涉及安理会自身的合法性，但其中最多的是对安理会决议是否超越其职权范围的质疑。

（一）安理会决议表决程序不合法

关于安理会的表决程序，《联合国宪章》《安全理事会暂行议事规则》①《安理会文件和程序》《安理会惯例汇辑》②中均有较明确的规定，

---

① 安全理事会第 1 次会议通过，后经下列各次会议修正：1946 年 4 月 9 日、5 月 16 日和 17 日、6 月 6 日和 24 日第 31、第 41、第 42、第 44 及第 48 次会议；1947 年 6 月 4 日和 12 月 9 日第 138 和第 222 次会议；1950 年 2 月 28 日第 468 次会议；1969 年 1 月 24 日第 1463 次会议；1974 年 1 月 17 日第 1761 次会议以及 1982 年 12 月 21 日第 2410 次会议。

② 安全理事会的《惯例汇辑》由秘书长应大会要求出版。根据 1952 年大会决议 686（Ⅶ）规定，自 1946 年以来《惯例汇辑》是一本安理会的指导性文件，它尽可能按照安理会的实际运作、《联合国宪章》的相关要求以及《安全理事会暂行议事规则》提供相关数据，它是唯一的正式记录。

但是仍有一些安理会决议是在这些文件没有明确规定的情况下通过的，于是便产生了对这些决议合法性问题的质疑，这方面典型的案例就是安理会在苏联代表缺席的情况下通过的一系列决议。这种情况首次发生在1946年，当时苏联代表退出安理会以抗议安理会决定在议事日程中保留对伊朗的指控，但是由于安理会的此项决定并不具有明显的非程序性质而很难形成有力的先例；另外，即使苏联代表出席会议，它也将有义务作为争端一方而弃权，① 所以对此项决定的合法性讨论的并不是很多。

另一个案例则发生在1950年，苏联代表因抗议中国国民党代表出席安理会会议而缺席7个月之久，在此期间安理会就朝鲜半岛问题作出了一系列决议。② 这些决议是安理会根据《联合国宪章》第七章作出的，属于实质性重要问题而非程序性的，但对决议的有效性一直存在异议。苏联的立场是，安理会在一个常任理事国缺席的情况下作出决定，是没有依照《联合国宪章》规定行事。③ 中国政府对安理会通过上述决议的法律效力是持否定态度的，中国认为，在中国和苏联两个常任理事国均缺席的情况下，安理会所通过的上述决议是"非法的"。④

同时，安理会就朝鲜半岛问题作出的一系列决议还因有关方面的代表没有被邀请参加安理会会议而受到质疑。当朝鲜问题第一次被审议时，安理会主席曾援用《暂行议事规则》第39条邀请大韩民国的代表参与讨论，而南斯拉夫关于邀请朝鲜民主主义共和国政府在安理会陈述该案案情的建议则遭到拒绝。⑤ 随后，安理会的这一行动受到了苏联代表的反对，苏联代表坚持，根据《联合国宪章》第32条规定，南北朝鲜的立场均应在安理会中得到陈述。经过长达一个月之久的激烈辩论，韩国

---

① 许光建：《联合国宪章诠释》，山西教育出版社1999年版，第199页。
② 这些决议包括安理会第82(1950)号决议、安理会第83(1950)号决议、安理会第84(1950)号决议、安理会第85(1950)号决议、安理会第88(1950)号决议。
③ 许光建：《联合国宪章诠释》，山西教育出版社1999年版，第199页。
④ 许光建：《联合国宪章诠释》，山西教育出版社1999年版，第199页。
⑤ 许光建：《联合国宪章诠释》，山西教育出版社1999年版，第216页。

的代表再次被邀请在安理会就座，而苏联的建议被否决。① 客观地讲，安理会在朝鲜民主主义共和国政府的代表没有被邀请参加安理会会议的情况下，就朝鲜半岛问题通过的决议是违反程序规定的，因为根据《联合国宪章》第 32 条规定，"联合国会员国而非为安全理事会之理事国，或非联合国会员国之国家，如于安全理事会考虑中之争端为当事国者，应被邀参加关于该项争端之讨论，但无投票权。安全理事会应规定其所认为公平之条件，以便非联合国会员国之国家参加"。显然，朝鲜应被邀请参加安理会会议，尽管它没有表决权。

　　当然，上述安理会决议因程序问题而产生的合法性问题带有明显的"冷战"痕迹，"冷战"结束后，这类情况就几乎没有了。但有一个例外，那就是关于洛克比空难安理会所通过的一系列决议，其合法性受到程序规则的困扰。如在安理会第 731(1992)号决议中，安理会敦促利比亚政府对法国、英国和美国的要求，即利比亚政府向英美国家移交两名涉嫌制造洛克比空难案件的犯罪嫌疑人，立即作出充分和切实的答复。如果安理会第 731(1992)号决议被认为是根据《联合国宪章》第六章作出的决议，那么根据《联合国宪章》第 27 条第 3 项的规定，英美法三国作为争端当事国则不能参与投票，而事实上英美法三国都参与投票，而且都是赞成票。这样安理会第 731(1992)号决议就违反了《联合国宪章》所规定的安理会投票规则。

　　(二)安理会决议越权

　　在法律权限范围内行为(intra vires)是合法性原则之一，② 所以安理会越权是安理会决议遭受质疑的原因之一。安理会作为联合国中唯一有权采取行动来维护国际和平与安全的机关，拥有广泛的职权，安理会的职权主要包括以下三个方面：第一，和平解决争端方面的职权；第二，维持和平与制止侵略方面的职权；第三，其他方面的职权。虽然安理会在维护国际和平与安全方面拥有较为广泛的职权，但对"冷战"结束以

① 许光建：《联合国宪章诠释》，山西教育出版社 1999 年版，第 216 页。

② Kenneth Manusama, The United Nations Security Council in the Post-Cold War Era: Applying the Principle of Legality, Martinus Nijhoff Publishers, 2006, p. 31.

来安理会通过的一些决议是否超越其职权范围也存在异议，这些异议主要是针对安理会所谓的"准司法性（quasi-judicial）"和"准立法性（quasi-legislative）"决议。

1. 洛克比空难案的有关决议

关于安理会通过的决议是否越权的问题，较有影响的一个案例就是安理会于洛克比空难案发生后通过的一系列决议。1988 年 12 月 21 日，美国泛美航空公司 103 航班客机在苏格兰南部洛克比镇上空爆炸坠毁，机上 259 名乘客和机组人员以及当地 11 名居民全部丧生。英美两国指控两名利比亚情报官员参与制造了这起空难，要求利比亚交出犯罪嫌疑人接受英国的审判，利比亚予以拒绝。1992 年 1 月 2 日，联合国安理会通过第 731（1992）号决议，要求利比亚立即对英美提出的法律程序上的要求给予答复。1992 年 3 月 3 日，利比亚在国际法院分别起诉英国和美国，认为洛克比空难应适用 1971 年 9 月于蒙特利尔签订的《关于制止危害民用航空安全的非法行为的公约》（以下简称《蒙特利尔公约》），根据该公约规定的"或引渡或起诉"的原则，利比亚有权将犯罪嫌疑人交本国司法机构审判。之后，即 1992 年 3 月 31 日，安理会通过了第 748（1992）号决议，认定利比亚没有履行第 731（1992）号决议。1993 年 1 月 11 日，安理会又通过了第 883（1993）号决议，对利比亚进行经济制裁。

对安理会第 731 号（1992）、748 号（1992）和 883（1993）号决议的合法性，利比亚表示异议，从这三份决议草案通过的安理会会议上的发言可以得出这一结论。在第 731（1992）号决议通过的会议上，利比亚战略工业部长贝尔加塞姆·埃尔塔尔希就指出："安理会要处理的是一个法律问题；这是一个与管辖权冲突有关的问题，是有关引渡要求方面的法律裁断的争端。国际法和国际公约规定了解决该问题的具体方法和途径。1971 年《蒙特利尔公约》第 14 条就规定可以将公约的解释与适用发生的争端提交国际法院解决，而且，根据《联合国宪章》第 36 条第 3 款，'凡具有法律性质之争端，在原则上，理应由当事国依《国际法院规约》之规定提交国际法院。'安理会不是审议该问题的主管机构。"①

---

① 联合国文件：《安理会第 3033 次会议临时逐字记录》，1992 年 1 月 21 日，S/PV. 3033，第 7 页。

埃尔塔尔希在该次会议上还指出："将利比亚与美英等国的法律纠纷提交给安理会，使之从法律领域转到政治领域是没有道理的，因为安理会没有审议法律纠纷的职权，《联合国宪章》载有关于通过仲裁和适当法律程序处理这些纠纷的办法的明确条款。"①埃尔塔尔希认为："安理会工作的法律效力取决于它是否遵守《联合国宪章》的各项规定和妥善地执行这些规定；无视这一纠纷的法律性质，并且将它当作一个政治问题来对待，这就公然违反《联合国宪章》第 27 条第 3 款的明确规定。"②

伊朗代表扎里夫也认为："安理会的决议草案超越了《蒙特利尔公约》明确规定的国际法准则。利比亚提出的把此案提交国际仲裁的建议应得到国际社会的支持。安理会不能为了打击国际恐怖主义而违反其他法律，这种做法成为毒树上的果实，因此不能被有理智的人们所接受。"③苏丹代表哈桑则认为："联合国正在审议的只是没有法律证据的指控，希望安理会考虑这些因素，并在处理这类问题时给实施法治、逻辑和常理一个机会，即通过诉诸国际法律机构。"④还有一些国家对安理会处理该问题表示了一定的担忧，并强调安理会的这一涉及司法的行动不能成为先例。⑤

在安理会第 748(1992)号决议通过的会议上，利比亚代表埃勒胡德

---

①　联合国文件：《安理会第 3033 次会议临时逐字记录》，1992 年 1 月 21 日，S/PV.3033，第 10 页。

②　联合国文件：《安理会第 3033 次会议临时逐字记录》，1992 年 1 月 21 日，S/PV.3033，第 11 页。

③　联合国文件：《安理会第 3033 次会议临时逐字记录》，1992 年 1 月 21 日，S/PV.3033，第 28 页。

④　联合国文件：《安理会第 3033 次会议临时逐字记录》，1992 年 1 月 21 日，S/PV.3033，第 15 页。

⑤　联合国文件：《安理会第 3033 次会议临时逐字记录》，1992 年 1 月 21 日，S/PV.3033，第 13 页、第 44 页，分别参见阿拉伯国家联盟副秘书长阿德南·乌姆兰和印度代表加拉汗的发言。

里再次指出，安理会第 731(1992)号决议违背了《联合国宪章》。① 关于安理会第 748(1992)号决议草案，埃勒胡德里认为："在今天摆在安理会面前的决议草案中看到的是某些常任理事国通过强加不仅违反国际合法性而且公然侵犯这一合法性的决议滥用安理会的例子。"②佛得角代表诺特达姆认为："每当涉及法律问题时，联合国的司法机构——国际法院——应该发挥作用，恰如《联合国宪章》第 36 条第 3 款所述。国际法院目前正在讨论这项问题，等国际法院就何种法律适用于司法权问题作出裁决之后，安理会再采取行动比较适当。"③津巴布韦代表曼本格韦也表达了类似的观点，作为一项普遍原则，《联合国宪章》规定法律性质的争端应该由当事方提交国际法院。④

在安理会第 883(1993)号决议通过的会议上，利比亚代表胡德里指出："把安理会卷入引渡问题是危险的，这是个需要由有关国家谈判后缔结双边或多边协议来解决的敏感和复杂的法律问题，把安理会卷入这类问题树立了一个危险的先例。这份决议草案构成了对《联合国宪章》和国际法准则的公然违反，一旦它以其现有内容并以这种方式通过，就将成为安理会工作中的一个危险转折点，并构成安理会不是代表联合国全体会员国，而是代表一两个国家的意愿在工作的明显证据。"⑤阿拉伯国家联盟主席雅辛表示："这一争端是法律性的，属于法院和直接有关的机构的职权范围，而不属于安理会的职权范围，因为《联合国宪章》并未授权安理会行使这样的职责。安理会通过了对利比亚实行具体制裁

---

① 联合国文件：《安理会第 3063 次会议临时逐字记录》，1992 年 3 月 31 日，S/PV.3063，第 6 页。

② 联合国文件：《安理会第 3063 次会议临时逐字记录》，1992 年 3 月 31 日，S/PV.3063，第 9 页。

③ 联合国文件：《安理会第 3063 次会议临时逐字记录》，1992 年 3 月 31 日，S/PV.3063，第 21 页。

④ 联合国文件：《安理会第 3063 次会议临时逐字记录》，1992 年 3 月 31 日，S/PV.3063，第 24 页。

⑤ 联合国文件：《安理会第 3312 次会议临时逐字记录》，1993 年 1 月 11 日，S/PV.3312，第 13 页。

的第 731(1992)号决议。这项决议是以《联合国宪章》第七章为基础的，该章涉及的是威胁国际和平与安全的侵略局势。这不适用于利比亚和上述三国之间目前的这一争端，这样一个争端应在国际法院指定的一个法庭上解决，或按照《联合国宪章》第六章加以解决。"①

2. 设立国际刑事法庭的决议

针对 20 世纪 90 年代在前南斯拉夫领土内发生的大规模的种族清洗罪行和卢旺达国内武装冲突中所发生的种族灭绝大屠杀，联合国安理会分别于 1993 年 5 月和 1994 年 11 月通过决议②成立了"前南斯拉夫国际刑事法庭(International Criminal Tribunal for the Former Yugoslavia, ICTY)"和"卢旺达国际刑事法庭(International Criminal Tribunal for Rwanda, ICTR)"。联合国这两个特设法庭自成立时起就面临着"合法性"的问题。按照刑法"合法性原则"，只有经合法、正当程序成立的法庭才能对被告进行审理，刑法这一原则不仅适用于各国国内法庭，同样也适用于国际刑事法庭。联合国《公民权利和政治权利国际公约》第 14 条第 1 款就规定："……在判定对任何人的任何刑事指控或确定他在一件诉讼案中的权利和义务时，人人有资格由一个依法设立的合格的、独立和无偏倚的法庭进行公正的和公开的审理……"

在前南斯拉夫国际刑事法庭成立后审理的第一案——塔迪奇(Tadić)案中，该法庭的合法性就受到了被告达斯克·塔迪奇(Duško Tadić)的质疑。在塔迪奇案中，被告方辩称："按照公认的国际人权法和刑法原则，法庭应该是一个'依法成立(to be duly established by law)'的法庭，作为一个国际刑事司法机构，前南国际刑事法庭应该是由国际社会的主权国家通过协商一致、制定国际公约或通过修改《联合国宪章》来建立，而不应该仅仅以联合国安理会通过决议的方式来建立；而且，《联合国宪章》也没有关于安理会可以根据《联合国宪章》第七章来

---

① 联合国文件：《安理会第 3312 次会议临时逐字记录》，1993 年 1 月 11 日，S/PV. 3312，第 17 页。

② 为成立前南斯拉夫国际刑事法庭，联合国安理会于 1993 年 2 月 22 日和 1993 年 5 月 25 日先后通过第 808(1993)号和 827(1993)号决议；为成立卢旺达国际刑事法庭，联合国安理会于 1994 年 11 月 8 日通过第 955(1994)号决议。

建立一个司法机构的明确规定，更不用说安理会拥有设立一个带有强制性质的刑事法庭的权力。"①

　　安理会设立前南国际刑事法庭的第827(1993)号决议的合法性还受到了很多国家的质疑。② 虽然没有一个安理会成员对该决议投反对票，但其中有两名安理会成员却明确指出，安理会通过决议建立一个国际法庭不是他们的首选方式。如中国常驻联合国代表李肇星大使认为："我们历来认为在援引《联合国宪章》第七章，以安理会决议的方式成立国际法庭的问题上应持谨慎态度，以防止出现滥用第七章的先例。中国代表团一贯主张以缔约方式成立国际法庭，从而使其建立在牢固的法律基础之上，有效地行使其职能……现以决议方式通过《国际法庭规约》，规定给予国际法庭以优先管辖权乃至专属管辖权，这是有损于国家司法主权原则的。"③巴西常驻联合国代表也认为："建立国际法庭的最恰当和有效的方法是缔结一项建立一个特设国际刑事管辖和含有其运作职权范围的公约。选择单纯由安理会通过一项决议来设立法庭(我们并不赞成这样做)使《联合国宪章》授予安理会有关权利和职能的若干严肃的法律问题得不到解决。"④安理会决议和前南国际刑事法庭的合法性受到了严重的挑战，后来成立的卢旺达国际刑事法庭的合法性也面临着同样的

---

①　Decision on the Defence Motion on Jurisdiction, Prosecutor v. Tadić, Case No. IT-94-1, 10 August 1995, para. 2. available at: http://www.icty.org/x/cases/tadic/tdec/en/100895.htm.

②　See Statement by Ronaldo Mota Sardenberg, Permanent Representative of Brazil, to the United Nations, U. N. SCOR, 48th Sess., 3217th mtg. At 34, U. N. Doc. S/PV. 3217(1993). See also Statement by Representative of Japan, to the United Nations, U. N. SCOR, 48th Sess., 3217th mtg. At 23, U. N. Doc. S/PV. 3217 (1993). See Statement by Sir David Hannay, Representative of the United Kingdom, to the United Nations, U. N. SCOR, 48th Sess., 3217th mtg. At 18, U. N. Doc. S/PV. 3217 (1993). See Statement by Representive of Venezuela, to the United Nations, U. N. SCOR, 48th Sess., 3217th mtg. At 8, U. N. Doc. S/PV. 3217(1993).

③　联合国文件:《安理会第3217次会议临时逐字记录》，1993年5月25日，S/PV. 3217，第18页。

④　联合国文件:《安理会第3217次会议临时逐字记录》，1993年5月25日，S/PV. 3217，第19~20页。

挑战。

3. 安理会"造法性"决议

进入 21 世纪以来，为了更有效地应对恐怖主义威胁，联合国安理会通过了一些具有明显"造法性"的决议，① 其合法性遭到了质疑。2001年 9 月 28 日，安理会针对美国"9·11 事件"通过了第 1373(2001)号决议，该决议重申任何恐怖主义行为对国际和平与安全构成威胁，并要求所有国家采取决议规定的措施打击恐怖主义。2004 年 10 月 8 日，安理会针对大规模毁灭性武器可能落入恐怖主义分子手中的危险情况，通过了第 1540(2004)号决议，要求所有国家采取决议规定的措施以避免大规模毁灭性武器向非国家行为者扩散。安理会通过的这两项决议具有与以往决议不同的一些特点：首先，决议规定的义务具有广泛性，以往安理会决议一般只是要求特定国家"为或不为"一定的行为，而这两项决议却要求所有国家"为或不为"一定行为；其次，过去安理会通过决议主要是针对特定的具体情势，而这两个决议却针对一般情势；最后，这两项决议规定的义务没有时间限制，以往安理会决议施加给各国的义务都有时间限制，而这两项决议所施加给各国的义务却没有时间限制。②

安理会通过的第 1373(2001)号决议和第 1540(2004)号决议对各国施加一般的国际法律义务，具有明显的"造法性"，颇受争议。因为按照传统的国际造法模式，一项规则对国家具有法律约束力的前提条件是国家已经同意接受其约束，要么是通过谈判缔结条约来表示明示的同意，即创制国际条约法；要么是通过国际实践和法律确信来表达暗示的同意，即创制国际习惯法。③ 根据国家主权原则，在创建一项具有法律约束力的国际法律规范时，任何受影响的国家都应有权参加规则制定的

---

① 简基松教授将安理会这种行为称为"决议造法"。参见简基松：《对安理会"决议造法"行为之定性分析与完善建议》，载《法学》2009 年第 10 期。

② Paul C. Szasz, The Security Council Starts Legislating, 96 Am. J. Int'l L. 901 (October, 2002).

③ Duncan Hollis, Private Actors in Public International Law: Amicus Curiae and the Case for Retention of State Sovereignty, 25 B. C. Int'l & Comp. L. Rev. 235, 250 (2002).

谈判，而安理会通过决议的形式创制了具有普遍约束力的国际法律规范，引起国际社会的争议，一些人甚至认为安理会通过决议创制国际法律规范是非法的越权行为。① 在安理会通过第 1540(2004) 号决议的会议上，巴基斯坦代表阿克兰在发言中就指出："巴基斯坦支持在安理会公开辩论中表达的普遍看法，即安全理事会不能为全世界立法。各提案国向安理会保证，制订该决议的目的是填补国际法中的一个漏洞，处理恐怖分子和非国家行为者获得或研发大规模毁灭性武器的危险，该决议并不谋求制订具体的立法，这种立法应该由各国在国内制订，决议第 2 段②具体提到这一点。"③从巴基斯坦代表的发言中我们就可以发现，许多国家对安理会的造法性行为表示出担忧，并强调安理会不能为各国立法，安理会决议的合法性再次受到了挑战。

安理会这类"造法性"决议的合法性事实上还受到了来自国际法院的挑战。在国际法院隔离墙咨询意见案中，以色列认为："建造隔离墙符合《联合国宪章》第 51 条、其固有的自卫权利以及安全理事会第 1368 (2001) 和 1373(2001) 号决议。"④国际法院认为："《联合国宪章》第 51 条所承认的自卫权是指一国对另一国进行武力攻击的情况下存在的自然权利，但是，以色列并未声称对它的攻击可归责于一个外国，而且它认为修建隔离墙的原因的威胁来自领土内部而不是领土外部。所以，这一

---

① Jose Alvarez, Hegemonic International Law Revisited, 97 Am. J. Int'l L. 874, 875 (2003). See also Roberto Lavalle, A Novel, If Awkward, Exercise in International Law-Making: Security Council Resolution 1540, 51 Neth. Int'l L. Rev. 411 (2004). Matthew Happold, Security Council Resolution 1373 and the Constituiton of the United Nations, 16 Leiden J. Int'l L. 593(2003).

② 安理会第 1540(2004)号决议第 2 段："又决定各国应按照本国程序，通过和实施适当、有效的法律，禁止任何非国家行为者，尤其是为恐怖主义目的而制造、获取、拥有、开发、运输、转移或使用核生化武器及其运载工具，以及禁止企图从事上述任何活动、作为共犯参与这些活动、协助或资助这些活动的图谋。"

③ 联合国文件：《安理会第 4956 次会议临时逐字记录》，2004 年 4 月 28 日，S/PV. 4956，第 3 页。

④ Legal Consequences of the Construction of a Wall in the Occupied Palestinian Territory, Advisory Opinion of 9 July 2004, I. C. J. Reports 2004, p. 194, para. 138.

情况与安全理事会第 1368(2001)号和 1373(2001)号决议所考虑的情况不同，因此，以色列无论如何不能援引这些决议来支持它正在行使自卫权利的主张。"①从国际法院的上述观点可以发现，国际法院与安理会关于《联合国宪章》第 51 条规定的"单独或集体自卫权的固有权利"的解释并不一致。国际法院认为一国行使自卫权的前提条件是受到了来自于另一国家的攻击；而安理会在其第 1368(2001)号和 1373(2001)号决议中将行使自卫权的前提条件扩展到受到恐怖袭击，而恐怖袭击往往并不是由国家实施或可归责于国家。也就是说，国际法院并不认可安理会第 1368(2001)号和 1373(2001)号决议在打击恐怖主义时所援引的《联合国宪章》依据；甚至可以说，国际法院并不认可安理会第 1368(2001)号和 1373(2001)号决议中的造法性行为。

三、安理会决议合法性危机产生的原因

(一)安理会自身缺陷

1. 安理会决策程序不透明

由于安理会的高度政治敏感性，安理会在进行正式表决之前，通常都需要经过"非正式磋商"这一程序。这种"非正式磋商"，非安理会理事国不能与会，也不能旁听，磋商结束后也不留记录。通常内部磋商还分为 5 个常任理事国磋商、不结盟小组磋商以及其他小团体磋商等。②其中，最受争议的当属"五大国磋商"。"五大国磋商"机制不利于联合国其他会员国充分参与决策，也有违《联合国宪章》第 31 条规定的议事规则。安理会这种封闭的、缺乏民主性和透明度的会议制度受到了包括发达国家和发展中国家的广泛批评。他们认为，五大国这种不公开的内部磋商不利于其他理事国及非安理会理事国了解讨论的情况，不利于他们充分表达意见、申述立场。由于常任理事国中西方国家占绝对优

---

① Legal Consequences of the Construction of a Wall in the Occupied Palestinian Territory, Advisory Opinion of 9 July 2004, I. C. J. Reports 2004, p. 194, para. 139.

② 杨泽伟：《联合国改革的国际法问题研究》，武汉大学出版社 2009 年版，第 172 页。

势，磋商机制很容易被以美国为首的西方国家操纵，成为某些强国推行强权政治、霸权主义的工具，为在幕后进行肮脏交易提供了便利。[①] 事实上，自20世纪90年代冷战结束以来，由于大国关系得到一定程度协调，非正式磋商迅速升温，以至于绝大多数问题都通过非正式磋商来解决，正式会议反而沦为过场。[②] 由于非正式磋商程序将非安理会理事国甚至非常任理事国拒之门外，并且对外缺乏透明度，使得有关的会员国参与度较低，不利于保障相关国家的利益，其决议的合法性也因而受质疑。

2. 安理会理事国席位布局不合理

安理会常任理事国的制度设计是建立在大国政治之上，无论是从数量还是从地域分配上来看，都缺少代表性，从而显得缺少合法性和权威性。当前，很多国家都认为安理会理事国席位的布局存在一些不合理之处。

第一，安理会理事国数量与联合国会员国数量比例不合理。目前，联合国会员国数量为193个，[③] 安理会理事国数量与联合国会员国数量的比例由联合国成立时的21.6%降低为目前的7.8%。这样低的一个比例很难说明安理会的代表性，难以体现民主原则。

第二，发达国家与发展中国家数量比例不合理。在联合国安理会的组成结构中，发达国家占绝对优势，五大常任理事国中有四席是发达国家，只有中国一个发展中国家。目前，联合国中发展中国家所占比例早已超过2/3，而且，发展中国家通过不断努力大大壮大了自己在国际事

---

① 陈玲玲：《浅谈联合国安理会运作机制的改革》，载《中共成都市委党校学报》2005年第10期。

② 何增科：《全球民主治理与联合国改革》，载《当代世界与社会主义》2004年第1期。

③ 在国际社会监督下，南苏丹于2011年1月进行了全民投票，并于2011年7月9日正式从苏丹独立。2011年7月14日，联合国大会接纳南苏丹共和国为新会员国，南苏丹成为联合国第193个会员国。available at http：//www.un.org/zh/members/growth.shtml.

务中的整体力量和国际影响力，可以说对联合国起着中流砥柱的作用。① 但是安理会中发达国家数量与发展中国家数量的比例很不合理，发展中国家的利益诉求在安理会难以得到保证。

第三，地域数量比例不合理。在安理会五个常任理事国中，欧洲占三席，亚洲和北美各占一席，广大的非洲、南美洲却无一席之地。②

（二）集体安全法律机制滞后

随着经济全球化浪潮的日益高涨，国际关系发生了深刻的变革，国际社会的安全形势日趋复杂。传统的军事安全不再是国家安全的唯一内涵，贫穷、传染病和环境退化；国家间冲突；国内冲突，包括内战、种族灭绝和其他大规模暴行；核武器、放射性武器、化学和生物武器；恐怖主义以及跨国有组织犯罪等也成为威胁、破坏国际和平与安全的重要因素。③ 但不同的国家有不同的安全观，对全球新的安全威胁因素有不同的认识，如一国内乱或人权状况恶化是否对国际和平与安全构成威胁，不同国家有不同理解。

冷战后，安理会在维持国际和平与安全的领域日趋活跃。安理会不仅继续处理国家之间的武装冲突，而且更多地关注和介入国内的武装冲突，如前南斯拉夫、海地、利比亚、塞拉里昂、卢旺达等。安理会还将其职权扩大到人权、国际刑事审判、民主治理和恐怖主义威胁等领域维持和平行动产生了新的形势——强制和平和国家建设。④ 安理会的这些行动是否合法、是否超越了《联合国宪章》的授权范围，不同的人有不同的认识，安理会相关决议的合法性因而也受到了质疑。

---

① 斯蒂芬·D. 克莱斯勒著，李小华译：《冲突结构：第三世界对抗全球自由主义》，浙江人民出版社 2001 年版，第 254 页。

② 杨泽伟：《联合国改革的国际法问题研究》，武汉大学出版社 2009 年版，第 156 页。

③ 2004 年 12 月 1 日，"威胁、挑战和改革问题高级别小组"报告：《一个更安全的世界：我们共同的责任》，available at：http：//www.un.org/chinese/secureworld/ch3.htm.

④ See Kenneth Manusama, The United Nations Security Council in the Post-Cold War Era, Martinus Nijhoff Publishers, 2006, p. 2.

(三)安理会决议的内容不明确

安理会为维持国际和平与安全,可根据《联合国宪章》第七章授权会员国使用武力,但就是在这些被作为授权使用武力的法律依据的安理会决议中,很多内容并不是很明确,从而引起一些争议,对安理会有关行动是否符合决议有不同理解。如安理会在通过授权使用武力的决议时,关键性用语常常采用模棱两可的语句,在那些被作为使用武力之法律依据的安理会决议中,很难找到使用武力的词语。① 一般使用的是"一切必要措施"或"一切适当措施",② 但是对于什么是"一切必要措施"或"一切适当措施",安理会并没有明确的解释,导致有关国家执行措施的具体内容发生严重分歧。③ 模棱两可的语句使安理会的授权决议变成了一个采用开放式意图的语言、具有宽泛目的法律文本,而其中授权的目的、意图、效力范围、接受授权国家的权限等重要问题都变得模糊起来,给授权的会员国有了自由判断和解释其行为的空间,甚至给一些别有用心的国家留下了曲解的机会。④

(四)安理会决议的实施没有受到有效监督

部分安理会决议的通过本身是符合《联合国宪章》的,但是由于决议的实施没有受到有效的监督,一些大国根据本国意志行事,甚至超越

---

① 安理会在针对南罗德西亚的决议中使用了"必要时使用武力"的语句,参见安理会第221(1966)号决议第5段。

② 参见安理会第678(1990)号决议第2段、第1244(1999)号决议第7段、第1973(2011)号决议第4段、第8段。

③ 针对利比亚局势,安理会于2011年3月17日通过了第1973(2011)号决议,该决议授权"采取一切必要措施保护平民",但对利比亚能否采取军事行动以及军事行动的具体措施包括哪些,安理会理事国是有不同理解的。例如俄罗斯国家杜马(议会下院)国际事务委员会主席科萨切夫就表示,联合国安理会日前通过的第1973号决议的目的是通过设立禁飞区保护平民,但这一决议被"过度夸大解读",有关国家空袭行动的打击目标却包括坦克部队和其他不属于防空系统的地面设施,"这些行动勉强只能说部分遵守决议内容,实际上与决议的文本和精神都是相违背的"。参见《俄议员说对利比亚的军事行动违背联合国安理会决议精神》,available at:http://news.xinhuanet.com/world/2011-03/21/c_121209833.htm.

④ 戴轶:《试论安理会授权使用武力的法律规制》,载《法学评论》2008年第3期。

安理会决议授权范围，使得有关行动的合法性受到质疑。如在海湾战争中，安理会第 678(1990)号决议没有提出任何同安理会或其他合适的联合国机构间有实际意义的督导方案，只是简单要求"有关国家……与安理会保持经常性联系"。联合部队开始进攻伊拉克后，联合国的作用基本上失效了：既没有用《联合国宪章》第七章指导军事措施的协调和监督，也没有某种临时准备相应的职能性强加的限制，以保障适当的安理会权威。安理会破坏了自己的组织结构，以致到了它允许联合部队独立行动的地步。①

（五）国际法律的不明确性

1.《联合国宪章》有不同的解释

根据《联合国宪章》安理会在维持国际和平与安全方面拥有广泛的职权，但《联合国宪章》同时也规定，"本宪章不得认为授权联合国干涉在本质上属于任何国家国内管辖之事件，且并不要求会员国将该项事件依本宪章提请解决"。在联合国的实践中，对于"干涉"的解释一直无定论。第一，大会或安理会将某个问题列入议程或要求有关各方进行谈判以寻求争端解决的途径是否应被视为干涉。第二，联合国为实现宪章的宗旨而采取的行动可以在多大程度上不被视为干涉内政。如 1991 年 9 月 29 日海地发生军事政变，尽管国际社会作出了各种努力，让·贝特朗·阿里斯蒂德总统的合法政府仍未能恢复。1993 年 9 月，联合国安理会批准成立联合国海地特派团。对于安理会是否应该对该事件予以干涉，不同国家有不同的立场。第三，联合国是否有权过问违反人权的事件。

2. 国际组织的暗含权力

何谓国际组织的暗含权力？一般地说，它是指组织构成文件或类似条约规定的明示权力以外而为实施组织宗旨与职能所必需的权力，也是行使明示权力所必需的或至关重要的权力。② 一般认为，真正奠定了暗

---

① 泽伟、晓红：《海湾战争：联合国安理会授权的一次滥用——对一位美国学者观点之评介》，载《法学评论》1996 年第 1 期。

② 饶戈平、蔡文海：《国际组织暗含权力问题初探》，载《中国法学》1993 年第 4 期。

含权力法理基石的，还是国际法院 1949 年在赔偿案中的咨询意见。在该咨询意见案中，国际法院推论说，像联合国这种国际组织，如不具有法律人格，就无法进行工作。因此，关于国际索赔权，应予肯定。① 但国际组织暗含权力的范围难以确定。② 联合国安理会的一般或暗含权力不应被解释为违反或超越宪章具体条款所载的权力分配和限制。安理会暗含的或一般权力并不能使安理会无视或违反宪章的具体规定，或在相关情况下无视或违反国际法的其他有关规则和原则。

3. 安理会自由裁量权过大

安理会作为联合国的机关之一，其行为理应由《联合国宪章》授权。但是，《联合国宪章》关于安理会的职能仅仅进行了粗略地概括，而没有提及具体的条款，也没有禁止其他方法的采用。例如，有学者指出，"一旦出现第七章所述情况"，安理会认为它可以"采取它认为对处理该情况或其任何后果有用和适当的任何行动，无论这些行动是否具有军事、行政、管制、甚至主要是司法性质"。③ 但是自由裁量权应受到限制，正如詹宁斯法官在国际法院洛克比案裁决的个人反对意见中所表示的，适用法律的第一原则是：所有合法决策的自由裁量权必然来自法律，因此受法律管辖和限制。如果仅仅因为这种决定的唯一权威来自法律，就必须如此。从逻辑上讲，不可能声称代表法律的权力和权威，同时又声称凌驾于法律之上。④

---

① Reparation for injuries suffered in the service of the United Nations, Advisory Opinion, I. C. J. Reports 1949, pp. 177-185.

② Henry G. Schermers & Niels M. Blokker, International Institutional Law: Unity Within Diversity (third revised edition), Martinus Nijhoff Publishers, 1995, p. 158.

③ P. C. Szasz, Centralized and Decentralized Law Enforcement: The Security Council and the General Assembly Acting under Chapters VII and VIII. In: J. Delbrück, Allocation of Law Enforcement Authority in the International System (1995) 17-38, at 33.

④ Dissenting opinion Judge Jennings, Questions of Interpretation and Application of the 1971 Montreal Convention Arising from the Aerial Incident at Lockerbie (Libyan Arab Jamahiriya v. United Kingdom) (Preliminary Objections), Judgment of 27 February 1998, ICJ Reports 1998, 9, at 110.

四、安理会决议合法性解决的途径

(一)安理会的政治改革

2004 年,联合国威胁、挑战和改革问题高级别小组在其提交的《一个更安全的世界:我们的共同责任》报告中,就扩大安理会改革,提出了以下原则:改革应让更能代表广大会员国、特别是代表发展中国家的国家,参加决策进程;改革不应损害安全理事会的效力;改革应加强安理会的民主性和责任性。[1]

1. 增加安理会成员数量

1945 年联合国成立时,联合国创始会员国只有 51 个,但随着联合国会员国的增加,要求扩大安理会的呼声越来越高。于是,1963 年 12 月,联合国大会通过第 1991 号决议,[2] 将安理会理事国从原先的 11 个扩大到目前的 15 个,增加了 4 个非常任理事国,同时对《联合国宪章》第 23 条和第 27 条进行了相应的修正。[3] 目前,联合国会员国数量已达到 193 个,继续扩大安理会的呼声一直持续不断。应该说,扩大安理会理事国的数量,将使这一机构更具代表性,有利于维护更广大发展中国家的利益,但是对于安理会改革的方案各国分歧很大。2004 年,联合国威胁、挑战和改革问题高级别小组就扩大安理会一事,提出了两个明确方案供选择。方案 A 增加六个没有否决权的常任理事国席位和三个任期两年的非常任理事国席位;方案 B 不增加常任理事国席位,但新增

---

① 参见联合国威胁、挑战和改革问题高级别小组:《一个更安全的世界:我们的共同责任》,2004 年 12 月 1 日,A/59/565,第 64 页,第 249 段。

② 该决议于 1963 年 12 月 17 日由联合国大会第 18 届会议第 1285 次全体会议通过,文号:A/RES/1991(XVIII)。

③ 该决议第一条规定:决定依照联合国宪章第 108 条之规定通过下列宪章修正案,提请联合国会员国批准:(a)第 23 条第 1 项第一句中"十一"两字改作"十五",第三句中"六"字改作"十"字;(b)第 23 条第 2 项第一句后半句修订如下:"安全理事会自十一国增至十五国后第一次选举非常任理事国时,增设之四理事国中两国之任期应为一年";(c)第 27 条第 2 项内,"七"字改作"九"字;(d)第 27 条第 3 项内,"七"字改作"九"字。

八个任期四年并可连任的理事国席位，并新增一个任期两年（不可连任）的非常任理事国席位。① 按照方案 A 和方案 B，安理会常任理事国数量均没变，理事国的总数都是从目前的 15 个国家增加到 24 个国家。该高级别小组强烈认为，不得把安全理事会组成方面的任何改变视为是永久性的，或视为今后不可对其提出辩驳。

2. 增加安理会透明度

在联合国成立 60 周年时，世界首脑大会会议成果表明，各国支持早日改革安理会，使之具有更广泛的代表性、更高的效率和透明度，从而进一步加强其效力与合法性，加大其决定的执行力度。② 而且建议安全理事会继续调整工作方法，以酌情加强非安理会理事国对安理会工作的参与，更多地接受广大会员国的问责，并提高其工作的透明度。③ 这些改革应包括取消一些已过时落伍的惯例，特别是重要的是必须改善安全理事会的工作方法和机制，以确保客观、有效和透明，不应把安全理事会看作是只为一个大国或一个国家集团的利益服务的机关。2004 年，联合国威胁、挑战和改革问题高级别小组建议，安理会的议事规则列入提高透明度和加强问责制的程序，并使之制度化。④

3. 改革安理会常任理事国否决权

联合国威胁、挑战和改革问题高级别小组 2004 年提出的两个方案都不涉及扩大否决权，或修改《宪章》有关安全理事会现行权力的规定。该高级别小组认为否决权发挥重大作用，使联合国最强大的会员国相信它们的利益得到保障。没有什么实际可行的办法来改变现有成员的否决权。但是，总的来说，否决权制度似乎与时代不符，在民主日益盛行的

---

① 参见联合国威胁、挑战和改革问题高级别小组：《一个更安全的世界：我们的共同责任》，2004 年 12 月 1 日，A/59/565，第 64 页，第 250~253 段。

② 联合国文件：《2005 年世界首脑会议成果》，2005 年 9 月 20 日，A60/L.1，第 27 页，第 153 段。

③ 联合国文件：《2005 年世界首脑会议成果》，2005 年 9 月 20 日，A60/L.1，第 27 页，第 154 段。

④ 参见联合国威胁、挑战和改革问题高级别小组：《一个更安全的世界：我们的共同责任》，2004 年 12 月 1 日，A/59/565，第 65 页，第 258 段。

时代，对安理会并不适合；因此敦促安理会常任理事国只在真正涉及重大利益时才使用否决权。还请各常任理事国，以个别的名义，承诺在发生灭绝种族和大规模侵犯人权情况时，不使用否决权。任何改革提案都不应扩大否决权。另外，建议采用一个"意向性表决"制度，安全理事会成员可以据此要求公开表明对拟议行动的立场。在进行这一意向性表决时，"反对"票不具有否决作用，最后计算的票数也不具有任何法律效力。对任何决议进行的第二次正式表决将按照安理会目前的程序进行，这会使人们对动用否决功能更加负责。①

(二)构建对安理会决议的司法审查制度

针对安理会决议合法性的争议，一些国际法律专家提出了对安理会决议进行司法审查的建议。②

1. 司法审查概念的辨析

司法审查(judicial review)原本是一个国内法的概念，在国内法中，司法审查是指司法机关通过对立法机关和行政机关制定的法律、法规及其他行使国家权力的活动进行审查、宣告违反宪法的法律、法规无效及对其他违法活动通过司法裁判予以纠正，从而切实维护宪法的实施，保护公民和法人的合法权益。③ 司法审查不仅要审查法律法规是否违反宪法，而且还要审查政府行政行为的合法性问题。因而，存在着两种意义上的司法审查，一种是行政法意义上的司法审查，指的是普通法院或行政法院通过审理行政诉讼案件，而对行政机关的具体行政行为是否合法进行审查；另一种是宪法学意义上的司法审查，指的是通过司法程序，对法律法规是否符合宪法进行审查。

与司法审查容易混淆的一个概念是违宪审查，甚至我国有学者认为两者就是同一概念，但是司法审查与违宪审查二者的关系是既有联系又有区别。两者的区别在于：

---

① 参见联合国威胁、挑战和改革问题高级别小组：《一个更安全的世界：我们的共同责任》，2004年12月1日，A/59/565，第65页，第256~257段。

② 参见本书引言部分。

③ 胡锦光：《违宪审查比较研究》，中国人民大学出版社2006年版，第1页。

首先，从审查的主体来看。司法审查的主体是法院，而且是普通法院。而违宪审查主体的类型则比较多，有的国家是由普通法院来进行，如美国，所以美国的违宪审查也可称为司法审查；而有的国家则是由专门机关来审查，如德国的宪法法院、法国的宪法委员会；还有的是由代议机关来审查。所以，后两种违宪审查并不能称为司法审查，即使有的违宪审查机构被称为宪法法院。

其次，从审查的对象和范围来看。违宪审查主要是审查国家机关或其工作人员的行为包括立法、行政是否违反宪法；而司法审查除了要审查国家机关行为是否违反宪法外，还包括是否直接违反法律，虽然违反法律的行为也是一种违宪行为，但这里主要是指直接违反法律的行为。可见，单从审查的对象和范围来看，司法审查的外延要大于违宪审查的外延。

司法审查和违宪审查的联系就在于，如果违宪审查的机构是司法机构，则这种违宪审查也可称为司法审查；反过来讲，如果司法审查的内容是对国家机关行为是否违反宪法的审查，则这种司法审查也可称为违宪审查，这就是这两个概念的交集。

2. 对安理会决议司法审查的含义

本书所称的对安理会决议的司法审查，主要是指由国际法院对安理会决议的合法性进行审查，审查安理会决议是否符合《联合国宪章》以及有关国际法，并作出安理会决议合法或者违法以及效力如何的认定。① 首先，这种审查是一种司法审查，即由司法机构来进行，这里的司法机构主要是指国际法院，不过本书在司法审查的主体一章也会探讨其他国际司法机构对安理会决议的审查情况，但本书并不探讨由联合国大会或其他专门设立的委员会来审查安理会决议的情况，因为这些机构并不是司法机构，所进行的审查也不是司法审查；其次，这种构想的司

---

① 林健聪：《联合国安全理事会与国际法院的权力冲突》，载《云南大学学报法学版》2010 年第 1 期。

法审查既包括对违反《联合国宪章》情况的审查，也包括对违反其他国际法的审查，所以如果将《联合国宪章》看作国际社会的宪法的话，对安理会决议的审查既包括"违宪审查"，也包括"违法审查"；最后，这种审查既包括对立法行为的审查，也包括对具体行为的审查。所以，这种审查既包括对安理会"立法性"决议的审查，也包括对安理会针对某一具体情势作出的决议的审查。

第三节　安理会决议司法审查制度建立的理论依据

一、国际法治的要求

安理会自身是法律的产物，是促进国际国内法治的强有力的特殊机制，唯有其自身服从法治，才符合法治的要求，才能真正促进和加强法治。"世界组织的合法性将取决于对法治的遵循和坚持"，① 如果安理会自身不服从法治，不仅不是真正的法治，还可能对国际法律治理产生严重的负面影响。②

（一）国际法治的内涵

法治(rule of law)本是国内法上的一个概念，是相对人治而言，在国内法上，法治这一概念有比较成熟的定义，一般来讲，法治是一种治国方略，法治要求法律应至高无上，法律必须被遵守，在法律面前人人平等。目前，国际法治(international rule of law)是国际社会使用越来越频繁的一个词汇，但有关国际法治的具体内涵，迄今为止并没有一个权

---

① Hans Köchler：《联合国、国际法治与恐怖主义》，何志鹏译，载《法制与社会发展》2003 年第 6 期。

② 赵建文：《联合国安理会在国际法治中的地位和作用》，载《吉林大学社会科学学报》2011 年第 4 期。

威明确的界定。① 在联合国文件中最早提到国际法治这一概念的应该是
1970 年联合国大会《关于各国依联合国宪章建立友好关系及合作之国际
法原则之宣言》，在该宣言中提及"复念及联合国宪章在促进国际法治
上至为重要"；② 2000 年《联合国千年首脑会议宣言》中也提到，会员国
决心"在国际和国家事务方面加强法治"。③ 在 2005 年世界首脑峰会上
也提到，"我们认识到需要在国家和国际两级全面遵守和实行法治，为
此：（a）重申决意维护《联合国宪章》的宗旨和原则以及国际法，并维护

---

①　要注意国际法治（international rule of law）和国际法之治（rule of international
law）两个概念的区别，前者主要是指国际层面的法治，即主要国际法主体之间的法
治；后者指整个国际法之治，包括国家层面，如一些宪法规定国际法优于国内法。
See Kenneth Manusama, The United Nations Security Council in the Post-Cold War Era：
Applying the Principle of Legality, Martinus Nijhoff Publishers, 2006, p. 16. 中国国际
法学家曾令良认为，国际法治的概念与范围有狭义与广义的区分。狭义的国际法治
仅指国际层面的法治，即主要是国家与国家间关系的法治，也包括国家与国际组织
之间以及国际组织相互间关系的法治。广义的国际法治还包括各国的国内法治。如
上所述，联合国推动的法治始终包括国内和国际两个层级。参见曾令良：《国际法
治与中国法治建设》，载《中国社会科学》2015 年第 10 期，第 139-140 页。北京师范
大学国际关系学者张胜军教授将国际社会的法治区分为"国际法治"和"全球法治"
两种。国际法治是指作为国际社会基本成员的国家接受国际法约束，并依据国际法
处理彼此的关系、维持国际秩序的状态。全球法治是指在全球化深入发展的条件
下，为实现全人类共同利益和保障基本人权，力图以世界各国普遍接受的法律规
范，在全球范围内更有效地实现其调节国际社会关系这一功能的过程。全球法治与
国际法治的主要区别在于：第一，全球法治不以国家作为唯一重要的法律主体，而
是倡导以个人为基本行为体的世界法。第二，国际法治强调维护国家的主权和平
等，而全球法治则以全球共享的价值、观念和共同利益为依归，以实现全球正义为
导向。参见张胜军：《当代国际社会的法治基础》，载《中国社会科学》2007 年第 2
期。

②　联合国文件：《关于各国依联合国宪章建立友好关系及合作之国际法原则
之宣言》，A/5217（1970），序言部分。

③　联合国文件：《联合国千年宣言》，2000 年 9 月 8 日，A/RES/55/2
（2000），第 9 段。

以法治和国际法为基础的国际秩序，这是国家间和平共处及合作所不可或缺的"。①

2004 年，联合国秘书长安南曾对法治有过比较全面的定义，"对联合国而言，法治概念指的是这样一个治理原则：所有人、机构和实体，无论属于公营部门还是私营部门，包括国家本身，都对公开发布、平等实施和独立裁断，并与国际人权规范和标准保持一致的法律负责。这个概念还要求采取措施来保证遵守以下原则：法律至高无上、法律面前人人平等、对法律负责、公正适用法律、三权分立、参与性决策、法律上的可靠性、避免任意性以及程序和法律透明"。② 根据安南秘书长关于法治的定义，可以将法治的基本要素总结为：(1)法律治理；(2)法律至高无上；(3)法律面前人人平等。不过联合国秘书长关于法治的定义更多的是从国内法治的角度来讲的，法治实际上包括国际和国内两个层面。

从 2006 年第 61 届联合国大会开始，每届联大会议均将题为"国内和国际的法治"项目列入会议临时议程，并邀请会员国在第六委辩论期间重点就某一分专题发表意见。声明维护《联合国宪章》的宗旨和原则以及国际法，它们都是一个更和平、更繁荣、更公正的世界所不可或缺的基础，重申决心促使这些宗旨和原则及国际法获得严格遵守并在全世界实现公正持久的和平。认为人权、法治和民主相互关联、相互加强，是普遍、不可分割的联合国核心价值和原则的一部分。必须依照《联合国宪章》的原则坚持和促进国际法治。③

(二)国际法治的具体要求

虽然国内法治与国际法治各有自己的适用空间，但二者共享法治的

① 联合国文件：《2005 年世界首脑会议成果》，2005 年 9 月 20 日，A60/L.1，第 25 页，第 134(a)段。

② 联合国文件：《秘书长关于冲突中和冲突后社会的法治和过渡司法的报告》，2004 年 8 月 3 日，S/2004/616，第 6 段。

③ 参见联合国文件：《国内和国际法治》，A/RES/61/39，A/RES/62/70，A/RES/63/128，A/RES/64/116，A/RES/65/32，A/RES/66/102，A/RES/67/97，A/RES/68/116，A/RES/69/123，A/RES/70/118，A/RES/71/148。

核心价值、基本要素和精神实质，如法律制度的民主性、责任性、可预见性和透明性，法律适用的平等性，法律的至上性，司法的公正性，等等。① 从上述对法治以及国际法治内涵的考察来看，国际法治至少有以下几个基本要素：

1. 国际法的确定性

法律的确定性，也可称之为法律的精确性，"精确性"指经过一致同意的法规毫不含糊地确定了这些法规所要求、授权或禁止的行为的准则。它作出准确预期，缩小了合理解释的范围，并使得法规之间不会相互矛盾，并增加了规则的合法性和可服从性。② 法律的确定性也成为判断法治的一项基本标准，法律只有具备确定性，才能使人们根据法律规定确切地知道如何行为，并预测行为的后果。"全面预设规则，包括法的预设性、全面性、确定性"是各种价值倾向法治的共同内在规定性之一。③

只有法律才能使人们有预期，同样安理会作为联合国的机关之一也应保证国际法的确定性，但是安理会用政治的方法解决国际和平与安全，具有不确定性，很多情况下无法预测。有的违反国际法的行为没有受到安理会制裁，如美国入侵巴拿马，而有的行为又受到安理会的严厉制裁，如伊拉克入侵科威特。因而给人的感觉是安理会处理问题更多的是从国际政治的角度来处理的，而不是从国际法的角度来处理。④ 安理会设立前南斯拉夫国际刑事法庭也是很多人没有预料的，伊朗和朝鲜也

① 曾令良：《联合国在推进国际法治建设中的作用》，载《法商研究》2011年第2期。

② 王铁军：《世界政治的法律化：国际制度主义理论的新探索》，载《世界经济与政治》2006年第11期。

③ 黄文艺：《全球化时代的国际法治——以形式法治概念为基准的考察》，载《吉林大学社会科学学报》2009年第4期。

④ ［美］熊玠著，余逊达、张铁军译：《无政府状态与世界秩序》，浙江人民出版社2001年版，第21页。

一直认为自己没有违反核武器方面的条约，安理会的制裁是没有法律依据的。① 另外，安理会继续依靠《暂行议事规则》而不是根据《联合国宪章》第 30 条制定正式规则，就是一个重要机构的工作持续具有不确定性的小小事例，这应该是很容易补救的。②

2. 国际法的统一性

就现代法治而言，在形式方面，法治要求法制的统一性，即避免法律中的矛盾，法律普遍地得到遵守。就国际法治而言，国际法的统一无疑也是一项基本要素，但是国际法的不成体系却是一个非常现实的问题。国际法体系中出现了很多相互冲突、相互矛盾的规则，这被西方国际法学者称为国际法的不成体系或支离破碎（fragmentation of international law）。③ 联合国安理会的一些决议加剧了国际法的不成体系的问题，这里以两个案件为例。

第一，联合国安理会通过的有关"洛克比空难"的一系列决议，④ 在这些决议中，安理会要求利比亚配合美国和英国行动，向它们引渡两名利比亚犯罪嫌疑人，而根据《1971 年蒙特利尔公约》的"或起诉或引渡条款"，利比亚可以拒绝引渡，由本国进行起诉，这样安理会决议的要求与《蒙特利尔公约》就相冲突了，虽然根据《联合国宪章》第 103 条的规定，安理会决议具有优先的效力，但是安理会决议与《蒙特利尔公约》的冲突却是客观存在的。

第二，联合国安理会设立了一系列国际刑事法庭。冷战结束后，国际争端解决领域了出现了一个新的趋势，就是被西方学者称为"国际法庭与裁判机构的扩散（proliferation of international court and tribunals）"，

---

① 参见曾令良：《朝鲜核试验问题的国际法考量》，载《世界经济与政治》2007 年第 1 期。

② 联合国文件：《联合国安全理事会与法治——安全理事会在加强基于规则的国际制度方面的作用 2004—2008 年奥地利倡议的最后报告和建议》，A/63/69-S/2008/270，第 13 段。

③ 王秀梅：《试论国际法之不成体系问题——兼及国际法规则的冲突与协调》，载《西南政法大学学报》2006 年第 1 期。

④ 参见安理会第 731（1992）号决议和安理会第 748（1992）号决议。

即国际社会建立了大量的司法或准司法机关。联合国安理会于 1993 年 6 月设立了前南国际刑事法庭，1994 年 11 月又设立了卢旺达刑事法庭，随后又设立了塞拉里昂问题特别法庭①、黎巴嫩问题特别法庭②等。安理会设立一系列的国际刑事法庭的决议在一定程度上加剧了国际法的不成体系。

3. 国际法的普遍适用

法律的普遍适用原则主要是针对法律的遵守和执行环节，要求所有主体都必须平等地受治于法，特别是那些掌握公共权力的人必须受治于法。对此，2005 年世界首脑会议成果曾指出："我们认识到，为打击恐怖主义而进行的国际合作必须遵守国际法，包括《联合国宪章》和有关国际公约和议定书。各国必须确保，为打击恐怖主义而采取的任何措施，都必须符合其根据国际法，特别是人权法、难民法和国际人道主义法承担的义务。"③联合国安理会当然也受国际法约束。国际法的普遍适用还包括所有国家在法律面前平等的含义，但是"事实上，国际规范的选择性适用是人们经常谴责的'复活'之后的安理会的'双重标准政策'的本质"。④ 因此，这就产生了许多问题，即安理会将一些可以采用和平手段解决而且对国际安全并不构成威胁的国际争端或区域情势认定为对国际和平与安全的威胁，但在许多其他情况下，安理会对于公然的武装侵略以及确实对国际和平与安全构成直接和严重威胁的情势却不做这种认定。⑤

---

① 参见安理会第 1315(2000) 号决议。

② 参见安理会第 1757(2007) 号决议。

③ 联合国文件：《2005 年世界首脑会议成果》，2005 年 9 月 20 日，A60/L.1，第 19 页，第 85 段。

④ Hans Köchler：《联合国、国际法治与恐怖主义》，何志鹏译，载《法制与社会发展》，2003 年第 6 期。

⑤ 联合国宪章和加强联合国作用特别委员会：《执行〈联合国宪章〉中有关援助因实施制裁而受影响的第三国的规定——阿拉伯利比亚民众国就加强关于制裁的影响和实施的若干原则提出的订正工作文件》，2002 年 3 月 18 日至 28 日，A/AC.182/L.110/Rev.1，第 2 页，第 5 段。

4. 国际法的正当性

法的正当性(legitimacy)是一个比合法性在内涵上更丰富，在外延上更广的概念。合法性(legality)，是指合乎或不违反国家的制定法(be within the law)，主要是指遵循法律规范，而正当性，既包含合法的含义，又指要根据法律、公众权威或准则认为是正当的，是一种更高的合法性。正如尼尔·麦考密克(Neil Mac Cormick)指出：规则真正的有效性在于，它必须满足或至少不能与更加基本的法律原则相冲突，规则作为"结果"的资格并不依赖于其由权威机关制定颁布，而在于由民众根据正义和利益等原则所作出的"可接受性"(acceptance)，"公认性"(recognition)的判断。① 关于法治，古希腊的亚里士多德认为，"法治应包含两重意义：已成立的法律获得普遍的服从，而大家所服从的法律又应该本身是制定得良好的法律"。② 合法性原则是法治原则的一部分。③ 国际法治同样要求所制定的国际法是良好的法律。安理会通过的决议从性质上来讲是国际法，因而也必须是良法，也就是应具有正当性。为了使安理会决议更具正当性，除了要求安理会的组成更具代表性，决策过程更加民主外，对安理会决议实施司法审查也可保证安理会决议更具合法性。

二、安理会权力应受制约理论

权力一旦不受约束，就会有滥用的危险。英国史学家阿克顿勋爵曾说："权力导致腐败，绝对的权力导致绝对的腐败。"④法国启蒙思想家孟德斯鸠在《论法的精神》里也说过，"自古以来的经验表明，所有拥有

---

① Neil MacCormic, Legal Reasoning and Legal Theory, Oxford University Press, 1994, p. 62.

② [古希腊]亚里士多德著，吴寿彭译：《政治学》，商务印书馆 1965 年版，第 199 页。

③ Kenneth Manusama, The United Nations Security Council in the Post-Cold War Era: Applying the Principle of Legality, Martinus Nijhoff Publishers, 2006, p. 3.

④ [英]阿克顿著，侯健、范亚峰译：《自由与权力——阿克顿勋爵论说文集》，商务印书馆 2001 年版，第 342 页。

权力的人，都倾向于滥用权力，而且不用到极限决不罢休"。① "为防止滥用权力，必须通过事物的统筹协调，以权力制止权力。"②在国内宪政的框架之下，国家不得任意行使公权力，以免造就不受约束的专横的权力危害公民所享有的各种权利，公权力的行使应当置于法律规定的范围之内，受到严格的约束。这条国内法上的公理应该是可以适用于国际法领域的权力机构的。

（一）安理会权力来源的派生性

安理会权力应受限制的一个依据就是安理会的权力来源本身具有派生性。按照国际法学者的一般理解，国际组织的权力来源于组成该组织的成员国，其权力最终是为成员国所规定的共同目的服务的。国际组织是以国家间的正式协议为基础而建立的，这种协议（基本书件）所规定的宗旨和原则，均应符合一般国际法。国际组织的主要机构、职权、活动程序以及成员国的权利与义务，都应以这种基本书件为依据，不得超越它所规定的范围。③ 正如国际法院在为联合国服务而受损害的赔偿案咨询意见中认定的一样："国家享有国际法承认的一切国际权利和义务，但一个国际组织作为国际人格者所享有的权利和义务则取决于在其宪章性文件中具体规定或暗含的以及实践中发展起来的宗旨和职能。"④离开了主权国家的授权，任何国际组织在法律上的权利能力与行为能力都是不可能存在的。主权国家则是通过订立协议来组建国际组织的，这类有关国际组织据以建立组织机构和进行活动的组织章程，通常被称为基本书件，如《联合国宪章》等。联合国作为当今世界上最具影响的一个综合性国际组织，其权力也是来源于其基本书件——《联合国宪章》，联合国也受《联合国宪章》的约束，其行为不能超越《联合国宪章》所规定

---

① ［法］孟德斯鸠著，许明龙译：《论法的精神》上卷，商务印书馆 2016 年版，第 185 页。

② ［法］孟德斯鸠著，许明龙译：《论法的精神》上卷，商务印书馆 2016 年版，第 185 页。

③ 梁西：《国际组织法（总论）》，武汉大学出版社 1998 年版，第 7 页。

④ Reparation for injuries suffered in the service of the United Nations, Advisory Opinion, I. C. J. Reports 1949, p. 180.

的职权范围，联合国安理会作为联合国的六大机关之一，理所当然也受《联合国宪章》的约束。

前南斯拉夫国际刑事法庭的上诉庭在塔迪奇案中也指出："非常清楚的是，根据《联合国宪章》第39条安理会拥有十分广泛的自由裁量权和起着重要作用，但这并不意味着安理会的权力是不受限制的。安理会是国际组织的一个机构，它是依据该组织基本框架的国际条约建立的。因此，不管安理会根据《联合国宪章》享有多大的权力，它仍然受到一定的宪章性限制。安理会的权力在任何情况下都不能超越联合国的管辖权限，更不必说超越联合国内部的权力划分而产生的具体限制。在任何情况下，无论是《联合国宪章》的文本或其精神，都没有包含安理会不受法律限制(legibus solutus)的意思。"[1]

(二)《联合国宪章》对安理会权力的限制

如上所述，《联合国宪章》是对安理会权力进行约束的基本规章，《联合国宪章》第24条规定，"安全理事会于履行此项职务时，应遵照联合国之宗旨及原则。为履行此项职务而授予安全理事会之特定权力，于本宪章第六章、第七章、第八章及第十二章内规定之"。《联合国宪章》对安理会约束体现在以下几点：

1.《联合国宪章》的宗旨与原则

联合国的宗旨之一就是维持国际和平与安全。为达此目的，《联合国宪章》规定了两项方法：即有效集体办法和和平方法。对采取和平方法"调整或解决足以破坏和平之国际争端或情势"时，应"依正义及国际法之原则"。"正义及国际法原则"就是对实现联合国宗旨时所采取的方法的一种限制，而这种限制则是联合国会员国和联合国机关都必须遵守的。不过，对《联合国宪章》第1条规定的维持国际和平与安全的两种方法有不同的理解。即为了防止并消除对和平之威胁、制止侵略行为或其他和平之破坏时采取有效集体办法并没有受限于正义及国际法原则；

---

[1]　Decision on the Defence Motion for Interlocutory Appeal on Jurisdiction, Prosecutor v. Tadić, Case No. IT-94-1-T, 2 Oct. 1995, para. 28. available at：http：//www. icty. org/x/cases/tadic/acdec/en/51002. htm.

而在以和平方法调整或解决足以破坏和平之国际争端或情势时要受限于正义及国际法之原则。

在洛克比空难案中，国际法院有几位法官在其个别意见中表示，安理会应该遵守联合国的宗旨和原则。克里斯托弗·威拉曼特里（Christopher Weeramantry）法官在洛克比空难案的不同意见中指出，《联合国宪章》第 24 条给我们对安理会权力的限制提供了一个直接的指示牌（immediate signpost）。① 伊莱休·劳特派特（Elihu Lauterpacht）专案法官在防止种族灭绝罪公约案中也提出了类似的观点，不应该忽视《联合国宪章》第 24 条第 2 款的重要意义，安理会应该根据联合国宗旨和原则行事。②

《联合国宪章》第 2 条规定了联合国自身及会员国应遵守的七项基本原则，联合国安理会理应遵守这些原则，它们也构成了对联合国安理会的限制。这七项原则包括：（1）所有会员国主权平等；（2）各会员国应该忠实履行根据《联合国宪章》规定所承担的义务；（3）各会员国应该以和平方法解决国际争端；（4）各会员国在国际关系中不得以不符合联合国宗旨的任何方式进行武力威胁或使用武力；（5）各会员国对联合国依照《联合国宪章》所采取的任何行动应尽力予以协助；（6）联合国在维护国际和平与安全的必要范围内，应确保使非会员国遵循上述原则；（7）联合国组织不得干涉在本质上属于任何国家国内管辖的事项，但此项规定不应妨碍联合国对威胁和平、破坏和平的行为及侵略行径采取强制行动。

2.《联合国宪章》第 25 条

《联合国宪章》第 25 条规定："联合国会员国同意依宪章之规定接受并履行安全理事会之决议。"那么这条对安理会的决议是否存在限制

---

① Questions of Interpretation and Application of the 1971 Montreal Convention arising from the Aerial Incident at Lockerbie (Libyan Arab Jamahiriya v. United States of America), Provisional Measures, Order of 14 April, Dissenting of Opinion by Judge Weeramantry, I. C. J. Reports 1992, p. 171.

② Application of the Convention on the Prevention and Punishment of the Crime of Genocide, Provisional Measures, Order of 8 April 1993, Separate Opinion by Judge Lauterpacht, I. C. J. Reports 1993, p. 440, para. 101.

呢？也就是说会员国根据《联合国宪章》第 25 条的义务是否仅限于"根据本宪章"所做的决定？敦巴顿橡树园会议关于这一规定的草案在旧金山制宪会议上引起了一场争论，即是否该措辞有意规定会员国接受和执行安理会决定的程度或安理会决议作出决定的范围。① 为此，重新拟定了该措辞以便清楚地表明会员国有义务履行得到安理会合法授权的决定。② 按照此意理解，如果安理会的决议不是依照《联合国宪章》作出的，也就是说如果安理会作出的决议是超出《联合国宪章》的授权范围或违反联合国宗旨与原则，联合国会员国可以不遵守。汉斯·凯尔森也认为："《联合国宪章》第 25 条似乎并不意味着会员国有义务遵守安理会所有的决定，根据字面意思，会员国同意接受和执行安理会'根据本宪章'作出的决定。"③ "第 25 条的意思是会员国有义务遵守安理会根据《联合国宪章》作出的决定。"④ 如此看来，《联合国宪章》第 25 条既是对会员国的义务要求，也是对安理会权力的一定限制。不过难点是谁有权认定安理会作出的决议超出了《联合国宪章》的授权范围或违反了联合国宗旨与原则。

3.《联合国宪章》第 36 条

依照《联合国宪章》第 36 条第 3 项规定，"安全理事会按照本条作成建议时，同时理应注意见具有法律性质之争端，在原则上，理应由当事国依国际法院规约之规定提交国际法院。"《国际法院规约》第 36 条也规定，国际法院拥有解决"有关条约的解释以及任何国际法问题引起的所有法律争端"，由于《国际法院规约》也是《联合国宪章》的构成部分⑤，因而也从另外一个方面对安理会的职权构成了限制，即安理会不

① 许光建：《联合国宪章诠释》，山西教育出版社 1999 年版，第 176 页。

② 许光建：《联合国宪章诠释》，山西教育出版社 1999 年版，第 176 页。

③ Hans Kelsen, The Law of the United Nations —A Critical Analysis of its Fundamental Problems, F. A. Praeger, 1951, p. 95.

④ Hans Kelsen, The Law of the United Nations —A Critical Analysis of its Fundamental Problems, F. A. Praeger, 1951, P. 95.

⑤ 《联合国宪章》第 92 条规定："国际法院为联合国之主要司法机关，应依所附规约执行其职务。该项规约系以国际常设法院之规约为根据，并为本宪章之构成部分。"

能阻止联合国其他机关根据《联合国宪章》行使其职权。

三、国家的司法救济权和国际法院的权威

(一) 国家的司法救济权

安理会决议违法或越权首先受影响的是联合国相关会员国，它们的权利可能会遭到损害，为了维护自身权利，它们应有寻求救济的权利。在联合国某些经费咨询意见案中，路易斯·布斯塔曼特·里韦罗（José Bustamante y Rivero）法官在其不同意见中表示："当根据一个会员国的观点，对《联合国宪章》解释是错误的或者是对《联合国宪章》的违背时，会员国为了确定决议是否违背了《联合国宪章》，应有挑战该决议的权利。"①会员国的这种权利似乎来自于《联合国宪章》是在各方同意下制定的这一本质特征，因为《联合国宪章》本身是一项国际条约，每一会员国都拥有监督《联合国宪章》实施以确保联合国不通过与其宗旨和目的不相符，或者有损会员国利益的决定。

但是正如劳特派特所说，"我们面临着一个根本性的冲突，那就是非法行为自始无效原则与仅仅由利益方单方面宣称该行为是无效的并不是最终结论的原则之间的矛盾，没有法律原则能解决这个冲突"。② 根据和平解决国际争端的国际法基本原则，这种救济方式应采用一种和平方式，而寻求司法救济则是比较理想的一种方法。1950年格劳秀斯国际法学会（Grotius Society of International Law）决定研究"国际组织决议的修正问题"，并委托 André Gros 教授准备报告，André Gros 教授就建议，国家应该能够通过一个公正的法庭宣告国际组织任何越权或滥用权力所

---

① Certain Expenses of the United Nations（Article 17, paragraph 2, of the Charter）, Advisory Opinion of 20 July 1962, Dissenting Opinion of Judge Bustamante, I. C. J. Reports 1962, p. 304.

② David Schweigman, The Authority of the Security Council under Chapter VII of the UN Charter, Martinus Nijhoff Publishers, 2001, p. 205, p. 208. E. Lauterpacht, The Legal Effect of Illegal Acts of International Organizations. In: D. W. Bowett, et. al., Cambridge Essays in International Law: Essays in Honour of Lord McNair（1965）88-121, at 115.

通过的决议无效来保护它们的权利。①

(二)国际法院的权威

就安理会而言,也许国际法院对安理会决议的司法审查就是一个比较好的方式。因为,国际法院保卫着整个国际社会的合法性,无论联合国内还是联合和国外。② 在洛克比空难案的 1998 年 2 月 27 日的判决中,弗朗西斯科·雷塞克(Francisco Rezek)法官在其个别意见中指出,法院对一项有争议案件法律的解释和适用具有完全管辖权,即使这项管辖权的行使可能使对联合国另一机构的决定进行详尽的审查成为必然。法院是法律最卓越(par excellence)的解释者,并天然处于以法律名义审查政治机构的行为的地位,这正是民主制度的规则。③ 联合国大会多次确认国际法院作为联合国主要司法机关在裁判国家间争端方面的重要作用及其工作的价值,以及在和平解决争端方面求助国际法院的重要性。④

本 章 小 结

冷战结束以后,安理会在维持国际和平与安全方面发挥着越来越大的作用,安理会通过的决议数量也大幅增加,但一些安理会决议的合法

---

① Mohammed Bedjaoui, The New World Order and the Security Council: Testing the Legality of its Acts, Martinus Nijhoff Publishers, 1994, p. 58.

② Questions of Interpretation and Application of the 1971 Montreal Convention arising from the Aerial Incident at Lockerbie (Libyan Arab Jamahiriya v. United States of America), Provisional Measures, Order of 14 April 1992, Separate Opinion of Judge Lachs, I. C. J. Reports, 1992, p. 138.

③ Questions of Interpretation and Application of the 1971 Montreal Convention arising from the Aerial Incident at Lockerbie (Libyan Arab Jamahiriya v. United Kingdom), Preliminary Objections, Judgment of 27 February 1998, Separate Opinion of Judge Rezek, I. C. J. Reports, 1998, p. 63.

④ 联合国文件:《联合国宪章和加强联合国作用特别委员会的报告》,2016 年 12 月 13 日大会决议,A/RES/71/146。

性也受到了质疑。按照不同的划分标准，安理会决议可以分为内部决议和外部决议、有约束力的决议和没有约束力的决议。从安理会决议的法律性质来看，很多学者将安理会决议视为国际法的渊源。安理会决议的效力来源于各会员国通过《联合国宪章》所作的授权，对联合国会员国和国际组织均有约束力。

安理会决议的合法性危机主要表现为以下两点：一是安理会决议表决程序存在瑕疵，但这现象主要表现在联合国早期，具有"冷战"的痕迹；二是安理会决议超越了安理会的权限，这是目前安理会决议合法性被质疑的主要原因。安理会决议合法性危机产生的主要原因包括安理会自身的缺陷、集体安全法律机制滞后、决议内容不明确以及决议的实施没有受到有效的监督等。针对安理会决议的合法性危机，一条途径是对安理会进行政治改革；另一个是构建对安理会决议的司法审查制度。

对安理会决议进行司法审查的理论依据主要在于：首先，安理会依法履行自己的职责是国际法治的要求；其次，任何权力都应受到约束，安理会的权力也不例外；最后，国家的权利应该可以通过国际司法的途径得到保护。

第二章　联合国安理会决议司法审查的主体

对安理会决议的司法审查由什么司法机构来进行？人们首先想到的当然是联合国的国际法院，本章将首先从《联合国宪章》的规定、起草的历史以及国际法院的司法实践等几个方面来探讨国际法院对安理会决议进行司法审查的可行性。然后，本章还将对前南斯拉夫国际刑事法庭、欧洲法院的相关司法实践进行分析，同时研究国际刑事法院同安理会的关系，探寻其中对安理会决议司法审查的参考与借鉴。

第一节　国际法院

一、《联合国宪章》的规定

对于安理会决议，联合国国际法院是否拥有司法审查权，实际上是一个涉及《联合国宪章》解释的问题。安理会一项决议是否违法，主要是看其是否违反了《联合国宪章》。不过，《联合国宪章》和《国际法院规约》均没有对司法审查的问题作出直接的规定。《联合国宪章》第四章授权大会对会员国或安理会作出没有约束力的建议，对大会的建议有一点限制，即当安理会正在处理一个争议或情势时禁止大会作出建议，但《联合国宪章》没有提到国际法院能否审查大会建议的合法性。《联合国宪章》第五章授权安理会作出对所有会员国有拘束力的决定，并表明这个权力受到联合国宗旨合约原则的约束，包括与国际法相符，但是《联合国宪章》并没表明国际法院能否审查安理会的决定与这些宗旨和原则是否相符。《联合国宪章》第六章规定了安理会和大会和平解决争议的建议，也考虑到了国际法院的作用。《联合国宪章》第 36 条第 3 款规定，"安全理事会按照本条作成建议时，同时理应注意见具有法律性质之争端，在原则上，理应由当事国依国际法院规约之规定提交国际法院"。这条显然没有规定国际法院对安理会和大会为和平解决争端所作建议进行司法审查的权力，《联合国宪章》的起草者认为没有必要对建议进行司法审查，因为它们是没有拘束力的。① 《联合国宪章》第七章授权安理会为维护国际和平与安全可作出建议和决定采取措施，并没有提到国际法院审查安理会决议的作用，事实上，根本就没有提到国际法院。

《联合国宪章》唯一详细提到国际法院的是第十四章，即使这一章也只是一般条款。《联合国宪章》第 92 条宣布国际法院是联合国的主要司法机关。《联合国宪章》第 93 条规定联合国各会员国为国际法院规约之当然当事国。《联合国宪章》第 94 条规定争端当事国有义务遵守国际法院判决，如果不遵守，胜诉方可向安理会申诉，要求他方执行判决。《联合国宪章》第 95 条规定，允许会员国通过其他国际法庭来解决争议。《联合国宪章》第 96 条授权联合国其他政治机构可向国际法院寻求咨询意见。可见，《联合国宪章》第十四章没有任何条款直接规定国际法院的司法审查权问题。

尽管《联合国宪章》没有规定国际法院对安理会决议的司法审查权，但是《联合国宪章》第 92 条的"主要司法机构(principal judicial organ)"一词则可能包含司法审查的权力，特别是当大多数会员国认为司法机构应该具有审查其他政府机构行为合法性的权力。事实上《联合国宪章》的很多签字国的一个或多个的国内司法机构都具有司法审查权。一些国家是允许具有一般管辖权的法院进行司法审查，如美国；而另外一些国家则将司法审查限定在一个或更多宪法法院，如法国。不过，一国法院

---

① Geoffrey R. Watson, Constitutionalism, Judicial Review, and the World Court, 34 Harvard International Law Journal (1993).

进行司法审查，一般应有宪法或其他法律的授权，美国的司法审查制度是一个例外而不是规则。①

那《联合国宪章》的其他条款对于国际法院是否可进行司法审查有没有规定呢？也许有人会认为《联合国宪章》第 103 条暗含地授权国际法院可以宣告条约与《联合国宪章》不符而无效，相应地，这种授权暗含国际法院拥有宣告安理会或大会行为无效的权力。但是即使国际法院能够宣告条约无效，也不能证明它是能这样做的唯一联合国机构，甚至即使国际法院有权优先宣告条约无效，但这也不必然导致法院有权宣告安理会或大会决议无效。

《国际法院规约》同《联合国宪章》一样，对司法审查也没有什么规定。《国际法院规约》第 1 条强调了国际法院作为联合国主要司法机构的法律地位。第一章的其他 30 条是关于法院组织机构的：法官的选举、任期、薪水等。第二章法院的职能主要是关于管辖权的规定。

总之，《联合国宪章》和《国际法院规约》对国际法院是否有权以及怎样实现审查均没有规定，因而只能寻求它们的谈判历史。②

二、《联合国宪章》起草的历史

虽然《联合国宪章》具有宪法性特征，但它也是国际条约，它的解释也受条约法约束。根据现有规则，条约的解释主要依赖其文本，但是《维也纳条约法公约》第 32 条中规定，为了确定条约的意思，可以使用包括该条约的准备工作及其缔结时的情况资料等作为补充的解释资料。认为国际法院缺乏司法审查权的主要依据在于《联合国宪章》谈判历史中的几段文本，因为 1945 年联合国国际组织大会上比利时关于允许司

---

① Geoffrey R. Watson, Constitutionalism, Judicial Review, and the World Court, 34 Harvard International Law Journal（1993）.

② 《维也纳条约法公约》第三十二条规定："为证实由适用第三十一条所得之意义起见，或遇依第三十一条作解释而：（甲）意义仍属不明或难解；或（乙）所获结果显属荒谬或不合理时，为确定其意义起见，得使用解释之补充资料，包括条约之准备工作及缔约之情况在内。"《联合国宪章》也属于一种国际条约，为了寻求对《联合国宪章》的解释，因而可以参考《联合国宪章》起草的历史。

法审查的建议被拒绝了，所以司法审查不被允许，国际法院在联合国某些经费咨询意见中就提到了这点。①

（一）比利时第一修正案

在美国旧金山举行的联合国国际组织会议期间，比利时反复建议，国际法院在和平解决争端方面应发挥着重要作用。1945 年 2 月 5 日，在顿巴顿橡树园建议案（the Dumbatton Oaks Proposals）中，比利时建议无论什么时候，安理会在参与解决争端时，只要当事方有机会向国际法院寻求该决定是否尊重了当事方的主权和重要权利的咨询意见，安理会的行动才是最终的。② 比利时代表团将这个建议加到宪章草案中的"和平解决争端"一章中。修正案规定："任何会员国，作为安理会处理的争端当事方将有权咨询常设国际法院，安理会的建议或决定是否侵犯其基本权利。如果法院认为这类权利没有被尊重或者受到威胁，安理会则要么重新考虑这个问题，要么将争端提交大会来决定。"③比利时代表团是在和平解决争端委员会（The Committee on Peaceful Settlement）④的第七次会议上提出这个修正案的。比利时认为，如果安理会建议争端解决的权力意味着一个国家被迫放弃实在国际法（positive international law）授予的作为一个国家的基本权利，该修正案是需要的。⑤ 比利时代表团重申，这个修正案的目的是如果一国认为安理会建议侵犯了它的基本权利，应该使该国可向国际法院寻求咨询意见。⑥ 比利时代表团注意到修正案只是要求在法院决定以后，安理会或大会召回其建议或决定，而不是限制安理会的权力，而是加强安理会决定的司法基础。⑦

---

① Certain Expenses of the United Nations（Article 17, paragrapn 2, of the Charter）, Advisory Opinion of 20 July 1962, I. C. J. Reports 1962, p. 168.

② Doc. 2, G/7(k), 3 U. N. C. I. O. Docs. 331, 332-333(1945).

③ Doc. 2, G/7(k)(1), 3 U. N. C. I. O. Docs. 335, 336(1945).

④ 该委员会是安理会委员会的分委员会，安理会委员会是为了准备安理会相关宪章条款而成立的。

⑤ Doc. 433, III/2/15, 12 U. N. C. I. O. Docs. 47, 48(1945).

⑥ Doc. 433, III/2/15, 12 U. N. C. I. O. Docs. 49(1945).

⑦ Doc. 433, III/2/15, 12 U. N. C. I. O. Docs. 49(1945).

三个有可能成为安理会常任理事国的国家代表发言反对比利时的修正案。苏联代表"觉得安理会应受到组织成员的充分信任",安理会不会侵犯一个主权国家的权利。① 根据苏联代表团的意见,比利时修正案将会削弱安理会,甚至使其在国际法院成为被告。② 美国代表提出,工作草案已经要求安理会根据组织的宗旨和原则行事,尊重国际法和正义原则,③ 而且顿巴顿橡树园建议案已经允许国家就适当事宜提交国际法院,④ 所以修正案是没有必要的。法国对修正案表示赞同,但是他们认为修正案是没有效率的,特别是因为它分散了组织的责任。⑤ 法国代表建议要对安理会建议和决定区别对待,还建议分委员会在草案中"努力保证安理会根据法律和公平完成其任务"。⑥

当然只是部分国家的对比利时修正案持反对意见,哥伦比亚就赞成比利时的建议,哥伦比亚(不可能成为安理会常任理事国)代表主张,对安理会的信任不能排除对国际法院的信任。⑦ 哥伦比亚代表提出司法性争议(justiciable disputes)应提交国际法院,没有什么比一个国家关注其基本权利更合法了。⑧

三天以后,关于比利时修正案的最后一次会议上,三个国家反对这一修正案。英国代表认为这一修正案将使法院卷入政治问题,而不是法律问题。⑨ 另外,修正案还会导致迟延。最后,英国代表呼吁相信安理会,提出安理会的多数理事国将由一些小国家组成。⑩ 南非代表同意英国的最后一个观点,并补充说,安理会决定代表大国一致是公平的,因

---

① Doc. 433, III/2/15, 12 U. N. C. I. O. Docs. 49(1945).

② Doc. 433, III/2/15, 12 U. N. C. I. O. Docs. 49(1945).

③ 《联合国宪章》最后文本采用了草案的这部分内容,参见《联合国宪章》第 1 条第 1 款和第 24 条第 2 款。

④ Doc. 433, III/2/15, 12 U. N. C. I. O. Docs. 49(1945).

⑤ Doc. 433, III/2/15, 12 U. N. C. I. O. Docs. 50(1945).

⑥ Doc. 433, III/2/15, 12 U. N. C. I. O. Docs. 50(1945).

⑦ Doc. 433, III/2/15, 12 U. N. C. I. O. Docs. 50(1945).

⑧ Doc. 433, III/2/15, 12 U. N. C. I. O. Docs. 50(1945).

⑨ Doc. 498, III/2/19, 12 U. N. C. I. O. Docs. 65(1945).

⑩ Doc. 498, III/2/19, 12 U. N. C. I. O. Docs. 65(1945).

为它们被世界和其他与它们有密切关系的国家的观点所影响。①

最后，比利时代表询问安理会对争端建议解决方案是否约束争端当事方，或者仅仅是咨询性的，当被告知，安理会的权力仅仅是咨询性的以后，比利时代表撤回了修正案。② 比利时修正案的撤回不能被解释为《联合国宪章》创建者认为司法审查不能被接受而作出的决定。事实上，这仅仅反映了比利时认识到对安理会建议性决议的司法审查是不必要的，因为这些建议没有约束力；修正案的撤回与安理会有约束力的决定接受司法审查没有关系，因为这些决定是根据目前《联合国宪章》第七章作出的。③

虽然一些国家反对比利时修正案的评论反映了很多人反对增加国际法院的权力，但是没有任何国家建议国际法院总是要支持安理会的行为，甚至是明显无效的行为。事实上，联合国成立大会的代表对这一点很清楚，那就是联合国的任何一机构都没有被要求执行另一机构的决定，如果该决定不是被普遍接受的。④

(二)比利时第二修正案

后来，比利时提出了第二修正案。1945 年 5 月 29 日，比利时提出，法律问题委员会(the Committee on Legal Problems)⑤应该决定《联合国宪章》几个部分适当的解释机构。⑥ 在辩论期间，一些代表团认为大会是合适的机构;⑦ 其他一些代表团则认为国际法院是合适的机构，因为法院的解释更客观并且可以促进司法的统一。⑧ 还有些代表团提出，应该

---

① Doc. 498, III/2/19, 12 U. N. C. I. O. Docs. 66(1945).

② Doc. 498, III/2/19, 12 U. N. C. I. O. Docs. 66(1945).

③ Geoffrey R. Watson, Constitutionalism, Judicial Review, and the World Court, 34 Harvard International Law Journal (1993).

④ Geoffrey R. Watson, Constitutionalism, Judicial Review, and the World Court, 34 Harvard International Law Journal (1993).

⑤ 法律问题委员会是司法机构委员会(the Commission on Judicial Organization)的一个分支机构。

⑥ Doc. 664, IV/2/33, 13 U. N. C. I. O. Docs. 633, 633(1945).

⑦ Doc. 664, IV/2/33, 13 U. N. C. I. O. Docs. 633, 633(1945).

⑧ Doc. 664, IV/2/33, 13 U. N. C. I. O. Docs. 633, 633(1945).

设立联合会议或专门的专家委员会来解决解释的冲突。① 一些国家则认为解释应留给最密切相关的机构去解决。② 最后，一些国家认为无需就这个问题在《联合国宪章》中插入任何条款，因为实践会决定解释的方式。③ 也就是说，正式程序的缺乏会保持灵活性。④

比利时新的修正案没有获得认同，委员会最终决定拒绝比利时提出的将机构间对《联合国宪章》的不同解释提交国际法院作为一个正式程序的建议。⑤ 取而代之的是，会员国应该将争议提交法院，两个争议机构可以向法院寻求咨询意见，建立一个专门的法学家委员会，或联合会议。⑥ 一个分委员会在报告中认为，每个机构不可避免地会根据其特定的职能来解释《联合国宪章》这些部分，所以没有必要在《联合国宪章》中加入这样的条款。⑦ 该报告鼓励国家和机构将争端提交法院，支持使用特别委员会或联合会议来解决解释争议。⑧ 该报告总结如果机构或委员会的解释不能被普遍接受，解释将没有约束力，在这种情况下，《联合国宪章》应该被修订以解决冲突。⑨

比利时第二修正案的失败显示《联合国宪章》的创建者并不希望《联合国宪章》授权司法审查作为一个正式的程序。报告并没有规定对解释的司法审查，而是规定如果一个机构的解释不被普遍接受，它将是没有约束力的。⑩ 报告中这段陈述暗含的意思是法院将不会被要求对安理会根据没有被普遍接受的因而是没有约束力的解释而作出的决定进行断定。但是该报告清楚地表明，法院可能被要求解决解释方面的争议，暗

① Doc. 664, IV/2/33, 13 U. N. C. I. O. Docs. 633, 633(1945).
② Doc. 664, IV/2/33, 13 U. N. C. I. O. Docs. 634, 634(1945).
③ Doc. 664, IV/2/33, 13 U. N. C. I. O. Docs. 634(1945).
④ Doc. 843, IV/2/33, 13 U. N. C. I. O. Docs. 645(1945).
⑤ Doc. 843, IV/2/33, 13 U. N. C. I. O. Docs. 645(1945).
⑥ Doc. 843, IV/2/33, 13 U. N. C. I. O. Docs. 646(1945).
⑦ Doc. 933, IV2/42(2), 13 U. N. C. I. O. Docs. 703, 709(1945).
⑧ Doc. 933, IV2/42(2), 13 U. N. C. I. O. Docs. 709-710(1945).
⑨ Doc. 933, IV2/42(2), 13 U. N. C. I. O. Docs. 710(1945).
⑩ Doc. 933, IV2/42(2), 13 U. N. C. I. O. Docs. 710(1945).

含着法院的决定是终局性的，至少对特定的争端和特定的当事方来讲。① 该报告建议，每个联合国机构将根据日常事务解释《联合国宪章》，解释的争端可能通过法院解决，也可能通过专门委员会或联合会议。② 但是报告中的这种安排几乎不与司法审查制度相冲突的，因为很多国家，包括美国，都拥有一套非集权的宪法发展和解释体制，有几十个或几百个实体(法院、立法机构和行政部门)能对宪法进行解释。③ 报告没有解释法院或其他机构怎样可以决定一个机构对《联合国宪章》的解释不是被普遍接受的，这个用词可能暗含着至少大部分国家，或者联合国大部分机构或国际法学者对一个解释的拒绝将会导致解释没有约束力。

总之，《联合国宪章》文本和联合国相关文件的谈判历史没有规定任何形式的司法审查。

三、国际法院的司法实践

通过上述对《联合国宪章》的规定和起草历史的考察，都没有发现国际法院对安理会决议具有司法审查的权力。《维也纳条约法公约》第31(3)(b)规定，条约解释应考虑嗣后在条约适用方面确定各当事国对条约解释之协定之任何惯例，所以，下面将考察国际法院关于其自身司法审查权问题的实践。

(一)国际法院在咨询案件中的实践

1. 联合国某些经费咨询意见案

1961 年联合国大会向国际法院寻求咨询意见，即会员国是否有责任承担联合国 1960—1961 年在刚果行动和 20 世纪 50 年代在中东的有关费用。《联合国宪章》第 17(2)条规定，本组织之经费应由各会员国依照大会分配限额担负之，大会提出的法律问题是刚果和中东行动的费用

---

① Doc. 933, IV2/42(2), 13 U. N. C. I. O. Docs. 709-710(1945).

② Doc. 933, IV2/42(2), 13 U. N. C. I. O. Docs. 709(1945).

③ Geoffrey R. Watson, Constitutionalism, Judicial Review, and the World Court, 34 Harvard International Law Journal (1993).

是否是《联合国宪章》第 17(2)条所指的费用。①

在咨询意见的开始，国际法院注意到大会拒绝了法国对咨询意见申请的修正。法国的这个修正案曾要求国际法院审查有关行动的经费开支是否符合《联合国宪章》条款，也就是说大会和安理会授权的费用是否已经越权，然后再考虑费用是否属于《联合国宪章》第 17(2)条所指费用。② 法院指出："法国修正案的被拒绝并不排除法院可以考虑这些费用是否是以符合《联合国宪章》条款的规定作出的，只要法院认为是适当的。"③法院补充说："法院在其咨询意见案中应该有充分的自由考虑相关数据以形成自己的观点。"④可见，国际法院事实上声称了其司法审查的权力，即使大会倾向于认为法院没有这种权力。

法院在主张了自己这种权力后，紧接着又弱化了这种权力。在支持大会和安理会决议的陈述中，法院说："在各国法律体系中，通常有决定立法机构或政府机关行为合法性的程序，但是在联合国结构中还没有类似的程序。在《联合国宪章》起草过程中，有建议提出将国际法院设置为解释《联合国宪章》的最终权威机构，但这一观点并没有被接受，国际法院提供的意见只是咨询意见而已。因而，如 1945 年所期待的一样，联合国每个机构至少首先是由自己决定自己的管辖权。"⑤法院的这个声明有时被用来作为法院认为其缺乏司法审查权的证据。⑥ 这种狭义的理解是没有根据的，法院并没有否认它对《联合国宪章》有权解

---

① 1961 年 12 月 20 日，联合国大会第十六届会议第 1086 次全体会议通过第 1731 号决议请求国际法院发表咨询意见，文号：G. A. Res. 1731.

② Certain Expenses of the United Nations (Article 17, paragrapn 2, of the Charter), Advisory Opinion of 20 July 1962, I. C. J. Reports 1962, p. 156.

③ Certain Expenses of the United Nations (Article 17, paragrapn 2, of the Charter), Advisory Opinion of 20 July 1962, I. C. J. Reports 1962, p. 157.

④ Certain Expenses of the United Nations (Article 17, paragrapn 2, of the Charter), Advisory Opinion of 20 July 1962, I. C. J. Reports 1962, p. 157.

⑤ Certain Expenses of the United Nations (Article 17, paragrapn 2, of the Charter), Advisory Opinion of 20 July 1962, I. C. J. Reports 1962, p. 168.

⑥ Richard Falk, Reviving the World Court, University Press of Virginia, 1986, p. 102.

释——只是没有最终的权威而已。换句话说,它留下了这种可能性,那就是它的解释仅对当事方有约束力,正如诉讼案件中的裁决一样。如果每个机构必须第一位地决定其管辖权,那么在一个政治机构初步决定其管辖权后,其他机构可能会放弃其管辖权,而且,法院强调,这仅是一个咨询意见,法院的决定是没有约束力的。

该案中,有几个法官认为法院享有一些司法审查权。如加埃塔诺·莫雷利(Gaetano Morelli)法官就认为有必要审查建立中东紧急部队决议和授权刚果行动决议的有效性。① 根据他的观点,这个案件提出了联合国行为的有效性(validity)这样一个相当微妙却不能回避的问题。② 莫雷利法官主张,法院的审查权是很小的,因为政治机构行为的效力总是保持不确定性。③ 他提出的审查标准是非常不同:"只有在非常严重的情况下,组织的行为才能视为无效,自此绝对无效。情况可能是一个决议没有获得要求的多数,或者与组织的宗旨没有任何关系。"④

总之,在1962年,国际法院明显地为自己设想了一个有限的司法审查权。在纳米比亚案中,对于司法审查权,国际法院又表现得举棋不定。

2. 纳米比亚案

第一次世界大战以后,国际联盟授权南非管理纳米比亚(西南非洲)。像很多授权一样,南非是为了西南非洲人民的利益,促进他们的

---

① Certain Expenses of the United Nations (Article 17, paragrapn 2, of the Charter), Advisory Opinion of 20 July 1962, Separate Opinion of Judge Morelli, I. C. J. Reports 1962, p. 221.

② Certain Expenses of the United Nations (Article 17, paragrapn 2, of the Charter), Advisory Opinion of 20 July 1962, Separate Opinion of Judge Morelli, I. C. J. Reports 1962, p. 221.

③ Certain Expenses of the United Nations (Article 17, paragrapn 2, of the Charter), Advisory Opinion of 20 July 1962, Separate Opinion of Judge Morelli, I. C. J. Reports 1962, p. 223.

④ Certain Expenses of the United Nations (Article 17, paragrapn 2, of the Charter), Advisory Opinion of 20 July 1962, Separate Opinion of Judge Morelli, I. C. J. Reports 1962, p. 223.

福利与发展，以国联信任的方式行事。"二战"后，国联解散了，但是南非在西南非继续存在，保持了那里的种族隔离制度。南非为这种体制辩护，声称授权条款不再有约束力，因为国联已经不存在了。1950年，国际法院认为委任统治授权的监督责任作为联合国托管体制的部分继续存在，南非的种族歧视政策违反了这些责任。①

然而南非在西南非洲继续它的种族隔离政策，这直接导致了1966年联合国大会宣告南非违反了委任，委任因而结束，南非无权管理该领土。② 安理会提出请求，宣告南非在西南非洲的继续存在是非法的，承认大会将承担责任，呼吁南非撤离。③ 当南非拒绝遵守时，安理会向国际法院就南非在西南非洲的继续存在的法律后果提请咨询意见。④

南非认为国际法院无权发表该项咨询意见，因为安理会第284(1970)号决议是无效的。原因有两个：第一，两个安理会常任理事国在表决时弃权，不符合大国一致；⑤ 第二，由于该问题涉及南非和联合国其他会员国之间的争端，理应邀请南非参加讨论，但南非没有被邀请参加讨论；而且作为争端当事国的安理会理事国不得投票，但它们参与了投票。⑥ 但法院认为安理会的决议是合法有效的，首先，长期以来对

---

①　International Status of South-West Africa, Advisory Opinion of 11 July 1950, I. C. J. Reports 1950, p. 133; Legal Consequences for States of the Continued Presence of South Africa in Namibia (South West Africa) Notwithstanding Security Council Resolution 276 (1970), Advisory Opinion of 21 June 1971, I. C. J. Reports 1971, p. 33.

②　1966年10月27日，联合国大会第二十一届会议第1454次全体会议通过第2145号决议，文号：G. A. Res. 2145.

③　参见安理会第264(1969)号决议。

④　参见安理会第284(1970)号决议。

⑤　Legal Consequences for States of the Continued Presence of South Africa in Namibia (South West Africa) Notwithstanding Security Council Resolution 276 (1970), Advisory Opinion, I. C. J. Reports 1971, p. 22, para. 21.

⑥　Legal Consequences for States of the Continued Presence of South Africa in Namibia (South West Africa) Notwithstanding Security Council Resolution 276 (1970), Advisory Opinion, I. C. J. Reports 1971, p. 22, para. 23.

安理会常任理事国自愿弃权一直解释为并不构成安理会通过决议的障碍;① 其次,纳米比亚问题是作为一种情况列入安理会议程的,而南非政府并未提请安理会注意按其看法必须将它作为争端处理。②

在该案中,南非主张:二战后,南非不受委任状约束,它有继续管理该领土的权力,因为它已征服了纳米比亚,通过长期占领已取得该领土的主权,事实上继续着通过委任建立的神圣信任,已使该片领土上的居民受益。③ 法院注意到,大会和安理会通过的决议否定了这些主张。另外,法国和南非都主张联合国大会通过的支持结束纳米比亚委任的决议和宣告南非占领是非法的决议,是越权的,这个论点也涉及安理会决议的合法性问题。法院含糊地陈述决议合法性的问题:"毫无疑问,法院不拥有对联合国相关机构作出的决定的司法审查权或上诉权。大会第2145 号决议或联合国安理会相关决议是否与《联合国宪章》相符或其合法性问题不是寻求咨询意见的主题。然而,既然反对意见已提到法院的面前,为实施法院的司法功能,法院在决定这些决议产生的法律后果方面,将根据自己的理由考虑这些反对意见。"④

法院继续考察了大会和安理会行为的合法性,法院认为大会有权结束委任,大会宣告南非继续存在为非法并没有超过其权力界限。⑤ 法院

---

① Legal Consequences for States of the Continued Presence of South Africa in Namibia (South West Africa) Notwithstanding Security Council Resolution 276 (1970), Advisory Opinion, I. C. J. Reports 1971, p. 22, para. 22.

② Legal Consequences for States of the Continued Presence of South Africa in Namibia (South West Africa) Notwithstanding Security Council Resolution 276 (1970), Advisory Opinion, I. C. J. Reports 1971, pp. 22-23, para. 25.

③ Legal Consequences for States of the Continued Presence of South Africa in Namibia (South West Africa) notwithstanding Security Council Resolution 276 (1970), Advisory Opinion, I. C. J. Reports 1971, pp. 43-45.

④ Legal Consequences for States of the Continued Presence of South Africa in Namibia (South West Africa) notwithstanding Security Council Resolution 276 (1970), Advisory Opinion, I. C. J. Reports 1971, p. 45, para. 89.

⑤ Legal Consequences for States of the Continued Presence of South Africa in Namibia (South West Africa) notwithstanding Security Council Resolution 276 (1970), Advisory Opinion, I. C. J. Reports 1971, pp. 49-50.

认为，即使大会没有权力作出有约束力的决议，但大会能通过作出决定或有执行意图的决议，如宣告南非不能通过长期占领纳米比亚而获得在那里的居留权。① 最后法院认为，安理会通过决议认可大会的行为是符合《联合国宪章》的。② 法院最后结论是，南非的行为不符合安理会决议，法院注意到，其他国家也受安理会决议约束，因而被要求拒绝承认南非在纳米比亚的占领。③ 法院在作出这个决定中，考虑了联合国机构行为的合法性——一个与法院没有审查权观点不符的实践。

在该案中，有几个法官认为法院不仅有权而且有责任审查安理会行为的合法性。例如，施图尔·佩特伦(Sture Petrén)法官认为，只要决议合法性问题没有建立，法院就不可能宣告它的法律后果，大多数法官应该更明确和肯定地支持这种观点。④ 与此类似，查理斯·奥尼亚马(Charles Onyeama)法官认为，法院如果没有首先解决决议的合法性问题是不能决定其法律后果的，事实上，法院有责任这样做，除非在一个咨询意见中已提出这个问题。⑤ 哈迪·迪拉德(Hardy Dillard)法官也认为，

---

① Legal Consequences for States of the Continued Presence of South Africa in Namibia (South West Africa) notwithstanding Security Council Resolution 276 (1970), Advisory Opinion, I. C. J. Reports 1971, p. 50.

② Legal Consequences for States of the Continued Presence of South Africa in Namibia (South West Africa) notwithstanding Security Council Resolution 276 (1970), Advisory Opinion, I. C. J. Reports 1971, pp. 51-53.

③ Legal Consequences for States of the Continued Presence of South Africa in Namibia (South West Africa) notwithstanding Security Council Resolution 276 (1970), Advisory Opinion, I. C. J. Reports 1971, pp. 54-58.

④ Legal Consequences for States of the Continued Presence of South Africa in Namibia (South West Africa) notwithstanding Security Council Resolution 276 (1970), Advisory Opinion, Separate Opinion of Judge Petrén, I. C. J. Reports 1971, p. 131.

⑤ Legal Consequences for States of the Continued Presence of South Africa in Namibia (South West Africa) notwithstanding Security Council Resolution 276 (1970), Advisory Opinion, Separate Opinion of Judge Onyeama, I. C. J. Reports 1971, pp. 143-145.

在被要求作出法律后果的情况下，法院不得不考察决议的合法性。① 费
代里科·德·卡斯特罗（Federico de Castro）法官认为，法院作为一个法
律机构，不能和一个明显无效的、与《联合国宪章》规则相反的、或与
法律原则相反的决议合作。② 最后，杰拉德·菲茨莫里斯（Gerald
Fitzmaurice）法官声称法院在被要求提供咨询意见的情况下，有权审查
假设的合法性。③

不过也至少有一位法官反对司法审查原则，路易斯·帕迪亚·内尔
沃（Luis Padilla Nervo）法官声称，法院不得不设想安理会和大会的行为
合法，但法院不享有对联合国主要机构行为进行司法审查的权利，如果
没有要求给出意见。④ 然而，这个声明还是给司法审查留下了空间，那
就是在其他机构的要求下，还是可以对安理会决议进行司法审查的。

在纳米比亚案中异口同声地对司法审查的支持仅具有有限的先例价
值，像联合国某些经费咨询意见案一样，纳米比亚案是一个咨询意见，
几乎没有约束力，虽然有些当局认为咨询意见对问题中的机构有约束
力。纳米比亚案反映了一个共同的观点，即一旦法院被问到联合国机构
决议的效果，它不能避免首先要考虑决议是否合法。事实上，迪拉德法
官强调，当安理会争论是否将这个问题提交法院时，只有 5 个理事国认

---

① Legal Consequences for States of the Continued Presence of South Africa in
Namibia（South West Africa）Notwithstanding Security Council Resolution 276（1970），
Advisory Opinion, Separate Opinion of Judge Dillard, I. C. J. Reports 1971, pp. 151-152.

② Legal Consequences for States of the Continued Presence of South Africa in
Namibia（South West Africa）notwithstanding Security Council Resolution 276（1970），
Advisory Opinion, Separate Opinion of Judge De Castro, I. C. J. Reports 1971, p. 180.

③ Legal Consequences for States of the Continued Presence of South Africa in
Namibia（South West Africa）Notwithstanding Security Council Resolution 276（1970），
Advisory Opinion, Dissenting Opinion of Judge Sir Gerald Fitzmaurice, I. C. J. Reports
1971, pp. 301-304.

④ Legal Consequences for States of the Continued Presence of South Africa in
Namibia（South West Africa）notwithstanding Security Council Resolution 276（1970），
Advisory Opinion, Separate Opinion of Judge Padilla Nervo, I. C. J. Reports 1971,
p. 105.

为法院不能判定决议的合法性，而 10 个理事国要么表示不同的观点，要么就没有任何观点。①

纳米比亚案并不暗示法院可以在诉讼案件中实施司法审查，因为诉讼案件是明显不同于咨询意见的。在咨询案件中，联合国机构是主动就其决议向法院提出咨询请求，寻求法律意见；而在诉讼案件中则刚好相反，联合国机构的行为是在没有征得它同意的情况下受到挑战的。

(二) 国际法院在诉讼案件中的实践

1.《防止及惩治灭绝种族罪公约》适用案(波黑诉南斯拉夫)

20 世纪 90 年代初，前南斯拉夫联盟的解体导致南斯拉夫为维护民族统一和与社会动乱相斗争做了大量的努力，南斯拉夫塞尔维亚部分为了维护国家统一与完整与克罗地亚、斯洛文尼亚和波黑进行了斗争，这种动乱导致了种族战争、大屠杀和种族清洗。内战中大量人员伤亡，以及对邻国的威胁，使得安理会 1991 年 9 月 25 日通过第 713(1991)号决议以阻止武器和军事装备进入该国。虽然实施武器禁运的安理会决议是在南斯拉夫解体前一个月通过的，但决议仍适用于解体后的新国家。②波黑主张，禁运阻止了他们对种族屠杀的抵抗，与《防止及惩治灭绝种族罪公约》相冲突；波黑进一步挑战安理会决议的合法性，因为种族屠杀罪是强行法规则，因而根据国际法，所有国家均有义务阻止种族屠杀

① Legal Consequences for States of the Continued Presence of South Africa in Namibia (South West Africa) Notwithstanding Security Council Resolution 276 (1970), Advisory Opinion, Separate Opinion of Judge Dillard, I. C. J. Reports 1971, pp. 151.

② 1946 年，南斯拉夫民主联盟更名为"南斯拉夫联邦人民共和国"，由塞尔维亚、克罗地亚、斯洛文尼亚、波斯尼亚-黑塞哥维那(波黑)、马其顿、黑山 6 个共和国组成；1963 年，"南斯拉夫联邦人民共和国"更名为"南斯拉夫社会主义联邦共和国"(简称南联邦)；1991 年，波斯尼亚、克罗地亚和马其顿宣布独立；1992 年，波黑宣布独立，"南联邦"解体，未独立的塞尔维亚、黑山两个加盟国组成"南斯拉夫联盟共和国"(简称南联盟)；1995 年，代顿波黑和平协议签署，宣告波黑战争结束，波黑正式独立；2003 年，"南斯拉夫联盟共和国"改名为塞尔维亚和黑山(简称塞黑)，取消"南斯拉夫"这一名称；2006 年，黑山经由公民投票脱离联邦，"塞黑"解体；2008 年，科索沃脱离塞尔维亚独立，但未获国际普遍承认。参考资料：马细谱：《南斯拉夫兴亡》，社会科学文献出版社 2010 年版。

罪行。

在波黑诉南斯拉夫案中，波黑要求采取的临时措施就包括：对于安理会对前南斯拉夫实行武器禁运的第 713(1991) 号决议以及后来提及或重申该决议的所有决议，必须解释为不损害波黑依《联合国宪章》第 51 条和习惯国际法规则具有单独或集体自卫的固有权利；也不得解释为按《联合国宪章》第 24 条第 1 项和第 51 条，并按越权行为的习惯原则可对波黑实行武器禁运。① 波黑要求采取临时措施，解除武器禁运；波黑声称安理会的武器禁运损害了波黑根据《联合国宪章》第 51 条享有的自卫权，违反了习惯国际法和强行法，安理会第 731(1991) 号决议可能无意中违反了强行法规则并引起会员国参与了种族屠杀行为。②

伊莱休·劳特派特(Elihu Lauterpacht)专案法官在其个别意见中也指出："安理会第 713(1991) 号决议对南斯拉夫冲突地区的武器禁运是有效的，对所有联合国成员均有约束力，但这并不表明安理会行动不受法律控制，只是法院的司法审查受到限制。法院无疑拥有一定的司法审查权，但这种司法审查权不包括代替安理会对和平之威胁、和平之破坏和侵略行为的断定以及后续的政治步骤。但是国际法院作为联合国主要司法机构，有责任保证联合国系统的法治以及保证联合国机构行动遵守这一原则。"③劳特派特法官还指出："安理会的武器禁运已导致了波斯尼亚和黑塞哥维那境内的塞尔维亚人与穆斯林人在拥有武装方面明显失衡，联合国特别报告员已证实了这种不平衡助长了这个地区民族情况的强度。禁止种族灭绝长期以来已被接受为一种强制法，即高于条约的法律秩序。因此，可以把这种禁运认为是助长民族情况，因而也助长种族

---

①　Application of the Convention on the Prevention and Punishment of the Crime of Genocide, Provisional Measures, Oreder of 8 April 1993, I. C. J. Reports 1993, p. 6, para. 2.

②　Application of the Convention on the Prevention and Punishment of the Crime of Genocide, Provisional Measures, Oreder of 8 April 1993, I. C. J. Reports 1993, p. 328.

③　Application of the Convention on the Prevention and Punishment of the Crime of Genocide, Provisional Measures, Separate Opinion of Judge ad hoc Lauterpacht, I. C. J. Reports 1993, pp. 439, para. 99.

灭绝来看，其持续的正当性是值得怀疑的，安理会在重新讨论该禁运时应该考虑这一点。"①

在该案中，国际法院没有承认也没有否认对安理会决议合法性的审查问题，对波黑提出的安理会决议的合法性问题，国际法院事实上作了审查，那就是安理会决议正确的，只不过审查的结果是肯定的而已。

2. 洛克比空难案(利比亚诉美国)

1988 年 12 月 21 日，泛美航空公司 103 次航班在苏格兰洛克比上空爆炸，造成机上 259 人和地面至少 11 人遇难，其中包括 100 多名美国乘客。② 1991 年 11 月，苏格兰地方检察官和美国联邦地区法院大陪审团指控两名利比亚国民涉嫌在飞机上放置炸弹，并导致飞机爆炸，英国和美国要求利比亚引渡两名犯罪嫌疑人。③ 利比亚拒绝了，并声称指控还正在调查，如果有必要，利比亚将自己审判其国民，利比亚还要求美国和英国提供证据协助利比亚进行调查。④

1992 年 1 月 21 日，安理会一致通过第 731(1992)号决议，批评利比亚没有对引渡要求作出有效回应，并敦促利比亚对那些要求作出充分和有效的回应。⑤ 作为对此回应，2 月 27 日利比亚通知安理会，不从原则上反对移交两名犯罪嫌疑人，但是只有在安理会建立一个公正的法官

————————

① Application of the Convention on the Prevention and Punishment of the Crime of Genocide, Provisional Measures, Separate Opinion of Judge ad hoc Lauterpacht, I. C. J. Reports 1993, pp. 439-441, para. 98-104.

② 邵沙平:《国际法院最新案例研究(1990—2003)》，商务印书馆 2006 年版，第 172 页。

③ 邵沙平:《国际法院最新案例研究(1990—2003)》，商务印书馆 2006 年版，第 172 页。

④ See Letter from Ali Ahamed Elhoudeiri, Libyan Permanent Rep. To the U. N., to the Secretary-General, (Jan. 8, 1992) reprinted in 31 I. L. M. 726(1992).

⑤ 有意思的是，所有的争端当事方，甚至利比亚也认为决议命令利比亚应该移交两名犯罪嫌疑人。然而安理会决议仅仅是敦促利比亚作出充分和有效的回应；它并没有直接命令或呼吁利比亚引渡这两人。安理会第 748(1992)号决议采用了更强硬的语言，这个决议对利比亚实施了经济制裁，这更能说明决议的强硬，但是第 748(1992)号决议也是模糊的，决议决定利比亚必须毫不迟疑地遵守第 731(1992)号决议第 3 段，而那个决议只是敦促利比亚作出有效回应。

委员会调查针对两名犯罪嫌疑人的指控并将嫌犯引渡到第三国，利比亚才会移交。① 3月2日，利比亚进一步解释了拒绝引渡的原因，利比亚指出利比亚的法律不允许引渡本国国民；并主张，利比亚法律不可能因为安理会的决议而被改变，无论是建议性的或约束性的决议。②

1992年3月3日，利比亚在国际法院对美国提起了诉讼，③ 请求判令美国寻求监禁嫌疑人的努力违反了1971年9月23日《关于制止危害民用航空安全的非法行为的蒙特利尔公约》（以下简称《蒙特利尔公约》），该公约规定被请求国既可选择引渡罪犯也可以自己提起诉讼。利比亚还要求法院作出临时措施指示，限制美国对利比亚采取进一步的措施，如经济制裁。④ 3月31日，在诉讼期间，安理会通过第748（1992）号决议，对利比亚实施制裁，4月15日生效，包括中断所有飞往利比亚的航班和撤回外交人员。⑤

1992年4月14日，国际法院对利比亚的初步救济申请作出裁决，以11:5拒绝了利比亚的请求。⑥ 大多数法官拒绝了美国的主张，即《蒙特利尔公约》要求在将争端提交国际法院前应有6个月的迟延，所

---

① Letter from Ibrahim M. Bishari, Secretary of the People's Comm. for Foreign Liason and Int'l Cooperation, to the Secretary-General, (Feb. 27, 1992), reprinted in 31 I. L. M. 737-738(1992).

② Letter from Ibrahim M. Bishari, Secretary of the People's Comm. for Foreign Liason and Int'l Cooperation, to the Secretary-General, (Feb. 27, 1992), reprinted in 31 I. L. M. 739-740(1992).

③ See Application, General List No. 89, 1992, filed in the Registry of the Court on 3 March 1992. availble at: http://www.icj-cij.org/docket/index.php? p1=3&p2=3&code=lus&case=89&k=82&p3=0

④ Questions of Interpretation and Application of the 1971 Montreal Convention arising from the Aerial Incident at Lockerbie (Libyan Arab Jamahiriya v. United States of America), Provisional Measures, Order of 14 April 1992, I. C. J. Reports 1992, pp. 118-119.

⑤ 参见安理会第748(1992)号决议。

⑥ Questions of Interpretation and Application of the 1971 Montreal Convention arising from the Aerial Incident at Lockerbie (Libyan Arab Jamahiriya v. United States of America), Provisional Measures, Order of 14 April 1992, I. C. J. Reports 1992, p. 127, para. 46.

以国际法院没有管辖权。① 法院认为它对采取临时措施指示的申请有管辖权，但对该案实质问题的管辖权没作出决定。② 大多数法官裁决不给予利比亚采取临时救济措施，强调《联合国宪章》第 103 条规定的义务优先于《蒙特利尔公约》一类的条约义务。法院认为，无论第 748(1992) 号决议通过前的形势如何，利比亚声称的《蒙特利尔公约》下的权利不可能构成临时措施指示的适当理由。③ 法院补充道，指示临时措施将会损害美国根据安理会第 748(1992) 号决议所享有的权利。④

　　一些法官对于安理会决议处于控制地位是满意的，这些法官觉得没有必要审查安理会行为的有效性。小田兹(Shigeru Oda)法官认为，安理会决议是决定性的，但是他又暗示法院可实施司法审查权，如果一国声称安理会剥夺了其根据国际法享有的主权权利。⑤ 另外几名法官认为，

① Questions of Interpretation and Application of the 1971 Montreal Convention arising from the Aerial Incident at Lockerbie (Libyan Arab Jamahiriya v. United States of America), Provisional Measures, Order of 14 April 1992, I. C. J. Reports 1992, p. 122, para. 25. 1971 年《蒙特利尔公约》第 14 条第 1 款规定："如两个或几个缔约国之间对本公约的解释或适用发生争端而不能以谈判解决时，经其中一方的要求，应交付仲裁。如果在要求仲裁之日起六个月内，当事国对仲裁的组成不能达成协议，任何一方可按照国际法院规约，要求将争端提交国际法院。"

② Questions of Interpretation and Application of the 1971 Montreal Convention arising from the Aerial Incident at Lockerbie (Libyan Arab Jamahiriya v. United States of America), Provisional Measures, Order of 14 April 1992, I. C. J. Reports 1992, p. 127, para. 45.

③ Questions of Interpretation and Application of the 1971 Montreal Convention arising from the Aerial Incident at Lockerbie (Libyan Arab Jamahiriya v. United States of America), Provisional Measures, Order of 14 April 1992, I. C. J. Reports 1992, pp. 126-127.

④ Questions of Interpretation and Application of the 1971 Montreal Convention arising from the Aerial Incident at Lockerbie (Libyan Arab Jamahiriya v. United States of America), Provisional Measures, Order of 14 April 1992, I. C. J. Reports 1992, p. 127, para. 44.

⑤ Questions of Interpretation and Application of the 1971 Montreal Convention arising from the Aerial Incident at Lockerbie (Libyan Arab Jamahiriya v. United States of America), Provisional Measures, Order of 14 April 1992, Declaration of Acting President Oda, I. C. J. Reports 1992, p. 131.

对利比亚申请临时措施的拒绝并不意味着国际法院放弃其作为联合国主要司法机构的作用。如伊莱休·劳特派特(Elihu Lauterpacht)专案法官呼吁法院与安理会合作，这是联合国唯一两个具有作出约束力决定的权威机构。① 其他几名法官认为法院至少应该考虑安理会的行为是否有效，默罕默德·沙哈布丁(Mohamed Shahabuddeen)法官引用纳米比亚案，得出的结论是处于争议中的安理会决议是假定有效的。② 依靠这类假设和牢记这个案件最初程序中的立场，他同意大多数观点，但是他明白地表示法院在限制安理会的权力方面应起一定的作用。③ 贝德贾维(Bedjaoui)法官、阿吉博拉(Ajibola)法官、威拉曼特里(Weeramantry)法官也有类似观点。④

只有科谢里(El-Kosheri)法官，利比亚指定的专案法官(ad hoc Judge)，宣称安理会的经济制裁决议是无效的。首先，国家有权不遵守缺乏《联合国宪章》基础的决议，因为《联合国宪章》第25条规定，会员

---

① Questions of Interpretation and Application of the 1971 Montreal Convention arising from the Aerial Incident at Lockerbie (Libyan Arab Jamahiriya v. United States of America), Provisional Measures, Order of 14 April 1992, Separate Opinion of Judge Lachs, I. C. J. Reports 1992, pp. 138-139.

② Questions of Interpretation and Application of the 1971 Montreal Convention arising from the Aerial Incident at Lockerbie (Libyan Arab Jamahiriya v. United States of America), Provisional Measures, Order of 14 April 1992, Separate Opinion of Judge Shahabuddeen, I. C. J. Reports, 1992, p. 140.

③ Questions of Interpretation and Application of the 1971 Montreal Convention arising from the Aerial Incident at Lockerbie (Libyan Arab Jamahiriya v. United States of America), Provisional Measures, Order of 14 April 1992, Separate Opinion of Judge Shahabuddeen, I. C. J. Reports, 1992, p. 142.

④ Questions of Interpretation and Application of the 1971 Montreal Convention arising from the Aerial Incident at Lockerbie (Libyan Arab Jamahiriya v. United States of America), Provisional Measures, Order of 14 April 1992, Dissenting Opinion of Judge Bedjaoui, I. C. J. Reports, 1992, p. 156; Dissenting Opinion of Judge Ajibola, I. C. J. Reports, 1992, pp. 192-193; Dissenting Opinion of Judge Weeramantry, I. C. J. Reports, 1992, p. 165.

国应遵守根据本宪章作出的安理会决议。① 接着,科谢里法官指出法院
有权使与《联合国宪章》不符的安理会行为无效。在引用了很多纳米比
亚案的观点后,同时也引用了莫雷利法官在联合国某些经费咨询意见案
中司法审查的主张。② 科谢里法官认为安理会实施制裁的决议是越权
的,因为它侵犯了利比亚在《联合国宪章》中的主权性权利。③ 他特别引
用了《联合国宪章》第1(2)条和第55条的规定,各国人民主权平等和民
族自决,以及第2(7)条的规定,禁止联合国干涉本质上属于各国内政
的事务。④ 科谢里法官补充道,他将指示两项临时措施:任何一方都不
可恶化争议,中止法院的最后决定,嫌疑犯将被移转到第三国,该第三
国将最终提供相互同意和适当审判形式。⑤

总之,洛克比空难案标志着国际法院开启了在诉讼案件中实施司法

---

① Questions of Interpretation and Application of the 1971 Montreal Convention
arising from the Aerial Incident at Lockerbie (Libyan Arab Jamahiriya v. United States of
America), Provisional Measures, Order of 14 April 1992, Dissenting Opinion of Judge
El-Kosheri, I. C. J. Reports, 1992, pp. 206-207.

② Questions of Interpretation and Application of the 1971 Montreal Convention
arising from the Aerial Incident at Lockerbie (Libyan Arab Jamahiriya v. United States of
America), Provisional Measures, Order of 14 April 1992, Dissenting Opinion of Judge
El-Kosheri, I. C. J. Reports, 1992, pp. 207-210.

③ Questions of Interpretation and Application of the 1971 Montreal Convention
arising from the Aerial Incident at Lockerbie (Libyan Arab Jamahiriya v. United States of
America), Provisional Measures, Order of 14 April 1992, Dissenting Opinion of Judge
El-Kosheri, I. C. J. Reports, 1992, I. C. J. Reports, 1992, pp. 210-212.

④ Questions of Interpretation and Application of the 1971 Montreal Convention
arising from the Aerial Incident at Lockerbie (Libyan Arab Jamahiriya v. United States of
America), Provisional Measures, Order of 14 April 1992, Dissenting Opinion of Judge
El-Kosheri, I. C. J. Reports, 1992, I. C. J. Reports, 1992, I. C. J. Reports, 1992,
p. 211.

⑤ Questions of Interpretation and Application of the 1971 Montreal Convention
arising from the Aerial Incident at Lockerbie (Libyan Arab Jamahiriya v. United States of
America), Provisional Measures, Order of 14 April 1992, Dissenting Opinion of Judge
El-Kosheri, I. C. J. Reports, 1992, I. C. J. Reports, 1992, I. C. J. Reports, 1992,
p. 217.

审查权的可能。这个发展非常重要，不仅是因为诉讼案件比咨询案件更具有先例价值，而且也表明法院并不认为只有在一个联合国机构在寻求咨询意见后才能实施。决定暗示国际社会朝着比《联合国宪章》的起草者们更能接受司法审查的方向发展，随后的实践可能改变了《联合国宪章》的解释，这种转变是条约法允许的，至少得到了国际社会的默认，洛克比空难案决定的这些方面还没被有关国家广泛的拒绝。①

第二节　其他国际司法机构

一、前南斯拉夫问题国际刑事法庭

（一）前南斯拉夫国际刑事法庭的设立

1991 年以来，在前南斯拉夫境内发生了武装冲突，其间发生了大量的暴行，如种族清洗、种族屠杀等。为了应对这种紧张局势，联合国安理会迅速采取行动。1993 年 5 月 25 日，安理会断定前南斯拉夫境内发生的情势继续对国际和平与安全构成为威胁，依照《联合国宪章》第七章，通过了第 827（1993）号决议，决定正式建立前南斯拉夫国际刑事法庭（International Criminal Tribunal for the former Yugoslavia，ICTY），以审判那些自 1991 年以来，在前南斯拉夫境内实施严重违反国际人道法的行为、可能被认为负有个人刑事责任的犯罪者。前南国际刑事法庭，从性质上讲是联合国安理会的一个辅助机构，但同时在司法上又是独立的。前南国际刑事法庭虽然不是为了审查安理会决议合法性而建立的一个国际法庭，但是该法庭从建立时起就面临着其合法性问题。也就是说，国际社会对决定成立前南国际刑事法庭的安理会决议合法性存在异议，那么对安理会这个决议的合法性能否进行审查以及由谁来审查呢？前南国际刑事法庭在其审理的第一个案件中就遇到了这个问题。

---

① Geoffrey R. Watson, Constitutionalism, Judicial Review, and the World Court, 34 Harvard International Law Journal (1993).

塔迪奇案①是前南国际刑事法庭审理的第一个案件，在该案中，被告达斯科·塔迪奇(Duško Tadić)是一名塞族人，他被指控严重违反《日内瓦公约》，犯有战争罪、故意杀人罪、酷刑罪、非人道待遇罪、严重伤害罪和反人道罪等132项罪行。该案中，被告首先对前南国际刑事法庭的管辖权提出了挑战，被告认为，安理会无权建立前南国际刑事法庭，不仅前南国际刑事法庭的创设不符合国际法，而且安理会通过《前南斯拉夫国际刑事法庭规约》也是越权的违法行为，因而前南国际刑事法庭无权审判被告。

关于前南国际刑事法庭建立的合法性实际上涉及两大问题：第一，安理会设立该法庭是否超越其自身职权；第二，前南斯拉夫当时的情势是否需要设立这样一个法庭，即这一措施是否恰当。要回答这两个问题，涉及前南国际刑事法庭对安理会设立其自身的决议是否拥有司法审查权的问题。对此，初审分庭和上诉分庭采用了不同的立场。

(二)塔迪奇案初审分庭的意见②

1. 安理会是否有权设立国际刑事法庭

关于安理会是否有权设立国际刑事法庭，对于这一问题，初审分庭采取的迂回战术，尽力回避这一问题。初审分庭的观点是："本国际法庭不是旨在审查联合国机构行为而设立的宪法法院。恰恰相反，它是一个管辖权具体且有限的刑事法庭，该法庭的管辖权受到明确的限制。因此，如果期待该刑庭在这些具体且确定的范围之内作出判决，则前南国际刑事法庭就不具有审查安理会设立其自身的合法性的权力。"③

辩方主张，被告受一个依法建立的法庭的独立、公正、公开的审判，是一项基本人权。④ 初审分庭的观点是："安理会尽量确保建立了

---

① 该案的全部判决见：http：//www. icty. org/case/tadic/4.

② Decision on the Defence Motion on Jurisdiction, Prosecutor v. Tadić, Case No. IT-94-1, 10 August 1995, available at：http：//www. icty. org/x/cases/tadic/tdec/en/100895. htm.

③ Decision on the Defence Motion on Jurisdiction, Prosecutor v. Tadić, Case No. IT-94-1, 10 August 1995, para. 5.

④ Decision on the Defence Motion on Jurisdiction, Prosecutor v. Tadić, Case No. IT-94-1, 10 August 1995, para. 8.

一个适合于公正审判的机构是一回事，而从该机构被小心地建立就能推断出该国际刑事法庭就有权审理关于其建立自身的合法性问题，则是另外一回事。前南国际刑事法庭的权力是明确而且非常狭窄的，即'负责起诉严重违反国际人道法之人'，受到地域与时间范围的限制，并且要遵守其《规约》，这就是前南国际刑事法庭的全部权能。"①也就是说，初审分庭认为，对安理会决议司法审查不在前南国际刑事法庭的职权范围内。

初审分庭认为自身没有司法审查权的理由还包括：安理会依据《联合国宪章》第七章采取行动时被赋予了广泛自由裁量权，这就意味着法庭对安理会所作出的决议不可进行司法审查的。② 不过，初审分庭的这一结论并不是非常有道理，因为安理会拥有广泛自由裁量权并不意味着安理会的权力不受任何制约，也并不意味着就不能对安理会的行为审查，安理会拥有广泛的自由裁量权与可否对其行为进行司法审查之间不具有必然的因果关系。

初审分庭为论证其自身对安理会决议没有司法审查的权力，还引用了国际法院的判决和咨询意见。初审分庭认为："国际法院在一系列判决和咨询意见都已经确认，国际法院不具有司法审查权，尤其是对安理会的相关决议不具有审查权。国际法院的这些判决结果可以扩展适用于国际性的法庭，也就是说，前南国际刑事法庭也不具有审查安理会决议的职权。"③初审分庭在判决中参考的国际法院案件包括联合国某些经费咨询意见案、纳米比亚咨询意见案、洛克比空难案等。

初审分庭认为，一些人将一些假定的情况作为限制安理会权力的例证，但是无论是《联合国宪章》，还是一般国际法律原则以及国际强行

---

① Decision on the Defence Motion on Jurisdiction, Prosecutor v. Tadić, Case No. IT-94-1, 10 August 1995, para. 8.

② Decision on the Defence Motion on Jurisdiction, Prosecutor v. Tadić, Case No. IT-94-1, 10 August 1995, para. 7.

③ Decision on the Defence Motion on Jurisdiction, Prosecutor v. Tadić, Case No. IT-94-1, 10 August 1995, para. 10.

法对安理会职权所作的限制都与本案没有关系。① 而且即使有这样的限制，也不意味着任何法庭都可以对安理会依照《联合国宪章》第七章行使相关职权时是否超越其权限进行司法审查，更别说前南刑庭这个国际法庭了。②

2. 设立前南国际刑事法庭这一措施是否恰当

前南斯拉夫境内是否存在能证明安理会依据《联合国宪章》第七章建立国际法庭是合法的紧急情势？初审分庭的意见是："这一决定完全应由安理会来裁定，从某种程度上讲，这一问题并非是一个可以司法的问题（justiciable issue），它在本质上是一个政治问题。显然，关于建立国际刑事法庭是否有利于恢复和平与安全，这一问题应由安理会来决定，并且只能由安理会决定。任何司法机构，包括初审分庭自己，都不能或者不应该审查安理会的这一措施。"③

初审分庭为论证，安理会根据《联合国宪章》第 39 条作出的"构成对和平的威胁"及其所选择的消除该种威胁的手段都属于不可司法的政策裁量行为，甚至还引用了美国联邦最高法院在"贝克诉卡尔案"④中所描述的"不可司法（non-jusiticiability）"概念，说明应该由安理会自身决定其依照《联合国宪章》第七章所采取的行为是否合法。⑤ 初审分庭是从审查问题的性质来论证自身对安理会设立国际刑事法庭的决议没有司法审查权的，虽然方法思路与回答前一问题不同，但进一步论证了自己不能对安理会决议进行司法审查的理由。

---

① Decision on the Defence Motion on Jurisdiction, Prosecutor v. Tadić, Case No. IT-94-1, 10 August 1995, para. 17.

② Decision on the Defence Motion on Jurisdiction, Prosecutor v. Tadić, Case No. IT-94-1, 10 August 1995, para. 17.

③ Decision on the Defence Motion on Jurisdiction, Prosecutor v. Tadić, Case No. IT-94-1, 10 August 1995, para. 23.

④ Baker v. Carr, 369 U. S. 186, 217(1962).

⑤ Decision on the Defence Motion on Jurisdiction, Prosecutor v. Tadić, Case No. IT-94-1, 10 August 1995, para. 24.

（三）塔迪奇案上诉分庭的意见①

从上述分析可以看出，初审分庭的意见是前南国际刑事法庭无权审查安理会建立其自身的决议的合法性；而且，安理会建立前南国际刑事法庭的合法性问题从本质上来讲是一个"不可司法"的政治性问题。对此，上诉分庭得出了与初审法庭完全不同的结论，即前南国际刑事法庭对安理会建立该国际刑庭的决议的合法性问题具有司法审查的权力。

1. 前南国际刑事法庭对安理会决议是否有司法审查权

初审分庭认为，前南国际刑事法庭的权能是明确的并且被界定得非常窄，正如其《规约》第 1 条所规定的那样，"负责起诉严重违反国际人道法之人"，受地域与时间范围的限制，并且要遵守其《规约》，这就是前南国际刑事法庭的全部权能。② 上诉分庭认为，初审分庭所称的这种管辖权可以被称为"原始（original）管辖权""初步（primary）管辖权"或者"实质（substantive）管辖权"，但这种管辖权并没有包括法庭在实施司法职能时自动获得的"附随的（incidental）"或"固有的（inherent）"的管辖权。③ 上诉分庭也认为，建立前南国际刑事法庭不是为了审查安理会建立其自身的决议的合法性，但是前南国际刑事法庭为了确定该案的"初始"管辖权，在实施"附随"的管辖权时，则需要对安理会相关决议的合法性进行审查。④

为了论证前南国际刑事法庭的"附随管辖权"，上诉分庭还援引了《联合国行政法庭规约》第 2 条第 3 款的规定，即"在发生有关法庭是否有权的争端时，该问题由法庭的决定解决"。这种权力被称为"权力的

---

①　Decision on the Defence motion for Interlocutory Appeal on Jurisdiction, 2 October 1995, Case No. IT294212AR72. available at：http：//www.icty.org/x/cases/tadic/acdec/en/51002.htm.

②　Decision on the Defence Motion on Jurisdiction, Prosecutor v. Tadić, Case No. IT-94-1, 10 August 1995, para.8.

③　Decision on the Defence motion for Interlocutory Appeal on Jurisdiction, 2 October 1995, Case No. IT294212AR72, para.14.

④　Decision on the Defence motion for Interlocutory Appeal on Jurisdiction, 2 October 1995, Case No. IT294212AR72, para.14.

权力（法语是'la competence de la competence'；德语是'Kompetenz-Kompetenz'）"，它是任何司法机构或仲裁庭所固有的、附随的管辖权的一个重要部分，构成"决定自己管辖权的管辖权"。① 这是行使司法职能的必要构成要件，不需要那些法庭的建立文件作出规定，虽然《国际法院规约》第36条第6款对此作出了规定。②

上诉庭认为，初审庭的意见都是从"初步管辖权""原始管辖权"或者"实质管辖权"的角度出发来考虑的，而不是将审查安理会决议的合法性问题作为附随管辖权来考虑。若是从后一种角度出发，前南国际刑事法庭就可以在行使"初步管辖权""原始管辖权"或者"实质管辖权"的同时，附随地对安理会决议的合法性进行审查。③ 上诉分庭认为，事实上，在行政法庭判决效力咨询意见案和纳米比亚咨询意见案中，国际法院都进行了类似的审查。④

针对初审庭认为安理会拥有广泛自由裁量权，不可以对安理会决议实施司法审查的观点。上诉庭的意见是："虽然安理会依《联合国宪章》行使的自由裁量权越大、范围越广，前南国际刑事法庭审查安理会决议

① Decision on the Defence motion for Interlocutory Appeal on Jurisdiction, 2 October 1995, Case No. IT294212AR72, para. 17.

② 《国际法院规约》第36条第6款："关于法院有无管辖权之争端，由法院裁决之。"

③ Decision on the Defence motion for Interlocutory Appeal on Jurisdiction, 2 October 1995, Case No. IT294212AR72, para. 21.

④ "毫无疑问，法院不拥有对联合国相关机构作出的决定的司法审查权或上诉权。大会第2145号决议或联合国安理会相关决议是否与《联合国宪章》相符或其合法性问题不是寻求咨询意见的主题。然而，既然反对意见已提到法院的面前，为实施法院的司法功能，法院在决定这些决议产生的法律后果方面，将根据自己的理由考虑这些反对意见。"See Legal Consequences for States of the Continued Presence of South Africa in Namibia (South West Africa) notwithstanding Security Council Resolution 276 (1970), Advisory Opinion, I. C. J. Reports 1971, p. 16, paras. 88-89. "大会建立一个有权作出对联合国有约束力判决的法庭的法律权力受到了挑战，相应地，大会是否被《联合国宪章》授予这种权力就需要被考虑。"See Effect of awards of compensation made by the U. N. Administrative Tribunal, Advisory Opinion of July 13ᵗʰ, 1954, I. C. J. Reports 1954, p. 56.

的权限范围就越窄，即使是附随管辖权也是如此。但是这并不意味着在安理会行为明显违反《联合国宪章》宗旨与原则的情况下，前南国际刑事法庭的审查权也随之消失。"①

上诉分庭是从附随管辖权的角度来论证，得出的结论是前南国际刑事法庭具有审查安理会建立其自身决议的合法性的管辖权。②

2. 安理会决议是否具有不可司法性

初审庭认为，由安理会依据《联合国宪章》第 39 条所作出的决议具有政治性和事实性，这类决议在性质上是不可司法的问题。针对这种论断，上诉分庭的意见是，"政治问题"与"不可司法的争端"是非常陈旧的仲裁条约中的主权保留、国家荣誉等词汇的残留物，已经从当代国际法中退出，只有"政治问题"的论断在国际法院的咨询程序中偶尔出现，在诉讼程序中极少出现。③ 上诉分庭还引用了国际法院在联合国某些经费咨询意见案中的观点，即"有人主张递交给法院的问题与政治问题纠缠一起，基于这一理由，法院应该拒绝发表咨询意见；确实，关于《联合国宪章》的许多解释或多或少将具有政治意义。就事情的本质而言，它不可能没有政治意义，但是法院不能赋予一项从事本质上的司法任务即解释条约条款的请求以政治性质"④。上诉分庭认为，国际法院的这个声明也可以适用于该案。⑤ 上诉分庭的结论是，辩方主张的由于该问题具有所谓的"政治性"或者"不可司法"的性质，前南国际刑事法庭就不得审查被告所提出的管辖权抗辩，这一抗辩理由上诉分庭不认可，即

---

① Decision on the Defence motion for Interlocutory Appeal on Jurisdiction, 2 October 1995, Case No. IT294212AR72 , para. 21.

② Decision on the Defence motion for Interlocutory Appeal on Jurisdiction, 2 October 1995, Case No. IT294212AR72 , para. 22.

③ Decision on the Defence motion for Interlocutory Appeal on Jurisdiction, 2 October 1995, Case No. IT294212AR72 , para. 24.

④ Certain Expenses of the United Nations (Article 17, paragraph 2, of the Charter), Advisory Opinion of 20 July 1962, I. C. J. Reports 1962, p. 155.

⑤ Decision on the Defence motion for Interlocutory Appeal on Jurisdiction, 2 October 1995, Case No. IT294212AR72, para. 24.

前南国际刑事法庭拥有对安理会建立其自身的决议的合法性进行审查的权力。①

从上述分析，我们可以看出，关于安理会建立前南国际刑事法庭决议的合法性，前南国际刑事法庭能否对其进行司法审查的这一问题，初审分庭和上诉分庭采取不同的视角，也得出了不同的结论。但值得注意的是上诉分庭认为前南国际刑事法庭具有对安理会建立其自身的决议的合法性进行司法审查这一结论是有其前提条件的，即是在"决定自身管辖权的管辖权"的条件下进行的，而不是说前南国际刑事法庭具有审查安理会一切行为合法与否的权力。

二、国际刑事法院

国际刑事法院(International Criminal Court, ICC)于2002年7月1日在荷兰海牙正式成立，它是一个常设性的国际刑事司法机构。国际刑事法院成立的法律依据是1998年在意大利首都罗马举行的联合国设立国际刑事法院全权代表外交会议通过的《国际刑事法院罗马规约》(Rome Statute of the International Criminal Court，以下简称《罗马规约》)。根据《罗马规约》的规定，国际刑事法院主要对犯有种族屠杀罪、危害人类罪、战争罪和侵略罪的个人进行起诉和审判。② 国际刑事法院行使的管辖权是一种补充性管辖权，即只有当有关国家不愿意或不能对所涉罪行进行管辖时，国际刑事法院才能实施管辖。③ 由于国际刑事法院所管辖的罪行与安理会的主要职责都关涉到国际和平与安全这一重大问题，所以两者之间的关系显得特别重要。

(一)安理会决议对国际刑事法院的法律效力

1. 安理会向检察官提交情势的决议的法律效力

《罗马规约》第13条规定，缔约国和安理会均有权向检察官提交有

---

①　Decision on the Defence motion for Interlocutory Appeal on Jurisdiction, 2 October 1995, Case No. IT294212AR72, para. 25.

②　参见《罗马规约》第5条。

③　参见《罗马规约》第1条、第17条。

关犯罪已经发生的情势，同时检察官也可以对某一项犯罪自行展开调查。安理会向检察官提交情势是国际刑事法院启动管辖权的情形之一，那安理会向国际刑事法院提交有关情势的决议又具有怎样的效力呢？

首先，对国际刑事法院而言，这样的决议是没有法律约束力的，也就是说安理会通过请求国际刑事法院对有关犯罪展开调查的决议以后，并不一定就导致对刑事案件的调查和起诉，因为最终是否展开调查的决定权在国际刑事法院。《罗马规约》第 53 条的规定就表明，检察官在没有合理根据时，可以决定不展开调查，或者断定没有进行起诉的充分根据时作出不起诉的决定。虽然检察官的这一决定权会受到预审分庭的审核，但是有关该问题的最终结论仍是由国际刑事法院作出的。

其次，对《罗马规约》的缔约国而言，安理会向检察官提交情势的决议又具有怎样的法律效力呢？按照《罗马规约》的规定，国际刑事法院行使的是一种补充性管辖权，即只有当缔约国不愿意或不能对有关犯罪行使管辖权时，国际法院才可以行使管辖权。但是如果对某一案件具有管辖权的《罗马规约》缔约国已经对国际刑事法院管辖范围内的犯罪展开了调查或起诉，而安理会仍向国际刑事法院检察官提交了有关情势，那国际刑事法院能否行使管辖权呢？也就是说安理会的决议能否排除《罗马规约》缔约国的管辖权？这一问题实际上同上一问题属于同一性质，即国际刑事法院有权决定自己的管辖权和案件的可受理性。《罗马规约》第 19 条第 1 款也规定，"本法院应确定对收到的任何案件具有管辖权。本法院可以依照第十七条，自行断定案件的可受理性"。显然，国际刑事法院同样不会因为安理会通过了提交情势的决议，就一定要行使管辖权，这样做也会违反国际刑事法院管辖权的补充性原则。

2. 安理会决定推迟调查或起诉的决议的法律效力

安理会除了可以向国际刑事法院检察官提交情势以外，还可以根据《联合国宪章》第七章通过决议，要求国际刑事法院在其后的 12 个月内不得根据《罗马规约》开始或进行调查或起诉，而且安理会根据同样条件延长该项请求。① 这是安理会对国际刑事法院管辖权的一项限制，那

---

①　参见《罗马规约》第 16 条。

安理会推迟调查或起诉的决议是否对国际刑事法院有约束力呢？答案应该是肯定的，因为安理会的这类决议不是建议性的，而是一项禁止性的，也就是命令性的，所以国际刑事法院应该遵守。

从《罗马规约》的性质来看，该规约实质上就是一项多边条约，对安理会是没有约束力的，特别是当安理会根据《联合国宪章》第七章采取执行行动时。因为根据《联合国宪章》第 25 条之规定，联合国会员国同意依宪章之规定接受并履行安全理事会之决议；而且《联合国宪章》第 103 条还规定："联合国会员国在本宪章下之义务与其依任何其他国际协定所负之义务有冲突时，其在本宪章下之义务应居优先。"显然，当安理会要求国际刑事法院推迟某一刑事案件的调查或起诉时，联合国各会员国应该遵守。因为联合国各会员国依《罗马规约》所承担的义务应当属于"依其他国际协定所负之义务"，在效力等级上是要低于《联合国宪章》义务的。不过也有的学者提出，《联合国宪章》第 103 条规定的《联合国宪章》义务优先仅对联合国会员国有效，并不能约束像国际刑事法院这样的国际组织。① 但是，《联合国宪章》第 48 条第 2 款也明确规定，安理会决议应由联合国会员国以其直接行动及经其加入为会员之有关国际机关之行动履行之。由此可以看出，《罗马规约》的各缔约国不能为了遵守该规约的义务而不履行安理会决议，从而国际刑事法院也不可能作为一个国际组织而最终违反安理会决议；而且，根据国际组织法的理论来看，国际刑事法院也不能行使各缔约国并不拥有的权力。

（二）国际刑事法院对安理会决议的司法审查

从上述分析我们可以看出，安理会既可以向国际刑事法院作出提交情势的决议，也可以作出推迟调查和起诉的决议。当然，安理会在作出向国际刑事法院提交情势或要求推迟调查和起诉的决议时，也不是不受任何法律限制的，至少必须是"根据《联合国宪章》第七章行事"。那国际刑事法院是否有可能根据《联合国宪章》对安理会的相关决议进行司法审查呢？

---

① See Carsten Stahn, The Ambiguities of Security Council Resolution 1422 (2002), availabe at http：//www. ejil. org/journal/new/new0210. pdf.

诚然，正如前南国际刑事法庭在塔迪奇一案中所述，该法庭并不是一个审查联合国机构行为合法性而设立的宪法法院；同样，国际刑事法院也不是为审查安理会决议合法性而设立的一个宪法法院。但是，前南国际刑事法庭上诉分庭认为，该法庭为了行使其基本的管辖权，是可以行使附随管辖权的。国际刑事法院在确立其管辖权时，也不得不对安理会决议作有限的审查，至少需要查明以下几个问题：第一，安理会决议的通过是否遵守了法定程序；第二，安理会是否是根据《联合国宪章》第七章在行事；第三，安理会是否确实已向国际刑事法院提交了情势。当然，这种审查可以看作是一种形式的审查，不是实质的审查，即没有对安理会决议作出的理由和根据进行审查，因而并不是一种真正的司法审查。

国际刑事法院在对安理会相关决议进行审查时，其主要的法律依据应该是《联合国宪章》，而不是《罗马规约》，如果依据《罗马规约》来对安理会决议进行审查，则存在使用较低效力等级法律来审查较高效力等级法律的问题，违背司法审查的高级法理念。所以，即使国际刑事法院依据《联合国宪章》对安理会相关决议进行审查，也只是作文字上或形式上的审查，也就是说只要安理会决议形式上是合法的就可以了；而是否对安理会提交的情势展开调查和提起诉讼，则由国际刑事法院依据其《罗马规约》对案件进行实质审查，这种审查不是对安理会决议合法性的审查，而是对案件的管辖权和可受理性的审查。对安理会向检察官提交情势的决议，国际刑事法院只需要肯定这项决议是安理会依据《联合国宪章》第七章作出的，就可以依据其《罗马规约》来自行决定是否展开调查和提起诉讼；而对安理会决定推迟调查和起诉的决议，国际刑事法院不能审查该决议是否合法或合理，无论是依据《联合国宪章》，还是依据《罗马规约》，国际刑事法院只能遵守安理会的决议。

（三）安理会与国际刑事法院两个潜在的冲突

虽然国际刑事法院不能对安理会决议的合法性进行实质性的司法审查，但是安理会与国际刑事法院在以下两个问题上还是存在冲突的可能。

1. 联合国维和人员与国际刑事法院管辖权

2002 年 7 月 12 日，美国为了保护其维和人员不受国际刑事法院的调查和起诉，积极推动安理会通过了第 1422(2002)号决议。根据该决议，"国际刑事法院对于涉及参与联合国所设立或授权的行动，但不是《罗马规约》缔约国的国家目前或以前的官员或人员有关上述行动的行为或不行为的案件，在 2002 年 7 月 1 日起的 12 个月期间内不要对任何此类案件开始或着手进行调查或起诉，除非安全理事会另有决定"。① 虽然安理会在该决议中指出，该决议是根据《联合国宪章》第七章采取的行动，但是事实上还不存在危及国际和平与安全的情况。安理会此项决议的合法性受到了很多质疑，例如，国际刑事法院联盟(the Coalition for the International Criminal Court)就认为，安理会第 1422(2002)号决议至少在以下四个方面的问题②：第一，安理会援引《联合国宪章》第七章，将国际刑事法院视为对和平之威胁、和对和平的破坏以及侵略行为，而没有一种情况是可以适用的；第二，决议第 1 段与《罗马规约》第 16 条不符，该条规定安理会是暂时地和在个案基础上要求推迟调查或起诉，而决议第 1 段要求的是一种"普遍的预先豁免"(generalized preventive exemption)；第三，决议第 2 段非常不明确，似乎为自动续展(automatic renewal)提供了基础，与《罗马规约》第 16 条不符，是对《罗马规约》的修正；第四，决议第 3 段，实际上整份决议企图要求《罗马

---

① 参见安理会第 1422(2002)号决议第 1 段。

② 国际刑事法院联盟实际上是对该决议的草案提出的批评，但由于该决议的决议草案在通过时，安理会没有作出任何修改，所以对决议草案的批评实际上就是对安理会第 1422(2002)号决议的批评。参见：安理会决议草案，S/2002/747；安理会第 4572 次会议临时逐字记录，S/PV.4572；安理会 1422(2002)号决议。安理会 1422(2002)号决议内容摘录："根据《联合国宪章》第七章采取行动，1. 根据《罗马规约》第 16 条的规定，要求国际刑事法院，如出现涉及参与联合国所设立或授权的行动、但不是《罗马规约》缔约国的国家目前或以前的官员或人员有关上述行动的行为或不行为的案件，在 2002 年 7 月 1 日起的 12 个月期间内不要对任何此类案件开始或着手进行调查或起诉，除非安全理事会另有决定；2. 表示打算只要有必要，就于每年 7 月 1 日按同样条件将第 1 段所述要求顺延 12 个月；3. 决定会员国不得采取不符合第 1 段、不符合国际义务的行动；4. 决定继续处理此案。"

规约》签字国作出违反《罗马规约》目的和宗旨的行为，排除成员国《罗马规约》下的义务。①

在安理会第 1422(2002)号决议即将到期之际，2003 年 6 月 12 日安理会又通过了第 1487(2003)号决议给予《罗马规约》非缔约国的维和人员的豁免顺延一年。② 2004 年，由于美军的虐囚事件曝光，引起国际社会的强烈愤慨，美国只得在一片反对声中撤销了将第 1487(2003)号决议再次顺延的决议。于是，安理会再也没有作出类似第 1422(2002)号和第 1487(2003)号决议的决议了。

然而情况在 2005 年发生了变化，2005 年 3 月 31 日，安理会通过第 1593(2005)号决议，将苏丹达尔富尔情势提交国际刑事法院，但该决议第 6 段同时决定："没有加入《国际刑事法院罗马规约》的苏丹境外派遣国的国民、现任或前任官员或人员因安理会或非洲联盟在苏丹建立或授权的行动而产生的或与其相关的所有被控行为或不行为皆应由该派遣国对其实施专属管辖权，除非该派遣国已明确放弃此种专属管辖权。"③安理会决议的这一规定不仅仅是推迟或暂停起诉非缔约国维和人员所犯罪行，而是永远排除国际刑事法院对他们的调查起诉，只要派遣国不放弃其专属管辖权。安理会这一决议已突破了《罗马规约》第 16 条对安理会所设置的限制条件，即安理会推迟调查或起诉的决议只有 12 个月的有效期，除非根据同样条件再次延长该项请求。2011 年 2 月 26 日，安理会针对利比亚情势通过的第 1970(2011)号决议第 6 段也作出了类似的规定。④

---

① Analysis of US proposal damaging effects on the ICC, the Security Council, and International Law, 10 July 2002, available at：http：//www.iccnow.org/index.php?mod=browserdoc&type=21&year=2002&b=2.

② 参见安理会第 1487(2003)号决议第 1 段。

③ 参见安理会第 1593(2005)号决议第 6 段。

④ 安理会第 1970(2011)号决议第 6 段："决定阿拉伯利比亚民众国以外的不是《国际刑事法院罗马规约》缔约国的国家的国民、现任或前任官员或人员，要为据说是安理会规定或授权在阿拉伯利比亚民众国采取的行动引起的或与之相关的所有行为或不作为，接受本国的专属管辖，除非该国明确放弃这一专属管辖权。"

2. 侵略罪

虽然《罗马规约》第 5 条规定，国际刑事法院对侵略罪具有管辖权，但是由于国际社会对侵略罪的定义及其管辖并没有达成共识，所以《罗马规约》在第 5 条第 2 款又规定："在依照第一百二十一条和第一百二十三条制定条款，界定侵略罪的定义，及规定本法院对这一犯罪行使管辖权的条件后，本法院即对侵略罪行使管辖权。这一条款应符合《联合国宪章》有关规定。"《罗马规约》起草过程中关于侵略罪作出具体规定的难点之一就在于如何处理国际刑事法院与安理会的关系问题。① 因为根据《联合国宪章》第 39 条规定，安理会有权断定任何侵略行为是否存在，并应作成建议或抉择相应的办法，以维持或恢复国际和平及安全。但如果安理会断定一国或一个团体没有实施侵略行为，而国际刑事法院实施管辖权，裁定该国或该团体领导人犯下了侵略罪，这将会在逻辑上和法理上产生矛盾。② 所以，应由安理会先行断定是否存在侵略行为，国际刑事法院再来行使管辖权，但这又将损害国际刑事法院的独立性，使得法院对侵略罪的认定受到安理会政治因素的影响。

2010 年 6 月 11 日，国际刑事法院的首次《罗马规约》审查会议③通过了《侵略罪》的决议④，将侵略罪的定义和国际刑事法院对侵略罪行使管辖权的条件写进了《罗马规约》。其中决议附件一《国际刑事法院罗马

---

① 参见李世光、刘大群、凌岩主编：《国际刑事法院罗马规约评释》(上册)，北京大学出版社 2006 年版，第 51-55 页。

② 参见李世光、刘大群、凌岩主编：《国际刑事法院罗马规约评释》(上册)，北京大学出版社 2006 年版，第 52 页。

③ Review Conference of the Rome Statute Concludes in Kampala Uganda，11 June 2010，available at：http：//www. icc-cpi. int/menus/asp/reviewconference.

④ 决议号：RC/RES. 6，该决议附有三份附件：附件一，《国际刑事法院罗马规约侵略罪修正案》；附件二，《〈犯罪要件〉修正案》；附件三，《关于国际刑事法院罗马规约侵略罪修正案的理解》。见保存人通知 C. N. 651. 2010 Treaties-8，2010 年 11 月 29，网址：http：//treaties. un. org.

规约侵略罪修正案》(以下简称《侵略罪修正案》)①将侵略罪管辖权的行使分为两种情况：一是缔约国提交、检察官自行开始调查情况下的管辖权行使；二是安理会提交情势的情况下对侵略罪管辖权的行使。② 在缔约国提交情势和检察官自行调查的情况下，检察官要对侵略罪进行调查，他(她)首先应确定安理会是否已认定有关国家实施了侵略行为，而且检察官应将法院处理的情势通知联合国秘书长。③ 如果安理会已认定有关国家实施了侵略行为，检察官则可以对侵略罪进行调查；如果检察官将情势通知联合国秘书长后六个月内，安理会没有作出有关国家实施了侵略行为的认定，检察官也可以对侵略罪进行调查，前提是预审分庭已根据《罗马规约》第15条规定的程序授权开始对侵略罪进行调查，并且安全理事会没有根据《罗马规约》第16条作出与此相反的决定。④ 在安理会提交情势的情况下，法院对侵略罪可以行使管辖权。⑤ 可见，国际刑事法院对侵略罪进行调查的自主权还是很大的，在安理会没有作出侵略行为认定的情况下，也只有两个限制条件，即六个月的时间限制和安理会根据《罗马规约》第16条作出的决定。另外，《侵略罪修正案》还规定，法院以外的机构认定侵略行为不妨碍法院根据《罗马规约》自

---

① 　纽约时间2017年12月15日半夜，国际刑事法院缔约国大会通过决议，以启动对侵略罪的管辖权。早在1998年，侵略罪就被写入了《国际刑事法院罗马规约》，然而其真正施行则要等到各缔约国能够对侵略罪定义和实施管辖权的先决条件达成一致意见。在2010年的坎帕拉审查会议(Kampala Review Conference)，缔约国通过了《侵略罪修正案》，对侵略罪的定义达成一致意见，而对侵略罪启动管辖权一事则再次推迟。《侵略罪修正案》提出了两个启动国际刑事法院对侵略罪管辖的条件：(1)至少30个国家签署或接受该《修正案》；(2)缔约国大会作出决定，启动对侵略罪的管辖权，该决定的作出不得早于2017年1月1日。已经有34个国家签署或接受了《侵略罪修正案》，2017年缔约国大会决议则决定"于2018年7月17日启动国际刑事法院对侵略罪的管辖权。"(ICC-ASP/16/L.10号决议，第一段)，于是《侵略罪修正案》生效的两个条件都达到了满足。
② 　参见《侵略罪修正案》第3条、第4条。
③ 　参见《侵略罪修正案》第3条。
④ 　参见《侵略罪修正案》第3条。
⑤ 　参见《侵略罪修正案》第4条。

行得出的结论。

从上述对《侵略罪修正案》的分析来看，国际刑事法院在侵略罪的调查与起诉方面也不需要对安理会决议的合法性进行司法审查。因为缔约国提交、检察官自行开始调查情况下，安理会如果对有关国家的侵略行为作了认定，国际刑事法院可以根据《罗马规约》自行调查和起诉；如果安理会在通知之日六个月内没有作出此项认定，而且也没有根据《罗马规约》第16条作出推迟调查和起诉的决定，国际刑事法院也可以根据《罗马规约》自行调查和起诉，所以国际刑事法院需要查明的情况就是安理会是否作出了有关决议，而对该有关决议的合法性无权审查。同样，在安理会提交情势的情况下，国际刑事法院也无需对安理会决议合法性进行审查，法院仍是根据《罗马规约》自行得出结论。国际刑事法院无需或者说无权对安理会决议进行审查的原因就在于，安理会只是根据《联合国宪章》第七章断定是否存在侵略行为，而国际刑事法院则是根据《罗马规约》及其修正案来自行认定某人是否构成侵略罪。安理会断定存在侵略行为的情况下，国际刑事法院也可能会认定某人没有犯下侵略罪；安理会即使没有将有关行为认定为侵略，国际刑事法院也可能判定某人的行为构成了侵略罪，安理会只是可以推迟调查和起诉的开始。

三、欧盟法院

欧盟法院①对由欧盟议会和欧盟理事会共同制定的法令的合法性以

---

①　根据 2009 年 12 月 1 日正式生效的《里斯本条约》，欧洲共同体法院(Court of Justice of the European Communities)更名为欧盟法院(Court of Justice of the European Union, CJEU)，欧盟法院由 the Court of Justice, the General Court and specialised courts 三个部分组成。See Consolidated Version of the Treaty on European Union, Official Journal C 83 of 30. 3. 2010. Article 19(1)："The Court of Justice of the European Union shall include the Court of Justice, the General Court and specialised courts." Court of Justice 是 European Court of Justice(ECJ)的正式名称，一般翻译为欧洲法院，它也是欧盟的上诉法院；General Court 是原来的 Court of First Instance (CFI) (初审法院)，可以翻译为普通法院或综合法院；specialised courts 翻译为专门法院，目前最重要的专门法院有公务员法庭(the Civil Service Tribunal)。

及由欧盟理事会、欧盟委员会、欧盟中央银行以及欧盟机构、办公室、办事处制定的旨在对第三方直接产生法律效力的法令的合法性均具有司法审查的权力,① 那么欧盟法院是否可以对安理会决议进行司法审查呢? 欧盟法院正好在一个案件中回答了这一问题, 这个案件便是卡迪案。②

1999 年 10 月 15 日, 联合国安理会通过了第 1267(1999)号决议,对那些与本·拉登、塔利班以及恐怖基地组织有关联的个人或者组织实施包括冻结资金在内的制裁。安理会还根据该项决议第 6 段成立了"制裁基地组织和塔利班委员会", 负责制定与恐怖主义相关联的综合名单。2000 年 2 月 14 日, 欧盟理事会根据《欧共体条约》(Treaty Establishing the European Community)第 60 条和第 301 条通过了第 337/2000 号条例,对与阿富汗塔利班有关的飞机实行禁飞, 对资金或其他财政资源实行冻结。2000 年 12 月 19 日, 安理会通过了第 1333(2000)号决议, 重申安理会以往关于阿富汗局势的各项决议, 特别是安理会第 1267(1999)号决议和各项主席声明。2001 年 3 月 6 日, 欧盟理事会相应地通过了第 467/2001 号条例, 禁止对阿富汗的特定货物和服务出口, 加强了对塔利班的禁飞和资金冻结措施。2001 年 10 月 19 日, 安理会制裁委员会公布了一份新的补充名单, 其中就包括沙特阿拉伯人卡迪(Yassin Abdullah Kadi)。2001 年 10 月 19 日, 欧共体委员会通过第 2062/2001 号条例对理事会第 467/2001 号条例作了第三次修改, 卡迪的姓名被增加进条例

①　See Article 263 of Consolidated Version of the Treaty on the Functioning of the European Union, Official Journal C 84 of 30.3.2010.

②　该案的初审判决和上诉判决分别参见: Judgment of 21 September 2005 in Case T-315/01, Yassin Abdullah Kadi v. Council of the European Union and Commission of the European Communities, available at: http://eur-lex.europa.eu/LexUriServ/LexUriServ.do? uri = CELEX: 62001A0315: EN: HTML. 和 Judgment of the ECJ in Joined Cases C-402/05 P and C-415/05 P, Yassin Abdullah Kadi and Al Barakaat International Foundation v. Council of the European Union and Commission of the European Communities, available at: http://eur-lex.europa.eu/LexUriServ/LexUriServ.do? uri = CELEX: 62005J0402: EN: HTML.

的名单附件。2002 年 1 月 16 日，安理会通过了第 1390(2002)号决议，决议保留了安理会第 1267(1999)号决议和第 1333(2000)号决议的措施。2002 年 5 月 27 日，理事会通过了第 881/2002 号条例，对与本·拉登、基地组织和塔利班有联系的个人和实体施行了制裁措施，重申了理事会第 467/2001 号条例。① 2001 年 12 月 18 日，卡迪在欧洲初审法院(Court of First Instance，CFI)对理事会和委员会提起诉讼，要求废除欧共体委员会第 2062/2001 号条例和欧盟理事会第 467/2001 号条例。② 卡迪的诉讼理由之一就是其基本权利被侵犯，这些基本权利包括：听证的权利、财产权和比例原则以及有效的司法审查。③

(一)卡迪案初审法院的观点

针对卡迪声称其基本权利被侵犯的问题，欧盟理事会主张，司法审查的程度应该是由法院决定的一个独立问题，共同体没有任何自由裁量权，该决定是国际社会为了维持国际和平与安全授予了广泛权力的机构通过的，对之进行司法审查将会损害 1945 年建立的联合国体系的风险，可能严重损害共同体及其会员国的国际关系，违背必须遵守的国际义务。④ 对此，欧洲初审法院认为："首先应该考虑联合国法律秩序与欧共体或国内法律秩序之间的关系，以及欧共体及其成员国受安理会根据《联合国宪章》第七章作出的决议约束的程度，这个考虑将有效地决定合法性审查的范围，特别是有关基本权利，法院将审查欧共体行为对这些决议的影响。只有当这些问题在司法审查的范围内，初审法院才有可

---

① 关于该案的事实背景参见：Judgment of 21 September 2005 in Case T-315/01, Yassin Abdullah Kadi v. Council of the European Union and Commission of the European Communities, paras. 10-36.

② Judgment of 21 September 2005 in Case T-315/01, Yassin Abdullah Kadi v. Council of the European Union and Commission of the European Communities, para. 37.

③ Judgment of the ECJ in Joined Cases C-402/05 P and C-415/05 P, Yassin Abdullah Kadi and Al Barakaat International Foundation v. Council of the European Union and Commission of the European Communities, para. 49.

④ Judgment of 21 September 2005 in Case T-315/01, Yassin Abdullah Kadi v. Council of the European Union and Commission of the European Communities, para. 174.

能裁定理事会条例因为侵犯基本权利而无效。"①初审法院通过检视联合国下的国际法律秩序和国内法律秩序或欧共体法律秩序之间的关系后裁定："从国际法的视角来看，根据《联合国宪章》第103条，欧共体成员国同时作为联合国会员国，其《联合国宪章》项下的义务优先，特别是安理会根据《联合国宪章》第25条作出的决议要优先于其他国际协议的义务。"②欧共体成员国的《联合国宪章》义务不受欧共体条约的影响。初审法院的结论是："安理会根据《联合国宪章》第七章作出的决议对欧共体成员国均有约束力，因而欧共体成员国应采取一切必要措施保证安理会决议得到实施，而且还必须确保有碍《联合国宪章》义务遵守的欧共体基本法律条款和一般原则不被适用。"③

原告声称，根据欧共体法律秩序承认的保护基本权利的标准，初审法院对于安理会这类决议的合法性有间接审查的管辖权。但初审法院认为根据国际法和共同体法这种主张都不成立：首先，这种管辖权与会员国《联合国宪章》义务不符，尤其是《联合国宪章》第25、48以及103条，也不符合《维也纳条约法公约》第27条;④ 其次，根据《欧共体条约》和《欧盟条约》(Treaty on European Union)规定的欧共体实施司法权的条件和目的，这种管辖权与《欧共体条约》相冲突，尤其是《欧共体条约》第5、10、297条和307条第1段，也与《欧盟条约》不符，尤其是该

---

① Judgment of 21 September 2005 in Case T-315/01, Yassin Abdullah Kadi v. Council of the European Union and Commission of the European Communities, paras. 178-180.

② Judgment of 21 September 2005 in Case T-315/01, Yassin Abdullah Kadi v. Council of the European Union and Commission of the European Communities, paras. 181-184.

③ Judgment of 21 September 2005 in Case T-315/01, Yassin Abdullah Kadi v. Council of the European Union and Commission of the European Communities, paras. 189-190.

④ Judgment of 21 September 2005 in Case T-315/01, Yassin Abdullah Kadi v. Council of the European Union and Commission of the European Communities, para. 222.

条约的第 5 条，而且这将与欧共体权力原则不符，初审法院的权力实施必须符合国际法。①

初审法院认为必须补充的是，考虑到《欧共体条约》第 307 条和《联合国宪章》第 103 条，无论是对共同体法律秩序保护的基本权利的违反还是对该法律秩序的基本原则的违反都不能影响安理会措施的效力或在共同体领土内的效果。② 原则上，安理会决议不在初审法院司法审查的范围内，法院也无权根据欧共体法律审查安理会决议的合法性，即使是间接审查；与此相反，法院在解释和适用法律时，应尽可能与会员国《联合国宪章》项下的义务相一致。③ 但初审法院认为，法院被授权间接地依据强行法（jus cogens）审查安理会决议的合法性，因为强行法作为国际法中具有更高效力的规则，对所有国际法主体（包括联合国机构）均有约束力而不可减损；④ 而且《联合国宪章》也将保护基本人权作为联合国的宗旨和原则，这些原则对联合国会员国和机构均有约束力，《联合国宪章》第 24(2)条就规定，安理会在履行职责时，应遵照联合国宗旨和原则。⑤ 国际法对安理会决议有一项限制，即它们必须遵守强行法的基本条款。如果不遵守，尽管可能性不大，则安理会决议对联合国会

① Judgment of 21 September 2005 in Case T-315/01, Yassin Abdullah Kadi v. Council of the European Union and Commission of the European Communities, para. 223.

② Judgment of 21 September 2005 in Case T-315/01, Yassin Abdullah Kadi v. Council of the European Union and Commission of the European Communities, para. 224.

③ Judgment of 21 September 2005 in Case T-315/01, Yassin Abdullah Kadi v. Council of the European Union and Commission of the European Communities, para. 225.

④ Judgment of 21 September 2005 in Case T-315/01, Yassin Abdullah Kadi v. Council of the European Union and Commission of the European Communities, para. 226.

⑤ Judgment of 21 September 2005 in Case T-315/01, Yassin Abdullah Kadi v. Council of the European Union and Commission of the European Communities, paras. 228-229.

员国和欧共体都没有约束力。①

初审法院认为，法院对欧共体条例的合法性有司法审查的权力；根据国际强行法，特别是有关人权保护强制规定，可以对安理会决议合法性进行间接审查。② 不过，法院也认为，法院间接审查安理会决议不是审查它们是否符合欧共体法律秩序所保护的基本权利；③ 法院也不能查证安理会采取措施所依据的事实和证据是否正确，或这些措施是否适当，因为实施这类审查将侵犯安理会根据《联合国宪章》第七章所享有的特权。④

总之，初审法院的观点是，欧共体司法机构对安理会决议的合法性不能进行司法审查，不过安理会决议还受国际强行法约束，如果安理会决议违反国际强行法，初审法院则有权对其进行司法审查。

(二)卡迪案欧洲法院的观点

原告败诉后又于 2005 年 11 月在欧洲法院(the European Court of Justice，ECJ)进行上诉。卡迪主张，欧洲法院应对欧共体机构通过的任何立法，包括实施安理会决议的行为的合法性进行全面审查，而不论其来源。

欧洲法院认为，必须记住欧共体是建立在法治基础上，由于欧共体成员国及其机构都不能避免对它们的行为是否符合基本宪章——《欧共体条约》进行审查，《欧共体条约》建立了一套法律救济体系，其程序使

---

①　Judgment of 21 September 2005 in Case T-315/01，Yassin Abdullah Kadi v. Council of the European Union and Commission of the European Communities，paras. 230.

②　Judgment of 21 September 2005 in Case T-315/01，Yassin Abdullah Kadi v. Council of the European Union and Commission of the European Communities，para. 282.

③　Judgment of 21 September 2005 in Case T-315/01，Yassin Abdullah Kadi v. Council of the European Union and Commission of the European Communities，para. 283.

④　Judgment of 21 September 2005 in Case T-315/01，Yassin Abdullah Kadi v. Council of the European Union and Commission of the European Communities，para. 284.

得欧洲法院可以审查欧共体机构行为的合法性。① 同时，国际协议不能改变欧共体的权力分配。另外，根据判例法，构成一般法律原则的基本人权受到法院的保护，尊重人权是欧共体行为合法的一个条件，不尊重人权的措施不被共同体接受。② 根据上述考虑，一项国际协议施加的义务不能对欧共体条约的宪法性原则产生损害，这些宪法性原则包括共同体的行为必须需尊重基本人权，这种尊重构成了法院审查它们行为合法性的条件。③ 欧洲法院强调，欧共体司法机构是对实施国际协议的行为的合法性进行审查，而不是对国际协议本身。④ 具体到欧共体的行为，如争议中的条例，欧共体司法机构不是审查国际机构通过决议的合法性，即使审查范围限于决议是否与强行法相符。⑤ 然而，即使欧共体司法机构裁定欧共体实施国际组织决议的措施违反了共同体法律秩序的更高法律规则，也并不对该决议在国际法上的优先地位构成挑战。⑥

（三）卡迪案评析

欧洲初审法院从国际法律秩序等级化角度出发认为，根据《联合国

---

① Judgment of the ECJ in Joined Cases C-402/05 P and C-415/05 P, Yassin Abdullah Kadi and Al Barakaat International Foundation v. Council of the European Union and Commission of the European Communities, para. 281.

② Judgment of the ECJ in Joined Cases C-402/05 P and C-415/05 P, Yassin Abdullah Kadi and Al Barakaat International Foundation v. Council of the European Union and Commission of the European Communities, paras. 283-284.

③ Judgment of the ECJ in Joined Cases C-402/05 P and C-415/05 P, Yassin Abdullah Kadi and Al Barakaat International Foundation v. Council of the European Union and Commission of the European Communities, para. 285.

④ Judgment of the ECJ in Joined Cases C-402/05 P and C-415/05 P, Yassin Abdullah Kadi and Al Barakaat International Foundation v. Council of the European Union and Commission of the European Communities, para. 286.

⑤ Judgment of the ECJ in Joined Cases C-402/05 P and C-415/05 P, Yassin Abdullah Kadi and Al Barakaat International Foundation v. Council of the European Union and Commission of the European Communities, para. 287.

⑥ Judgment of the ECJ in Joined Cases C-402/05 P and C-415/05 P, Yassin Abdullah Kadi and Al Barakaat International Foundation v. Council of the European Union and Commission of the European Communities, para. 288.

宪章》第 103 条规定，《联合国宪章》义务优先于其他国际条约义务，因此法院无权审查安理会决议是否侵犯了基本权利，除非安理会决议违反了国际强行法。与欧洲初审法院维护《联合国宪章》义务优先性考虑不一样，欧洲法院从维护欧共体法律秩序的自治性出发，得出了与欧洲初审法院不同的结论。欧洲法院认为，欧共体法律体系的自治不受国际协议的影响，欧洲法院对合法性的审查仅适用于"执行国际协议的欧共体措施"，而不是"国际协议本身"。就安理会决议而言，欧洲法院不能审查其合法性，即使安理会决议违反国际强行法。

本 章 小 结

对安理会决议的进行司法审查，首先考虑的是由联合国国际法院来进行，但从《联合国宪章》和《国际法院规约》的规定来看，找不到这样的法律依据。通过对《联合国宪章》起草过程的考察发现，虽然比利时代表团曾在《联合国宪章》的起草过程中提出过对安理会决议进行司法审查的建议，但比利时的这一建议并没有被接受。再从国际法院自身的司法实践来看，国际法院在几个咨询管辖案件和诉讼管辖案件中都明确表示自身对安理会决议没有司法审查权，但有几位国际法院法官在其个别意见或反对意见中表示国际法院拥有司法审查权，而且事实上，国际法院在几个案件中对安理会决议的合法性进行了审查，只不过结论是安理会决议是合法有效的。

其他国际司法机构中，前南斯拉夫国际刑事法庭是联合国安理会通过决议成立的，是联合国安理会的一个辅助机构，在其审理的第一个案件，塔迪奇案中，被告就对安理会成立国际刑事法庭的合法性提出了异议。初审分庭认为，前南国际刑事法庭对安理会成立该法庭的决议的合法性没有司法审查的权力；而上诉分庭则从"管辖权的管辖权"的角度出发，认为前南国际刑事法庭对安理会建立自身决议的合法性具有司法审查的权力。

　　国际刑事法院是根据《国际刑事法院罗马规约》成立的一个独立的国际司法机构。根据《罗马规约》，安理会可以通过向国际刑事法院提交情势的方式启动国际刑事法院的管辖权，也可以通过决议，要求国际刑事法院推迟调查或起诉某一案件。国际刑事法院是否对安理会提交的情势展开调查和提起诉讼，由国际刑事法院依据《罗马规约》对情势进行审查，这种审查不是对安理会决议合法性的审查，而是对案件的管辖权和可受理性的审查；而对安理会决定推迟调查和起诉的决议，国际刑事法院不能审查该决议是否合法或合理，无论是依据《联合国宪章》，还是依据《罗马规约》，国际刑事法院只能遵守安理会的决议。总之，国际刑事法院对安理会决议的合法性没有司法审查权。

　　在卡迪案中，欧洲初审法院认为，根据《联合国宪章》第 103 条规定，《联合国宪章》义务优先于其他国际条约义务，法院无权审查安理会决议是否侵犯了基本权利，除非安理会决议违反了国际强行法。而欧洲法院则认为，欧共体法律体系的自治不受国际协议的影响，欧洲法院对合法性的审查仅适用于"执行国际协议的欧共体措施"，而不是"国际协议本身"。就安理会决议而言，欧洲法院不能审查其合法性，即使安理会决议违反国际强行法。

　　从各种分析来看，最有可能对安理会决议进行司法审查的主体就是联合国国际法院了，其他国际司法机构即使声称自己拥有对安理会决议合法性进行审查的权力，也只是就某个或某些特定的安理会决议进行司法审查。

第三章 联合国安理会决议司法
审查的原则

由于目前并没有对安理会决议进行司法审查的法律规定，所以在对这一制度进行构想时，有必要设定几个基本原则，这其中就包括案件性原则、政治问题不审查原则、安理会决议有效推定原则以及安理会决议合法性解释原则。

第一节 案件性原则

一、案件性原则的含义

案件性原则本是国内司法审查或违宪审查制度中的一项重要原则，即只有在因规范性文件的实施而发生具体案件时，公民才得以向违宪审查机关提出进行违宪审查的请求。① 在安理会决议的司法审查中，案件性原则是指国际法院不主动对任何安理会决议的合法性进行审查，只有在审理诉讼案件的时候，结合诉讼当事国的具体权利义务关系，或在咨询管辖案件中就安理会决议是否与《联合国宪章》及有关国际法相抵触进行审查。也就是说，司法审查是国际法院在行使诉讼管辖权和咨询管辖权时，附带进行的，这是由司法权的本质决定的。因为司法乃是法院

---

① 胡锦光：《论公民启动违宪审查程序的原则》，载《法商研究》2003 年第 5期。

具有在权益相反的双方关于权益发生争执或一方权益受他方不法侵害而向法院提起诉讼时，予以审判而保障或救济合法权益之作用。没有诉讼案件的发生，自然无审判可言；没有审判，也就没有司法审查。① 对国际法院而言，向联合国有关机关提供咨询意见也符合案件性原则，因为国际法院的管辖案件包括诉讼管辖和咨询管辖。案件性原则是司法审查所应坚持的一个原则，因为司法审查是指由司法机关对相关机关行为合法性的审查，不同于立法机关或专门的宪法法院违宪审查。

二、案件性原则的法理基础

《联合国宪章》第 92 条规定："国际法院为联合国之主要司法机关，应依所附规约执行其职务。该项规约系以国际常设法院之规约为根据并为本宪章之构成部分。"国际法院作为联合国的主要司法机关，其履行的就是司法职权，虽然国际法院与国内法院二者之间也存在一些差别，如因国际法缺乏中央权威所导致的在审级、强制执行、法官选任等方面的差异，但这并不影响国际法院职权的司法性质。具体来讲国际法院司法职权包括诉讼管辖权和咨询管辖权。就诉讼管辖权而言，诉讼管辖权属于一种典型的司法权，而司法权的核心特点就是中立性，它是司法权法理存在的基础和灵魂。司法权的中立性是指法院和法官"对于法律实施过程中所发生的各种主体之间的纠纷，以中立的身份和地位，依公正、科学的司法程序，居中加以解决。它既不作为纠纷任何一方当事人的组成部分，也不主动介入纠纷之中"。② 法院的角色是被动和中立的，即有诉求才受理，才按中立立场，以中立身份，依中立原则来裁断双方的纷争。而人们尊重、服从法院也在于相信它是超然于纠纷各方，不偏不倚，中立及公平的。可见，中立是作为裁判机构存在的法律理由和价值核心，因为，无诉求就不受理；无中立就不能成为解决纷争的机构或人员，无中立就不能有效地解决双方的纷争。国际法院在诉讼管辖方面，

---

① 胡锦光：《违宪审查比较研究》，中国人民大学出版社 2006 年版，第 27 页。

② 纪永明：《论司法权的特点》，载《特区法坛》2005 年第 3 期。

其管辖权也是建立在国家同意的基础之上的，也就是说只有在国家明确表示同意接受法院管辖权的情况下，国际法院才能行使诉讼管辖权。在咨询管辖方面，国际法院更是只有在应联合国大会、安理会、其他联合国机关及各种专门机构的请求下，才可发表咨询意见。所以由于国际法院行使的是一种司法权，因而就不可能主动对联合国安理会决议的合法性作出自己的判断，否则它就成为了法律实施的监督机关。

三、案件性原则的具体体现

（一）诉讼案件

国际法院的管辖权包括诉讼管辖权和咨询管辖权。根据《国际法院规约》第34条，只有国家才能成为国际法院的诉讼当事方。联合国会员国是《国际法院规约》的当然当事方，非联合国会员国的国家可以根据《联合国宪章》第93条第2款规定的条件，成为《国际法院规约》的当事方。除此之外，联合国、联合国专门机构以及其他国际组织不能成为国际法院的诉讼当事方，这些是国际法院诉讼管辖权的主体条件。国际法院要行使诉讼管辖权，还必须要求《国际法院规约》当事国之间的争端也属国际法院管辖范围，根据《国际法院规约》第36条的规定，国际法院管辖的争端包括：（1）争端当事国提交的一切案件，且不限于法律性质的争端；（2）《联合国宪章》和现行条约中特别规定的事件或争端；（3）当事国事先声明接受国际法院管辖的一切法律争端。对某一具体诉讼案件是否有管辖权，由国际法院作出最终判决。

因为联合国及其机构不是《国际法院规约》当事方，所以一个《国际法院规约》当事国不可以联合国或联合国安理会作为被告提起诉讼，从而对联合国安理会决议的合法性提出进行司法审查，而只有可能是在案件的审理过程中对安理会决议的合法性进行附带的审查。对安理会决议实施附带司法审查的可能性还是存在的，因为根据《联合国宪章》第25条，联合国会员国有义务接受并履行安理会根据《联合国宪章》作出的决议，这样就有可能因某一国家履行安理会决议而侵犯另一国的权利。实践中，会员国间接地在国际法院甚至其他争端解决机构中以安理会决议作为诉讼请求的标的或进行抗辩的论点并不鲜见。例如，在国家责任法草案特别报告员所提议的第三部分"和平解决"，推定与对抗性措施的合法性有关的争端由仲裁庭或国际法院考虑。假如争端一方依赖于安理会的决议证明另一方犯有不法行为，或者以对抗性措施已为安理会授权为由抗辩，质疑安理会决议的合法性就会发生。① 事实上，涉及这一问题的国际法院案例已有多起。据不完全统计，至少有 1976 年爱琴海大陆架案、1980 年德黑兰美国人质案、1981 年尼加拉瓜案、1993 年防止和惩办灭绝种族罪公约适用案和洛克比空难案。②

在波黑诉南斯拉夫案中，波黑要求国际法院指示临时措施，其中要求：对于安理会对前南斯拉夫实行武器禁运的第 713(1991) 号决议及后来提及或重申该决议的所有决议均必须解释为不损害波黑按《联合国宪章》第 51 条和习惯国际法规则而具有单独或集体自卫的固有权利；也不得解释为按《联合国宪章》第 24 条第 1 项和第 51 条，并按越权行为的习惯原则可对波黑实行武器禁运。③ 法院对此的意见是，这类诉求是要求非本诉讼当事方的国家或实体采取的措施，法院认为，按照《国际法院规约》第 59 条，对某个案件的判决，"除对于当事国外，无拘束力"；因此，法院可为保全这些权利指令当事方采取临时措施，但无法要求那些最终判决对之无约束力的第三国或其他实体承认并尊重这些权利。④也就是说，申请国请求的这些措施的意向显然不是要求法院指示被告国应采取一定步骤以保全申请国的权利，而倒是要法院宣布这些权利是哪些权利"以向整个国际社会"尤其是联合国安理会理事国"澄清法律状

① 邵沙平：《国际法院最新案例研究(1990—2003)》，商务印书馆 2006 年版，第 196 页。

② 邵沙平：《国际法院最新案例研究(1990—2003)》，商务印书馆 2006 年版，第 196 页。

③ Application of the Convention on the Prevention and Punishmentof the Crimeof Genocide, Provisional Measures, Ordef of 8 April 1993, I. C. J. Reports 1993, p. 6.

④ Application of the Convention on the Prevention and Punishmentof the Crimeof Genocide, Provisional Measures, Ordef of 8 April 1993, I. C. J. Reports 1993, p. 344, para. 40.

况",因此法院判定必须把这种情况视为超出了《国际法院规约》第41条的范围。①

(二)咨询案件

由于国际法院的管辖权包括诉讼管辖权和咨询管辖权,因而司法审查的案件性原则显然也包括咨询案件,也就是说国际法院对安理会的司法审查包括在咨询案件中对安理会的决议提出司法意见,但前提必须是联合国有关机关向国际法院提出了咨询请求。根据《联合国宪章》的规定,联合国大会和安理会对于任何法律问题均可请求国际法院发表咨询意见,联合国其他机关及各种专门机关,对于其工作范围内的任何法律问题经大会授权也可请求国际法院发表咨询意见。可见咨询案件成立有两个基本条件,一个是请求的主体;另一个是请求咨询的内容。

国际法院在审理联合国安理会提出的南非不顾安理会第276(1970)决议继续驻留纳米比亚对各国有何法律后果的咨询意见案的过程中,南非就对联合国安理会决议的合法性提出了质疑,但值得注意的是在该咨询意见案中,安理会决议的合法性并不是咨询意见案的主题,南非也无权提请国际法院就安理会决议的合法性发表咨询意见,南非只能在咨询意见案中的书面陈述程序或口头程序中提出自己的意见,但国际法院应作出回应。在该咨询意见案中,国际法院的意见是安理会决议是有效的,安理会常任理事国的弃权不构成安理会决议通过的障碍。② 虽然法院指出它对于有关联合国机构没有司法审查权或上诉权,但是法院为了行使自己的职能又不得不在确定安理会决议的法律后果之前考虑这些反对意见,③ 法院事实上进行了审查,只不过其结论是肯定的。

---

① Application of the Convention on the Prevention and Punishmentof the Crimeof Genocide, Provisional Measures, Ordef of 8 April 1993, I. C. J. Reports 1993, pp. 344-345, para. 41.

② Legal Consequences for States of the Continued Presence of South Africa in Namibia (South West Africa) notwithstanding Security Council Resolution 276 (1970), Advisory Opinion, I. C. J. Reports 1971, p. 22, para. 22.

③ Legal Consequences for States of the Continued Presence of South Africa in Namibia (South West Africa) notwithstanding Security Council Resolution 276 (1970), Advisory Opinion, I. C. J. Reports 1971, p. 45, para. 89.

在咨询管辖中，案件是指联合国有关机关就某一法律问题提出咨询请求，只要国际法院根据《联合国宪章》和《国际法院规约》确定其有管辖权，就符合案件性原则，甚至是联合国有关机关请求咨询的问题是一个假定存在的问题，但只要是一个法律问题也可以。例如在联合国大会关于接纳一国加入联合国的权限咨询意见案中，联合国大会并不是就某一具体国家能否加入联合国的问题向国际法院提出咨询，而是假定在一国如果因安理会未推荐其加入联合国时，大会是否可以通过决议使该国的入会案生效。这实际上就是一个对《联合国宪章》第4条第2款解释的法律问题，是一个普遍而抽象的问题。这个咨询案就是一个有效的案件，事实上国际法院也确定了其咨询管辖权。

对于咨询案件管辖的确立，国际法院曾在核武器合法性咨询意见案中有很好的解释。在该案中，有的国家认为联合国大会向国际法院"所提问题既含糊又抽象，所讨论的各项复杂问题正在关心此事的各国之间和联合国内经明确授权处理这些事项的其他机构中进行审议，法院对所提问题发表意见，将无助于大会履行《联合国宪章》规定的职责。这样一项意见可能破坏这一敏感问题上已经或正在取得的进展，因此违背联合国的利益"。① 以图说服国际法院在行使其斟酌处理权时拒绝发表大会第49/75K号决议所要求的咨询意见。这些国家的观点似乎是指对这个问题的主题并没有发生具体的争端。国际法院认为，必须区分诉讼程序所需的条件和咨询意见所适用的条件，咨询职责的目的不是要——至少不是直接——解决国家间的争端，而是向请求发表意见的机关和机构提供法律意见。② 因此，提交法院的问题虽未涉及具体争端，但本院不应因此拒绝发表所请求的意见。③

此外，国际法院立场非常明确，那就是辩称国际法院不应处理一个

---

① Legality of the Threat or Use of Nuclear Weapons, Advisory Opinion, I. C. J. Reports 1996, p. 236, para. 15.

② Interpretation of Peace Treaties with Bulgaria, Hungary and Romania, First Phase, Advisory Opinion, I. C. J. Reports 1950, p. 71.

③ Legality of the Threat or Use of Nuclear Weapons, Advisory Opinion, I. C. J. Reports 1996, p. 236, para. 15.

以抽象措词表达的问题是"一种毫无正当理由的断言",而且"本院可就任何法律问题发表咨询意见,不论问题抽象与否",① 针对某些国家表示担心这个问题的抽象性质可能引导法院作出超越其司法职责范围而基于假设或猜测的宣告。国际法院表示:"本院不认为,对本案发表咨询意见时,必须写出各种'设想情况',研究各类武器并评价及其复杂和有争议性的技术、战略和科学资料。本院只是应用与此情况有关的法律规则,来讨论所引起的问题的各个方面。"②所以,我们应注意案件性原则在诉讼管辖和咨询管辖中的不同体现。

第二节　政治问题不审查原则

一、政治问题不审查原则的含义

所谓政治问题不审查原则,是指司法部门对于某项争议欠缺可资适用的审查标准,也不能或不易提供有效的救济方法,然而政治部门却对于同项争议负有宪法所交付的应自行裁决的责任,且此项争议有由政治部门来彻底解决的必要。③ 在国内法上,"不可由法庭裁决的事项"这个概念已经被描述为:"对于任何确定涉及政治问题的案件而言,在当时的背景下表面上显然都可以证实该问题对同级的政治性部门负有宪法义

---

① See Admission of a State to the United Nations (Charter, Art. 4), Advisory Opinion, I. C. J. Reports 1948, p. 61; see also Effect of awards of compensation made by the U. N. Administrative Tribunal, Advisory Opinion of July 13th, 1954, I. C. J. Reports 1954, p. 51; and Legal Consequences for States of the Contiued Presence of South Africa in Namibia (South West Africa) notwithstanding Security Council Resolution 276(1970), Advisory Opinion, I. C. J. Reports 1971, p. 27, para. 40.

② Legality of the Threat or Use of Nuclear Weapons, Advisory Opinion, I. C. J. Reports 1996, p. 236, para. 15.

③ 胡锦光:《违宪审查比较研究》,中国人民大学出版社 2006 年版,第 33 页。

务；缺少能够易于解决该问题的可适用性司法标准（即所谓的贝克第二标准：Second Baker Criterion）；在先行政策性决定没有产生的情况下，不能就明显属于非司法裁量性的问题作出裁定；如果相关的政府同级有权分支部门缺位，就不能独立作出决议；对已存在的政治性决定具有非比寻常的依赖性；不同部门对同一个问题所作出的种种声明可能阻碍该案件的审理。"[1]

二、政治问题不审查原则的理论根据

国际法院对政治问题不予司法审查的理由包括：

第一，《联合国宪章》和《国际法院规约》的规定。就国际法院的职能来看，《联合国宪章》第 92 条规定："国际法院为联合国之主要司法机关，应依所附规约执行其职务。该项规约系以国际常设法院之规约为根据并为本宪章之构成部分。"国际法院作为联合国主要司法机关，其主要职责是司法性的，因而不能对政治问题进行审查。

就国际法院诉讼管辖权而言，《国际法院规约》第 36 条规定："一、法院之管辖包括各当事国提交之一切案件，及联合国宪章或现行条约及协约中所特定之一切事件。二、本规约各当事国得随时声明关于具有下列性质之一切法律争端，对于接受同样义务之任何其他国家，承认法院之管辖为当然而具有强制性，不须另订特别协定：（子）条约之解释；（丑）国际法之任何问题；（寅）任何事实之存在，如经确定即属违反国际义务者；（卯）因违反国际义务而应予赔偿之性质及其范围。"可见，国际法院的诉讼管辖范围主要是各会员国之间的法律争端，尤其是第二款明确规定任择性强制管辖为法律争端（legal disputes），其中包括条约之解释、国际法之任何问题以及违反国际义务的情况。第一款虽然规定法院管辖为当事国提交之一切案件（all cases）和《联合国宪章》或现行条约及协约中所特定之一切事件（all matters），但很显然这些仍然应为法律性质之争端。另外，《国际法院规约》第 38 条还明确规定，"法院对

---

[1]　Baker v. Carr, 369 U. S. 186, 217(1962).

于陈诉各项争端，应依国际法裁判之"。所以无论是从国际法院管辖的范围来看，还是从适用的法律来看，国际法院审理的是法律性质之争端。

就国际法院咨询管辖权而言，《联合国宪章》第 96 条规定："一、大会或安全理事会对于任何法律问题得请国际法院发表咨询意见。二、联合国其他机关及各种专门机关，对于其工作范围内之任何法律问题，得随时以大会之授权，请求国际法院发表咨询意见。"从该条规定我们可以看出，无论是联合国大会或安理会还是联合国其他机关及各种专门机关在向国际法院提请发表咨询意见时，都只能就法律问题提出咨询请求，不同的是大会或安理会可以就"任何法律问题"请国际法院发表咨询意见，而联合国其他机关及各种专门机关，只能对于"其工作范围内之任何法律问题"请求国际法院发表咨询意见，当然也有学者认为"工作范围内"的规定是多余的①。总之，联合国大会或安理会及联合国其他机关和各种专门机关只能就法律问题请求国际法院发表咨询意见。不过迄今为止，国际法院并没有对何谓"法律问题"发表过看法，只是有些法官在其异议意见中发表了他们对这一问题的看法。总的来说，在国际法院的实践中，法院不仅明确表示对《联合国宪章》等条约的解释是一个法律问题和确认有关事实的问题是一个法律问题，而且，它还表明了它眼中的法律问题乃"有可能基于法律作出答复的问题"或"能够针对其给予一个乃经由法院精细的司法技巧得出、符合可适用的国际法规则的法律答案的问题"。②

《联合国宪章》第 36 条第 3 款规定："争端之和平解决按照本条作成建议时，同时理应注意凡具有法律性质之争端，在原则上，理应由当事国依国际法院规约之规定提交国际法院。"这条也从安理会职能的角度反映了国际法院主要是处理法律性质之争端。

---

① 刘芳雄：《国际法院咨询管辖权研究》，浙江大学出版社 2008 年版，第 53 页。

② 刘芳雄：《国际法院咨询管辖权研究》，浙江大学出版社 2008 年版，第 67~68 页。

第二，国际法院法官并非有关政治或行政之专家，在有组织的汇集、整理、分析各种资料和情报方面，一般来说，难以期待其能凌驾于各国常驻联合国代表之上。因此，要求法官运作情报及训练之能力，以发挥决定政策之机能，毕竟过分牵强。《国际法院规约》对国际法院法官的要求也仅是"品格高尚并在各本国具有最高司法职位之任命资格或公认为国际法之法学家"，对政治才能并没有提出特别要求。与此相似但又有区别的是世界贸易组织对其上诉机构人员的要求，世界贸易组织《关于争端解决规则和程序的谅解》第 17 条第 3 款规定："上诉机构应由具有公认权威并在法律、国际贸易和各适用协定所涉主题方面具有公认专门知识的人员组成。"所以世界贸易组织的上诉机构人员不仅有法律方面的要求而且对国际贸易和各适用协定所涉主题专门知识也有要求。①

第三，国际法院或法官若干预国际政治问题，必然将导致法院卷入国际政治漩涡，司法权之独立及其中立性，将受重大影响，裁判之权威也难免受损。② 虽然《国际法院规约》规定国际法院法官十五人中，不得二人为同一国家之国民，③ 但是国际法院法官并不能在国际法院代表法官所属国籍国，法官具有独立性。而且，《国际法院规约》规定，法官不得行使任何政治或行政职务，或执行任何职业性质之任务;④ 法官对于任何案件，不得充任代理人、律师或辅佐人。⑤ 这些都是为了保证法官的独立性，国际法院法官与一联合国会员国在联合国代表所行使的职

---

　　① 世界贸易组织《关于争端解决规则和程序的谅解》第 8 条第 1 款规定："专家组应由资深政府和/或非政府个人组成，包括曾在专家组任职或曾向专家组陈述案件的人员、曾任一成员代表或一 GATT1947 缔约方代表或任何适用协定或其先前协定的理事会或委员会的代表的人员、秘书处人员、曾讲授或出版国际贸易法或政策著作的人员，以及曾任一成员高级贸易政策官员的人员。"

　　② 胡锦光:《违宪审查比较研究》，中国人民大学出版社 2006 年版，第 33 页。

　　③ 参见《国际法院规约》第 3 条第 1 款。

　　④ 参见《国际法院规约》第 16 条第 1 款。

　　⑤ 参见《国际法院规约》第 17 条第 1 款。

权有很大的反差，后者与前者恰恰相反，后者是代表所属国。所以，国际法院法官不可采用政治方法去解决政治问题。

三、政治问题与法律问题的确定

要在国际法院的司法审查中确立政治问题不审查的原则，则必须先确定什么是政治问题和法律问题。在联合国有关机关讨论申请咨询意见的建议时或者在咨询意见的口头或书面陈述中，支持方总会提到该事项本身或某些方面是法律问题或者体现了法律争议；而反对方常常会质疑有关问题的法律性质或者对是否存在法律争议提出质疑。① 但关于什么是政治问题什么是法律问题，国际法院并没有给出过明确的定义，劳特派特专案法官在洛克比空难案的个别意见中曾指出，由于法律更加经常地成为国际争议的构成要素，政治争端和法律争端之间的界限越来越模糊。② 不过国际法院在很多案件中都对有关问题是法律问题或政治问题的争论作出过回应。

国际法院曾在西撒哈拉咨询意见案中指出："凡以法律措辞表达而且引起国际法问题的问题，按其本身的性质可基于法律对其提出答复的，显然是属于法律性质的问题。"③ 在申请复核联合国行政法庭第 158号判决咨询意见案中，国际法院则指出："正如国际生活中出现的许多问题一样，该项问题自然而然也有政治方面，但是，这个事实并不足以剥夺其'法律问题'的性质，并'剥夺本院经其《规约》明确授权的一种职权'。"④ 接纳国家成为联合国会员国的条件咨询意见案中，国际法院认

---

① 刘芳雄：《国际法院咨询管辖权研究》，浙江大学出版社 2008 年版，第 55页。

② Questions of Interpretation and Application of the 1971 Montreal Convention arising from the Aerial Incident at Lockerbie (Libyan Arab Jamahiriya v. United States of America), Provisional Measures, Order of 14 April 1992, Separate Opinion of Judge Lachs, I. C. J. Reports, 1992, p. 139.

③ Western Sahara, Advisory Opinion, I. C. J. Reports 1975, p. 18, para. 15.

④ Application for Review of Judgement No. 158 of the United Nations Administrative Tribunal, Advisory Opinion, I. C. J. Reports 1973, p. 172, para. 14.

为："如果某一问题需要国际法院履行一项本质上属于司法的任务，即按照国际法规定国家的义务鉴定国家可能的行为的合法性，那么不论这项问题的政治方面为何，国际法院均不能拒绝承认它的法律性质。"①国际法院在隔离墙咨询意见案中也指出："大会所提问题'是从法律角度拟写的，涉及了国际法中的问题'；按其性质而言，可以根据法律给予答复；而且确实也很难在法律依据以外给予答复，因此国际法院认为，这的确是一个具有法律特征的问题。"②在最新的科索沃独立咨询意见案中，国际法院再次指出："不论有何政治方面因素，本法院均不能拒绝就一问题的法律要素作出回应，因为在这方面请法院履行的任务本质上是司法任务，在本案中即是依照国际法对某一行为加以评估。"③

可见在咨询意见案中，国际法院对法律问题的确定采用的是形式审查的方式，即只要所申请的问题是以法律措辞，国际法院能基于国际法给予答复的问题就是一个法律问题，甚至可能会是一个政治问题的法律方面的问题。

四、政治问题不审查原则的适用

政治问题不审查原则是指对联合国安理会就有关维护国际和平与安全等政治问题作出的政治性决定不再进行司法审查，但是是否因为安理会处理的问题具有政治性质而不可进行司法裁决？这一问题在国际法院的很多案件中都出现过，无论是诉讼管辖案件还是咨询管辖案件中都存在。在运用政治问题不审查原则时应注意以下几点：

---

① Admission of a State to the United Nations (Charter, Art. 4), Advisory Opinion, I. C. J. Reports 1948, p. 61-62; Certain Expenses of the United Nations (Article 17, paragraph 2, of the Charter), Advisory Opinion of 20 July 1962, I. C. J. Reports 1962, p. 155.

② Legal Consequences of the Construction of a Wall in the Occupied Palestinian Territory, Advisory Opinion, I. C. J. Reports 2004, p153, para. 37.

③ 联合国文件：《国际法院关于科索沃单方面宣布独立是否符合国际法的问题的咨询意见——秘书长的说明》，2010 年 7 月 26 日，A/64/881，第 13 页，第 27 段。

（一）对政治性问题的法律争端国际法院仍有管辖权

在伊朗人质事件案中，国际法院就拒绝认为仅仅由于法律争端是一个更大的政治性问题的一个方面，就认为该争端是不可由法庭裁判的。国际法院认为："从来没有谁提出过这样的观点，仅仅因为提交给法院的法律争端是一个政治性争端的一个方面，法院就应该拒绝解决争端当事方之间的法律问题。在《联合国宪章》和《国际法院规约》中也找不到支持这一关于国际法院职能或管辖权观点的基础；如果国际法院采纳与现有的法学理论相反这一观点，这将对国际法院和平解决国际争端的作用施加影响深远的和未经授权的限制。"①

在尼加拉瓜案中，虽然美国认为国际法院对于正在发生的武装冲突或者自卫权问题不具有管辖权，因为这些问题属于不可裁判的问题，但是国际法院反对美国的上述意见，认为国际法院从来没有因为案件具有政治内涵就认为其没有管辖权。② 因此，从国际法院自身的实践和态度可知，在有关争端涉及政治问题的情况下，国际法院仍然可以对争端行使管辖权，也就是说，仍然存在国际法院与安理会共同管辖同一争端的可能。③

在联合国的某些经费问题案中，针对有人认为那是一个政治问题，法院从而不宜发表咨询意见的观点，法院指出："有人主张递交给法院的问题与政治问题纠缠一起，基于这一理由，法院应该拒绝发表咨询意见。确实，关于《联合国宪章》的许多解释或多或少将具有政治意义，就事情的本质而言，它不可能没有政治意义，但是法院不能赋予一项从

---

① R. St J. Macdonald, Changing Relations between the International Court of Justice and the Security Council of the United Nations, 31 Can. Y. I. L. (1993).

② Military and Paramilitary Activities in and against Nicaragua (Nicaragua v. United States of America), Provisional Measures, Order of 10 May 1984, I. C. J. Reports 1984, p. 186, para. 38.

③ 林健聪：《联合国安理会与国际法院的权利冲突》，载《云南大学学报（法学版）》2010 年第 1 期。

事本质上的司法任务即解释条约条款的请求以政治性质。"①

(二)国际法院在咨询案中并不考虑该咨询申请的政治动机

在科索沃独立咨询意见案，法院曾指出："某一问题具有政治特征这一点并不足以剥夺其法律问题的特征。不论有何政治方面因素，本法院均不能拒绝就一问题的法律要素作出回应，因为在这方面请法院履行的任务本质上是司法任务，在本案中即是依照国际法对某一行为加以评估。"②国际法院还在两个案件中曾明确表示："在确定其所面临的问题是否是法律问题进而据此判定其是否具备管辖权时，法院不需要顾及向其提出的请求背后动机的政治性质，也不需要顾及其意见可能会造成的政治影响。"③

在核武器咨询意见案中，某些国家注意到大会没有向国际法院解释它寻求咨询意见的确切目的。不过，国际法院指出："不该由法院自己来声称要求决定大会是否需要某一项咨询意见，以便履行其职能。大会有权根据自己的需要自行决定某一项咨询意见是否有用。同样的，一旦大会通过决议请求对一项法律问题发表咨询意见，国际法院在确定它是否有任何令人信服的理由拒绝发表此种意见时，不会考虑这项请求的缘由或其政治历史，也不会考虑这项通过的决议的表解决情况。"④

(三)国际法院在审理法律争端时并不考虑政治影响

国际法院在对法律争端或法律问题作出裁决或作出咨询意见后，可

---

① Certain Expenses of the United Nations (Article 17, paragraph 2, of the Charter), Advisory Opinion of 20 July 1962, I. C. J. Reports 1962, p. 155.

② 联合国文件：《国际法院关于科索沃单方面宣布独立是否符合国际法的问题的咨询意见——秘书长的说明》，2010 年 7 月 26 日，A/64/881，第 13 页，第 27 段。

③ Admission of a State to the United Nations (Charter, Art. 4), Advisory Opinion, I. C. J. Reports 1948, p. 61; Legality of the Threat or Use of Nuclear Weapons, Advisory Opinion, I. C. J. Reports 1996, I. C. J. Reports 1996, p. 234, para. 13.

④ Legality of the Threat or Use of Nuclear Weapons, Advisory Opinion, I. C. J. Reports 1996, p. 237, para. 16.

能会对相关问题产生政治影响，但是国际法院认为这并不是它在确立管辖权时需要考虑的问题。在尼加拉瓜军事行动案中，尼加拉瓜要求国际法院指示临时措施加以保护，而美国对此表示反对，并提出了三项反对意见：第一，指示临时措施会干扰孔塔多拉（Contadora）集团正在进行的谈判，并会直接涉及非本案当事国的权利与利益；① 第二，这些谈判构成了地区解决的进程，对此尼加拉瓜有诚意参加谈判的义务；② 第三，尼加拉瓜在请求书中提出的问题，更宜于由联合国与美洲国家组织等政治机构来解决。③ 尼加拉瓜则表示，不能仅因为审议的问题与政治问题有牵连就要求国际法院不审理一个基本上属于司法任务的案件。④ 国际法院认为它所发布临时措施命令不会损害国际法院审理该案实质问题上的管辖权，美国政府与尼加拉瓜政府对管辖权或实质问题提出论据的权利也不会受影响。⑤

在以核武器相威胁或使用核武器的合法性咨询意见案中，有的国家认为，国际法院如果对该案提出答复，可能对裁军谈判有不利影响，因此违背联合国的利益。⑥ 而国际法院认为，在它所发表的任何意见中，

---

① Military and Paramilitary Activities in and against Nicaragua (Nicaragua v. United States of America), Provisional Measures, Order of 10 May 1984, I. C. J. Reports 1984, p. 184, para. 35.

② Military and Paramilitary Activities in and against Nicaragua (Nicaragua v. United States of America), Provisional Measures, Order of 10 May 1984, I. C. J. Reports 1984, p. 185, para. 36.

③ Military and Paramilitary Activities in and against Nicaragua (Nicaragua v. United States of America), Provisional Measures, Order of 10 May 1984, I. C. J. Reports 1984, p. 185, para. 37.

④ Military and Paramilitary Activities in and against Nicaragua (Nicaragua v. United States of America), Provisional Measures, Order of 10 May 1984, I. C. J. Reports 1984, p. 186, para. 38.

⑤ Military and Paramilitary Activities in and against Nicaragua (Nicaragua v. United States of America), Provisional Measures, Order of 10 May 1984, I. C. J. Reports 1984, p. 186, para. 40.

⑥ Legality of the Threat or Use of Nuclear Weapons, Advisory Opinion, I. C. J. Reports 1996, p. 237, para. 17.

不管结论怎样，将与大会对此事项继续进行的辩论很有关系，而且会为此事项的谈判工作增添一项因素。① 此外，国际法院咨询意见的效果是个评价问题，而各方对咨询意见效果的评价提出了的截然相反的立场，没有明显的准则可供国际法院据以对各项谈判作出取舍，因此，国际法院就不能认为这个因素是一项令人信服的理由而拒绝行使管辖权。②

在被占巴勒斯坦领土修建隔离墙的法律后果案中，有人提出的如果法院就隔离墙的合法性以及修建隔离墙的法律后果提出咨询意见，就可能阻碍通过谈判政治解决巴以冲突，损害"路线图"计划，使谈判复杂化，因此国际法院应行使酌处权，拒绝对提出的问题作出答复。③ 国际法院在回顾 1996 年的以核武器进行威胁或使用核武器的合法性案的意见中所提出的观点的基础上指出："安全理事会第 1515(2003)号决议核准的'路线图'是解决以巴冲突的谈判框架，然而并不清楚本法院的咨询意见可能对这些谈判产生何种影响：本程序的参与人对这个问题表达了不同观点。法院不能把这一因素视为应拒绝行使管辖权的充分理由。"④

可见，国际法院的观点是国际法院的咨询意见或判决可能会产生一定的政治影响，但政治影响的实际情况如何则是一个评价问题，不同的国家会有截然不同的观点，所以，国际法院无论是在确立管辖权时，还是作出判决或提供咨询意见时都无需考虑其产生的政治影响。简而言之，政治影响既无法考虑也无需考虑。

---

① Legality of the Threat or Use of Nuclear Weapons, Advisory Opinion, I. C. J. Reports 1996, p. 237, para. 17.

② Legality of the Threat or Use of Nuclear Weapons, Advisory Opinion, I. C. J. Reports 1996, p. 237, para. 17.

③ Legal Consequences of the Construction of a Wall in the Occupied Palestinian Territory, Advisory Opinion of 9 July 2004, I. C. J. Reports 2004, P. 159, para. 51.

④ Legal Consequences of the Construction of a Wall in the Occupied Palestinian Territory, Advisory Opinion of 9 July 2004, I. C. J. Reports 2004, P. 160, para. 53.

第三节 安理会决议有效推定原则

一、安理会决议有效推定原则的含义

安理会决议有效推定(presumption of validity)原则，是指在审查安理会决议时，除非国际法明白显示其违反国际法无效外，即"明显无效"(manifestly invalid)外，应推定为合法有效。该原则包含两层意思：第一，应尽可能推定安理会决议为合法；第二，若要推定安理会决议违法，必须要达到一见就能发现其违法的程度。在司法审查中，应尽可能推定安理会决议合法有效，但是如果安理会决议已超越可疑的程度而明显违法，则不再推定其合法有效。

与"明显无效"这一概念相关的是"明显越权"(manifest ultra vires)这一概念，"明显越权"这一概念一般主要针对仲裁庭的错误裁决，而针对国际组织的决议很少采用这一概念。在国际法院的司法实践中，国际法院没有采用过"明显无效"这一概念，但在联合国某些经费咨询意见案的口头程序中，英美两国代表使用过这一概念，英国政府代表在口头程序中指出，没有权力去分配"明显无效"的越权行为产生的费用。① 美国代表则指出，越权行为也可能产生合法的经费，除非越权行为"明显无效"。②

二、安理会决议有效推定原则的理论基础

(一)安理会的权威地位与效率

联合国安理会作为对维持国际和平与安全负有主要责任的机构，是

---

① 1962 ICJ Pleadings (Certain Expenses of the United Nations) 337 (statement of May 17, 1962).

② 1962 ICJ Pleadings (Certain Expenses of the United Nations) 416 (statement of May 17, 1962).

由五个常任理事国和十个经选举产生的非常任理事国组成，加上安理会一些决策程序的保障，安理会在履行维持和平的职责时基本上是能够代表整个国际社会的利益的。安理会为了更好履行自己的职责，也必须保证安理会一定的权威地位。所以，同样作为联合国机关之一的国际法院也应尊重安理会及其所通过决议的权威地位，首先应推定安理会决议是合法的，只有在安理会决议明显为违反国际法特别是《联合国宪章》或国际强行法时才可宣布其违法。

另外，反对国际法院对安理会决议进行司法审查的一个很重要的理由就是，国际法院的审查会妨碍安理会对危及国际和平与安全的情势作出快速反应的能力，而安理会决议的有效推定原则可以较好地解决这一问题。正如麦克唐纳（Macdonald）所说：“政治决定的有效推定可回答人们有关对安理会决议司法审查会损害安理会快速有效应对国际和平与安全威胁能力的担心。”①

（二）司法是一种中立性的裁判权

司法审查权的现代形态在一定程度上扮演着一种控制公权力的角色，在制度中处于非最高位，这便要求审查机关应该保持一种谦抑性姿态来行使审查权，进而一般只有在安理会决议不违反国际法这一主张不合理时，方可宣布该制定法无效。根据塞耶谦抑主义原理（Thayerian Deference），②基于现代权力分工等因素，法院行使司法审查权时不能涉足不属于自身权力的其他领域，应该对被审查的立法机关持谦抑性态度，司法审查机关更应该就是否合法而非是否违法进行追问判断，从而不至于侵蚀立法者的权威。③ 这种谦抑主义方法论的理论逻辑在于：第一，对于明显违法的情形，司法审查权基于现代角色扮演难以推脱其该当的职责。对于非明显违法而存在争议的情形，司法性审查权的消极并

① R. St J. Macdonald, Changing Relations between the International Court of Justice and the Security Council of the United Nations, (1993) 31 Can. Y. I. L. 3, p. 28.

② See James B. Thayer, The Origin and Scope of the American Doctrine of Constitutional Law, Harvard Law Review, Vol. 7, No. 3(1893), pp. 129-156.

③ 参见王书成：《合宪性推定的正当性》，载《法学研究》2010年第2期。

不与被动性司法权该当的裁判职责相违背。第二，如果司法权在非明显违法的情形下积极地去裁判，在很大程度上会出现以自己的价值判断去侵涉甚至代替政治决策机关价值判断的危险。① 虽然这一谦抑理论适用于国内的违宪审查制度，但我们也可以借用到国际法院对安理会决议的司法审查中。

三、国际法院推定安理会决议合法的司法实践

作为实践形态的有效推定原则，要求司法审查机关在审查过程中首先在逻辑上推定安理会决议合乎国际法，除非有明显的事实能够证明其违反了国际法。其中的关键在于，对于即使违法但不明显的情形，有效推定方法在逻辑上基于对安理会的尊重，最终仍要求作出合法的判断。有效推定仍需符合一定的法律标准，下面将以国际法院在几个案件中司法实践为基础进行分析。

（一）联合国某些经费咨询意见案

在联合国某些经费咨询意见案中，国际法院认为，为确定咨询意见申请书中列举的经费开支是否是《联合国宪章》第 17 条第 2 项中所提到的"本组织之经费"，必须用它们与联合国的宗旨的关系来检验。如果一项开支用于某一不是联合国宗旨之一的用途，它就不能被视为"本组织之经费"。② 当联合国组织采取行动，该行动被证明是有根据的，是为实现《联合国宪章》第一条规定的联合国宗旨之一，采取行动是适宜的，则可推定这一行动并未超出联合国组织的法定权限。③ 如果由不适当的机关采取了这一行动，则它是不合规则的，但这不一定意味着所引起的费用不是该组织的一项经费。国内法和国际法都考虑到法人实体或

① 参见王书成：《合宪性推定与"合宪性审查"的概念认知》，载《浙江社会科学》2011 年第 1 期。

② Certain Expenses of the United Nations（Article 17, paragraph 2, of the Charter）, Advisory Opinion of 20 July 1962, I. C. J. Reports 1962, p. 167.

③ Certain Expenses of the United Nations（Article 17, paragraph 2, of the Charter）, Advisory Opinion of 20 July 1962, I. C. J. Reports 1962, p. 168.

国家可能因某一代理人的越权行为而负担这样的义务。① 因为《联合国宪章》未包括任何确定联合国各机关的行为有效性的程序，所以每一机关至少首先必须确定自己的管辖权，如果安理会通过一项声称维护和平与安全的决议，并且如果根据这一决议秘书长负担有财政义务，那么那些款项必须推定为"本组织之经费"。② 法院忆及其有关联合国行政法庭所做关于赔偿的裁决的效力的咨询意见，③ 它宣布，秘书长根据安理会和大会的授权行事，可以引起联合国组织的义务，并且大会"除了尊重这些承诺外别无选择"。④ 国际法院指出，这一推理用于咨询意见申请书中提到的决议，可能足以作为法院咨询意见的根据。⑤

在联合国某些经费咨询意见案中，国际法院对安理会决议的有效推定是以《联合国宪章》的宗旨和原则为基础的。这样做是有道理的，因为有效推定本身是在没有明确法律规定的情况下才进行的，但是推理也必须拥有一定的法律基础，而《联合国宪章》的宗旨和原则无疑是一种最好的选择。

(二)纳米比亚咨询意见案

在纳米比亚咨询意见案中，南非政府主张安理会第 284(1970)号决议是无效的，⑥ 因而国际法院无权发表咨询意见。但国际法院认为联合国适当机构根据自身程序规则通过的决议，而且该机构的主席也宣布该决议获得通过，应该被推定为有效通过。然而，既然这一反对意见涉及

---

① Certain Expenses of the United Nations (Article 17, paragraph 2, of the Charter), Advisory Opinion of 20 July 1962, I. C. J. Reports 1962, p. 168.

② Certain Expenses of the United Nations (Article 17, paragraph 2, of the Charter), Advisory Opinion of 20 July 1962, I. C. J. Reports 1962, p. 168.

③ Effect of awards of compensation made by the U. N. Administrative Tribunal, Advisory Opinion of July 13th, 1954, I. C. J. Rports 1954, p. 59.

④ Certain Expenses of the United Nations (Article 17, paragraph 2, of the Charter), Advisory Opinion of 20 July 1962, I. C. J. Reports 1962, p. 169.

⑤ Certain Expenses of the United Nations (Article 17, paragraph 2, of the Charter), Advisory Opinion of 20 July 1962, I. C. J. Reports 1962, p. 170.

⑥ 安理会在该决议中就"南非不顾安理会第 276(1970)号决议继续留驻纳米比亚(西南非洲)对各国的法律后果"向国际法院提出咨询请求。

国际法院的权能资格问题，法院将对这一反对意见进行审查。①

南非在该案中认为安理会第 284(1970)号决议无效的理由主要有两个：第一，两个安理会常任理事国在表决时弃权，不符合大国一致，因为根据《联合国宪章》第 27 条第 3 款，"安理会其他一切事项之决议，应以九理事国之可决票包括全体常任理事国之同意票表决之";② 第二，由于该问题涉及南非和联合国其他会员国之间的争端，南非作为联合国会员国但不是安理会成员的争端当事方，应该根据《联合国宪章》第 32 条被邀请参加讨论，但南非没有被邀请参加讨论；而且作为争端当事国的安理会理事国不得投票，但它们参与了投票。③

国际法院认为安理会的决议是合法有效的。针对南非的第一个理由，国际法院指出，长期以来对安理会常任理事国自愿弃权一直解释为并不构成安理会通过决议的障碍，一常任理事国要反对一决议草案需要投反对票，这一程序已被联合国会员国普遍接受，是该组织的一般惯例。④ 针对南非提出的第二个理由，国际法院的观点是，《联合国宪章》第 32 条的用语是义务性的，但是安理会根据该条是否必须发出邀请取决于正在考虑的事项是否在本质上是一项争端，在缺乏这样一个决定的情况下，《联合国宪章》第 32 条不适用。⑤ 但纳米比亚问题是作为一种

---

①　Legal Consequences for States of the Continued Presence of South Africa in Namibia (South West Africa) notwithstanding Security Council Resolution 276(1970), Advisory Opinion, I. C. J. Reports 1971, p. 20, para. 20.

②　Legal Consequences for States of the Continued Presence of South Africa in Namibia (South West Africa) notwithstanding Security Council Resolution 276(1970), Advisory Opinion, I. C. J. Reports 1971, p. 22, para. 21.

③　Legal Consequences for States of the Continued Presence of South Africa in Namibia (South West Africa) notwithstanding Security Council Resolution 276(1970), Advisory Opinion, I. C. J. Reports 1971, p. 22, para. 23.

④　Legal Consequences for States of the Continued Presence of South Africa in Namibia (South West Africa) notwithstanding Security Council Resolution 276(1970), Advisory Opinion, I. C. J. Reports 1971, p. 22, para. 22.

⑤　Legal Consequences for States of the Continued Presence of South Africa in Namibia (South West Africa) notwithstanding Security Council Resolution 276(1970), Advisory Opinion, I. C. J. Reports 1971, p. 22, para. 24.

"情况"而不是"争端"列入安理会议程的，也没有会员国提出这样的建议或意见，而且南非政府并未提请安理会注意按其看法必须将它作为争端处理。①

在纳米比亚咨询意见案中，国际法院针对南非提出的安理会决议无效的理由进行了反驳，法院对南非的不同论点采用了不同的依据。针对南非的第一个理由，国际法院采用的法律依据是安理会的惯常实践，对第二个理由则采用的则是法院自己对《联合国宪章》的解释。

(三)洛克比空难诉讼案

在洛克比空难事件引起的 1971 年《蒙特利尔公约》的解释和适用问题案(临时措施)中，利比亚声称和主张：利比亚已经充分履行了《蒙特利尔公约》所规定的一切义务；英国和美国违反了《蒙特利尔公约》所规定的对利比亚的法律义务；英国和美国有法律义务立刻停止和终止这种违法行为，停止和终止对利比亚使用任何和一切武力或威胁，包括对利比亚进行武力威胁，并停止和终止对利比亚主权、领土完整和政治独立的一切侵犯。② 利比亚还要求国际法院指示两项临时措施：(a)责令联合国不得对利比亚采取旨在强制或迫使利比亚向利比亚以外任何审判机构交出被告个人的任何行动；和(b)确保不采取有损于利比亚在其申请书中提起的法律诉讼中的权利的人和步骤。③

对此，国际法院裁定，鉴于利比亚和美国双方作为联合国会员国依据《联合国宪章》第 25 条有义务接受并履行安理会的决定；而且认为在

---

① Legal Consequences for States of the Continued Presence of South Africa in Namibia (South West Africa) notwithstanding Security Council Resolution 276 (1970), Advisory Opinion, I. C. J. Reports 1971, p. 23, para. 25.

② Questions of Interpretation and Application of the 1971 Montreal Convention arising from the Aerial Incident at Lockerbie (Libyan Arab Jamahiriya v. United States of America), Provisional Measures, Order of 14 April 1992, I. C. J. Reports 1992, pp. 117-118, para. 7.

③ Questions of Interpretation and Application of the 1971 Montreal Convention arising from the Aerial Incident at Lockerbie (Libyan Arab Jamahiriya v. United States of America), Provisional Measures, Order of 14 April 1992, I. C. J. Reports 1992, pp. 119, para. 11.

临时措施诉讼阶段初步看来这一义务扩展至安理会第748(1992)号决议所载的决定；以及鉴于依据《联合国宪章》第103条，当事国在该方面的义务优先于依据包括《蒙特利尔公约》在内的任何其他国际协定的义务。① 鉴于在此阶段尽管不要求法院最终决定安理会第748(1992)号决议的法律效力，但无论在通过该决议之前的局势如何，利比亚依据《蒙特利尔公约》所主张的权利现在不能被视为适合用指示临时措施来保护。② 又鉴于，利比亚请求的指示措施有可能损害初步看来美国依据安理会第748(1992)号决议所享有的权利……因此，法院判定根据案件的情节法院无须根据《法院规约》第41条行使指示临时措施的权力。③

　　从上述判决，我们可以发现，利比亚诉美国案中的许多观点都重申了国际法院在联合国某些经费咨询意见案和纳米比亚案中确定的有效推定，一个非常不同的审查标准。④ 贝德贾维(Bedjaoui)法官在其反对意见中指出：需要注意的事实是，在案件的初步审查阶段，法院不可能过早地对安理会第731(1991)号决议，特别是第748(1992)号决议的合法性作出决定。⑤ 这就意味着：一方面，利比亚主张的权利初步(prima

① Questions of Interpretation and Application of the 1971 Montreal Convention arising from the Aerial Incident at Lockerbie (Libyan Arab Jamahiriya v. United States of America), Provisional Measures, Order of 14 April 1992, I. C. J. Reports, 1992, p. 126, para. 42.

② Questions of Interpretation and Application of the 1971 Montreal Convention arising from the Aerial Incident at Lockerbie (Libyan Arab Jamahiriya v. United States of America), Provisional Measures, Order of 14 April 1992, I. C. J. Reports, 1992, p. 126, para. 43.

③ Questions of Interpretation and Application of the 1971 Montreal Convention arising from the Aerial Incident at Lockerbie (Libyan Arab Jamahiriya v. United States of America), Provisional Measures, Order of 14 April 1992, I. C. J. Reports, 1992, p. 127.

④ Geoffrey R. Watson, Constitutionalism, Judicial Review, and the World Court, 34 Harvard International Law Journal (1993).

⑤ Questions of Interpretation and Application of the 1971 Montreal Convention arising from the Aerial Incident at Lockerbie (Libyan Arab Jamahiriya v. United States of America), Provisional Measures, Order of 14 April 1992, Dissenting Opinion of Judge Bedjaoui, I. C. J. Reports, 1992, p. 156.

facie)存在，根据《国际法院规约》第 41 条规定的指示临时措施的条件也得到满足；另一方面，安理会第 748(1992)号决议已废除了利比亚的那些权利，国际法院不能在临时措施阶段，或者说是初步审查的初始阶段，对该决议的内在合法性这一实质问题作出决定，因而该决议从有效推定(presumption of validity)中受益，并且必须被初步认定为合法和有约束力。①

在该案中，国际法院对安理会决议有效推定完全是依据《联合国宪章》的有关规定，即《联合国宪章》第 25 条和第 103 条。虽然国际法院明确指出推理所引用的法律依据，但是也有国际法学者对国际法院把安理会决议等同于《联合国宪章》条约义务表示异议。②

第四节 安理会决议合法性解释原则

一、安理会决议合法性解释原则的含义

所谓安理会决议的合法性解释原则，是指国际法院在实施司法审查时，若相关安理会决议可能有两种以上解释，其中一种为合法有效，其他解释为违法无效，导致法律上的疑问或争论，则应采用使安理会决议有效的解释。该原则与上述安理会决议有效推定原则的主要区别在于，前者主要是在安理会决议可能发生合法性争议时，用来消极地避免将安理会决议解释成违法无效或尽可能消极地规避解释合法性问题，以免危及安理会决议的合法有效；后者主要是在有必要对安理会决议的合法性作出判断时，积极推定安理会决议具有合法性。

---

① Questions of Interpretation and Application of the 1971 Montreal Convention arising from the Aerial Incident at Lockerbie (Libyan Arab Jamahiriya v. United States of America), Provisional Measures, Order of 14 April 1992, Dissenting Opinion of Judge Bedjaoui, I. C. J. Reports 1992, p. 156, para. 27.

② 邵沙平：《国际法院新近案例研究(1990—2003)》，商务印书馆 2006 年版，第 196~197 页。

安理会决议合法性解释原则的基本要求是：在合理可能情形下，不将安理会决议解释成违法无效。这主要是指国际法院在进行司法审查的过程中，在合理而又可能的情形下，不能轻易推测安理会的决议有故意逾越《联合国宪章》所规定的权能，而应推定安理会决议的意旨是在联合国集体安全体制下，正当地于《联合国宪章》所赋予的职权范围内，行使其维持国际和平与安全的职权，使对安理会决议的解释能够与《联合国宪章》及国际法相协调，不至于轻易违反《联合国宪章》而无效。但是如果安理会决议内容本身已经明显违反《联合国宪章》，已无法规避其违法性，就不能再适用该原则了。法院应在司法权限范围内，尊重安理会的判断，这是法院及法官的自我克制，不将法院的意思不当地灌输给安理会。

二、国际法院对安理会决议解释的实践

虽然联合国某一政治机关的决定的解释和适用首先是作出这一决定的该机关的职责，但是国际法院作为联合国的主要司法机构，也经常被请求审议此类决定的解释和法律效力问题。① 在行使其咨询管辖权②以及在行使其诉讼管辖权③时，国际法院均审议过上述问题。

---

① 联合国文件：《国际法院关于科索沃单方面宣布独立是否符合国际法的问题的咨询意见——秘书长的说明》，2010 年 7 月 26 日，A/64/881，第 14 页，第 46 段。

② Certain Expenses of the United Nations（Article 17, paragraph 2, of the Charter）, Advisory Opinion of 10 July 1962, I. C. J. Reports 1962, I. C. J. Reports 1962, p. 175；Legal Consequences for States of the Continued Presence of South Africa in Namibia（South West Africa）notwithstanding Security Council Resolution 276（1970）, Advisory Opinion, I. C. J. Reports 1971, pp. 51-54, paras. 107-116.

③ Questions of Interpretation and Application of the 1971 Montreal Convention arising from the Aerial Incident at Lockerbie（Libyan Arab Jamahiriya v. United Kingdom）, Provisional Measures, Order of 14 April 1992, I. C. J. Reports 1992, p. 15, paras. 39-41；Questions of Interpretation and Application of the 1971 Montreal Convention arising from the Aerial Incident at Lockerbie（Libyan Arab Jamahiriya v. United States of America）, Provisional Measures, Order of 14 April 1992, I. C. J. Reports 1992, pp. 126-127, paras. 42-44.

（一）联合国某些经费咨询意见案

1956 年埃及将苏伊士运河收归国有，以色列、法国和英国进行干涉。法国和英国动用了否决权，阻止安理会通过结束干涉和敌对行动的决议草案。1956 年 10 月 31 日，安理会通过第 119（1956）号决议，考虑到其常任理事国之间的意见分歧使它不能履行其维持国际和平与安全的主要责任，决定召开大会特别会议以作出适当建议。大会随即请求联合国秘书长提交一份关于建立一支旨在确保和监督停战的联合国国际部队的计划，在此基础上建立了第一支联合国紧急部队（First United Nations Emergency Force，UNEF I）。1960 年 7 月，刚果内乱爆发之后，安理会于同月 14 日通过第 143（1960）决议，授权秘书长在与刚果政府磋商之后，采取必要步骤对该政府提供必需军事协助，在此基础上建立了联合国刚果行动（The United Nations Operation in the Congo，Opération des Nations Unies au Congo，or ONUC）的国际部队。根据大会的一系列决议，上述两支部队的活动费用列入联合国的特别预算，由会员国按大会分配的金额分摊。鉴于有一些会员国以这两支部队的活动费用不属联合国的普通经费为由拒付其分摊金额，大会于 1961 年 12 月 20 日通过第 1731（XVI）号决议，请求国际法院就经过大会一系列决议核准的上述两支部队的费用是否构成《联合国宪章》第 17 条第 2 款意义上的"本组织之经费"的问题发表咨询意见。1962 年 7 月 20 日，国际法院以 9 票对 5 票宣布，在咨询意见申请书中列举的某些大会决议所核准的经费开支，涉及同样在申请书中列举的按照安理会和大会决议在刚果和中东所展开的联合国行动，属于《联合国宪章》第 17 条第 2 项含义范围内的"本组织之经费"。①

在该案中，国际法院在对安理会相关决议进行解释时指出，刚果行动最初是由安理会在 1960 年 7 月 14 日的决议中授权的，该决议通过时没有一票反对，根据刚果政府的呼吁、秘书长的报告和安理会辩论，此

---

① Certain Expenses of the United Nations（Article 17，paragraph 2，of the Charter），Advisory Opinion of 10 July 1962，I. C. J. Reports 1962，p. 179.

项决议显然是为维护国际和平与安全的目的通过的。① 然而有人主张，安理会该决议的实施违反了《联合国宪章》的条款，《联合国宪章》规定应由安理会决定由哪些国家参与实施安理会包括维持国际和平与安全的决定，但是在刚果行动中是由联合国秘书长决定由哪个国家的武装力量参与行动。② 在审查与这些行动有关的决议和秘书长的报告后，法院认定，鉴于安理会及大会再次审议、确认、核准和批准秘书长的行动的这种记录，不可能得出刚果行动冒用或侵犯了《联合国宪章》授予安理会的特权的结论。③ 这些行动并不涉及《联合国宪章》第七章规定的针对任何国家的"防止或执行行动"，因此并不是《联合国宪章》第 11 条中所用词义的"行动"。④ 秘书长根据安理会和大会两者明确和重申的授权所承担的财政义务，是大会按照《联合国宪章》第 17 条第 2 项的授权作出的本组织的义务。⑤ 国际法院在解释安理会决议时援引了有关政府的呼吁、秘书长的报告和安理会辩论以及投票的情况。

（二）纳米比亚咨询意见案

1966 年 10 月 28 日，联合国大会通过第 2145（XXI）号决议，鉴于南非持续拒绝履行其依《委任统治书》所负担的义务，决定终止该委任统治书，并促请南非撤出它设在西南非洲领土⑥的行政机构。由于南非拒不遵守此项决议，大会将此问题提交安全理事会解决。安理会随后通过的几项决议均确认了大会的立场，其中，1970 年 1 月 30 日通过的第 276（1970）号决议宣称，南非继续留驻纳米比亚是非法的，其在《委任

---

① Certain Expenses of the United Nations（Article 17, paragraph 2, of the Charter）, Advisory Opinion of 10 July 1962, I. C. J. Reports 1962, p. 175.

② Certain Expenses of the United Nations（Article 17, paragraph 2, of the Charter）, Advisory Opinion of 10 July 1962, I. C. J. Reports 1962, p. 175.

③ Certain Expenses of the United Nations（Article 17, paragraph 2, of the Charter）, Advisory Opinion of 10 July 1962, I. C. J. Reports 1962, pp. 176-177.

④ Certain Expenses of the United Nations（Article 17, paragraph 2, of the Charter）, Advisory Opinion of 10 July 1962, I. C. J. Reports 1962, p. 177.

⑤ Certain Expenses of the United Nations（Article 17, paragraph 2, of the Charter）, Advisory Opinion of 10 July 1962, I. C. J. Reports 1962, p. 177.

⑥ 1968 年 6 月 12 日起改称纳米比亚。

统治书》终止之后代表或针对纳米比亚所采取的一切行动也均是非法的和无效的。该决议呼吁一切国家不得参与南非所从事的那些为本决议所禁止的活动。由于南非对这一决议的效力和约束力提出异议，安理会于1970年7月28日通过第284(1970)号决议，决定请求国际法院就"南非不顾安理会1970年第276号决议继续留驻纳米比亚对各国具有什么法律后果"的问题发表咨询意见。

针对南非对安理会这些决议的有效性提出的反对意见，国际法院首先简要回顾了安理会这些决议。联合国大会1966年的第2145号决议结束了南非的委任统治授权。然而，由于缺乏必要的权力以确保南非从领土上撤离，大会根据《联合国宪章》第11条第2款要求安理会注意其决议以争取安理会的合作。[1] 安理会在第264(1968)号决议第3段中要求南非立即撤回纳米比亚的政府，由于南非拒不遵守，安理会第269(1969)号决议回顾了《联合国宪章》第25条会员国的义务，要求南非政府应立即和无论如何在1969年10月4日之前从领土撤离，安理会第276(1970)号决议序言重申和支持了大会第2145号决议，并宣布南非当局在纳米比亚的继续存在是非法的，故南非政府在委任统治结束后，以纳米比亚名义或非纳米比亚所采一切行为，均属非法，均属无效。

国际法院认为，从安理会决议的讨论和文本来看，安理会通过这些决议时都是在根据《联合国宪章》履行自己的主要职责，即维护和平与安全，包括导致破坏和平的情势。[2] 安理会这些决议的法律基础是《联合国宪章》第24条授予安理会采取行动所需要的权威。[3] 但有人认为即

[1] Legal Consequences for States of the Continued Presence of South Africa in Namibia (South West Africa) notwithstanding Security Council Resolution 276 (1970), Advisory Opinion, I. C. J. Reports 1971, p. 50, para. 106.

[2] Legal Consequences for States of the Continued Presence of South Africa in Namibia (South West Africa) notwithstanding Security Council Resolution 276 (1970), Advisory Opinion, I. C. J. Reports 1971, p. 51, para. 109.

[3] Legal Consequences for States of the Continued Presence of South Africa in Namibia (South West Africa) notwithstanding Security Council Resolution 276 (1970), Advisory Opinion, I. C. J. Reports 1971, p. 52, para. 110.

使安理会代表会员国根据《联合国宪章》第 24 条作出这样的宣告，会员国仍可不理睬甚至可以承认这类非法行为，法院认为这样的解释是站不住脚的。① 还有人主张，《联合国宪章》第 25 条仅适用于执行根据《联合国宪章》第七章采取的措施，但是国际法院认为，在《联合国宪章》找不到支持这种观点的依据，第 25 条并不限于有关执行行动的决议而是适用于依据《联合国宪章》作出的"安理会之决议"；而且该条并未放置在第七章，而是紧接着第 24 条，那一章专门规定了安理会的职权。② 如果第 25 条仅指安理会有关《联合国宪章》第 41 条和 42 条的执行行动的决议，也就是说有约束力的决议，那么第 25 条将是多余的，因为这种约束力有《联合国宪章》第 48 条和 49 条的保证。③ 也有人主张，安理会相关决议采用的是劝诫性的（exhortaory）而不是命令性的（mandatory）语言，这样既没有给任何国家施加法律义务也没有给任何国家的任何法律权利。④ 法院认为，《联合国宪章》第 25 条项下权力的性质，与安理会决议条款的解释、决议讨论的情况、所引用的《联合国宪章》条款以及有助于决定安理会决议法律后果的所有情况有关。⑤ 根据这些考虑，法院认为，安理会作出的决定是符合《联合国宪章》的宗旨和原则的，这

---

① Legal Consequences for States of the Continued Presence of South Africa in Namibia (South West Africa) notwithstanding Security Council Resolution 276 (1970), Advisory Opinion, I. C. J. Reports 1971, p. 52, para. 112.

② Legal Consequences for States of the Continued Presence of South Africa in Namibia (South West Africa) notwithstanding Security Council Resolution 276 (1970), Advisory Opinion, I. C. J. Reports 1971, pp. 52-53, para. 113.

③ Legal Consequences for States of the Continued Presence of South Africa in Namibia (South West Africa) notwithstanding Security Council Resolution 276 (1970), Advisory Opinion, I. C. J. Reports 1971, p. 53, para. 113.

④ Legal Consequences for States of the Continued Presence of South Africa in Namibia (South West Africa) notwithstanding Security Council Resolution 276 (1970), Advisory Opinion, I. C. J. Reports 1971, p. 53, para. 114.

⑤ Legal Consequences for States of the Continued Presence of South Africa in Namibia (South West Africa) notwithstanding Security Council Resolution 276 (1970), Advisory Opinion, I. C. J. Reports 1971, p. 53, para. 114.

些决议对所有联合国会员国都有约束力，并且应该接受和履行它们的
义务。①

可见，国际法院在解释安理会决议时，是考虑到了安理会所有相关
决议、联合国大会决议、决议讨论的情况、所引用的《联合国宪章》条
款以及有助于决定安理会决议法律后果的所有情况。

（三）科索沃独立咨询意见案

2008 年 10 月 8 日，联合国大会第六十三届会议第 22 次全体会议通
过第 63/3 号决议，决定根据《联合国宪章》第 96 条，请国际法院依照其
《规约》第 65 条就"科索沃临时自治机构单方面宣布独立是否符合国际
法"的问题发表咨询意见。国际法院于 2010 年 7 月 22 日就上述问题发
表了咨询意见。关于科索沃问题，联合国安理会通过了一系列决议，为
了对大会所提的咨询申请作出回答，国际法院对安理会有关决议作出了
解释。

在该案中，国际法院认为，虽然联合国某一政治机关的决定的解释
和适用首先是作出这一决定的该机关的职责，但是法院作为联合国的主
要司法机构，也经常被请求审议此类决定的解释和法律效力问题。② 法

---

① Legal Consequences for States of the Continued Presence of South Africa in
Namibia（South West Africa）notwithstanding Security Council Resolution 276（1970），
Advisory Opinion, I. C. J. Reports 1971, p. 53, para. 115.

② Certain Expenses of the United Nations（Article 17, paragraph 2, of the
Charter）, Advisory Opinion of 10 July 1962, I. C. J. Reports 1962, I. C. J. Reports
1962, p. 175; Legal Consequences for States of the Continued Presence of South Africa in
Namibia（South West Africa）notwithstanding Security Council Resolution 276（1970），
Advisory Opinion, I. C. J. Reports 1971, pp. 51-54, paras. 107-116; Questions of
Interpretation and Application of the 1971 Montreal Convention arising from the Aerial
Incident at Lockerbie（Libyan Arab Jamahiriya v. United Kingdom）, Provisional
Measures, Order of 14 April 1992, I. C. J. Reports 1992, p. 15, paras. 39-41;
Questions of Interpretation and Application of the 1971 Montreal Convention arising from
the Aerial Incident at Lockerbie（Libyan Arab Jamahiriya v. United States of America）,
Provisional Measures, Order of 14 April 1992, I. C. J. Reports 1992, pp. 126-127,
paras. 42-44.

院还认为，若法院履行上述任务，则不会有任何违背其司法职能完整性之处。①

在解释方法方面，法院认为，必须先回顾与解释安全理事会各项决议相关的若干要素，尽管《维也纳条约法公约》第 31 条和第 32 条所载的关于条约解释的规则可作为准则，但安全理事会决议同条约的区别意味着对安全理事会决议作出解释时还需要考虑到其他因素。② 安全理事会的决议是由单一集体机构发布的，决议的草拟程序与缔结条约所使用的程序十分不同，安全理事会的决议是《联合国宪章》第 27 条规定的表决程序的产物，这种决议的最后案文代表安全理事会作为一个机构的观点。③ 此外，安全理事会的决议可对所有会员国具有约束力，无论这些国家是否参与决议的拟定。要解释安全理事会的决议，法院可能需要对安全理事会理事国的代表在通过决议时所作的发言、安全理事会关于同一问题的其他决议以及联合国相关机构和受到这些决议影响的国家后来的行为进行分析。④

在实施合法性解释原则时，可以参考国际法院在科索沃独立咨询意见案中所主张的一些解释方法。

---

① 联合国文件：《国际法院关于科索沃单方面宣布独立是否符合国际法的问题的咨询意见——秘书长的说明》，2010 年 7 月 26 日，A/64/881，第 14 页，第 47 段。

② 联合国文件：《国际法院关于科索沃单方面宣布独立是否符合国际法的问题的咨询意见——秘书长的说明》，2010 年 7 月 26 日，A/64/881，第 32 页，第 94 段。

③ 联合国文件：《国际法院关于科索沃单方面宣布独立是否符合国际法的问题的咨询意见——秘书长的说明》，2010 年 7 月 26 日，A/64/881，第 32 页，第 94 段。

④ 联合国文件：《国际法院关于科索沃单方面宣布独立是否符合国际法的问题的咨询意见——秘书长的说明》，2010 年 7 月 26 日，A/64/881，第 32 页，第 94 段。

本 章 小 结

如果国际法院对安理会决议合法性进行审查，以下原则应得到遵守。

第一，案件性原则，该原则是指国际法院不主动对任何安理会决议的合法性进行审查。只有在审理案件的时候，结合诉讼当事人的具体权利义务关系，审查安理会决议是否与《联合国宪章》及有关国际法相抵触。这一原则的法理基础在于国际法院司法权的中立性特点。

第二，政治问题不审查原则，该原则的法理基础在于司法机构对政治问题缺乏可资适用的审查标准，也不能或不易提供有效的救济方法。适用这一原则需要首先确定某一争端是政治问题还是法律问题，对此国际法院在多个案件中作了解释。不过在适用这一标准时，应注意国际法院对政治性问题的法律争端仍有管辖权，在审理法律争端时并不考虑该咨询申请的政治动机，也不考虑政治影响。

第三，安理会决议有效推定原则，该原则是指在审查安理会决议时，除非国际法明白显示其违反国际法无效外，应推定为合法有效。这一原则的理论基础在于安理会的权威地位和司法是一种中立性的裁判权。国际法院在联合国某些经费咨询意见案、纳米比亚咨询意见案以及洛克比空难引发的诉讼案中，实际上都采用了这一原则。

第四，安理会决议合法性解释原则。该原则是指国际法院在实施司法审查时，若相关安理会决议可能有两种以上解释，其中一种为合法有效，其他解释为违法无效，导致法律上的疑问或争论，则应采用使安理会决议有效的解释。国际法院在联合国某些经费咨询意见案、纳米比亚咨询意见案以及科索沃独立咨询意见案中都确立了一些对安理会决议解释的方法，这些方法基本上都与这一原则相符。

第四章 联合国安理会决议司法
审查的范围

安理会决议的司法审查范围是指国际法院可对安理会的哪些决议进行司法审查。安理会根据《联合国宪章》第六章作出的决议，是安理会履行调停、斡旋及和解职能时所作的关于争端解决程序或解决条件的建议。虽然这些建议在政治上和道义上具有相当的分量，但一般对当事国都不具有法律约束力。因而国际法院司法审查的对象主要是指安理会根据《联合国宪章》第七章作出的决议。

第一节 安理会对危及国际和平与
安全情形的认定

如果国际法院审查安理会根据《联合国宪章》第七章作出的决议，可能安理会根据《联合国宪章》第 39 条的决议是首先要考虑的对象，因为这一条是开启安理会《联合国宪章》第七章权力的通道。《联合国宪章》第 39 条是《联合国宪章》第七章中的一个关键性条款，它既是以和平方法解决国际争端到以强制手段维持或恢复和平之间的连接条款，又是《联合国宪章》关于和平之威胁、和平之破坏及侵略行为之应付办法的诸项规定中的基础条款，因而被认为是联合国集体强制行动的法律基础。[1] 而联合国

---

① 许光建：《联合国宪章诠释》，山西人民教育出版社 1999 年版，第 282 页。

安理会则拥有断定需要采取集体强制行动的前提情况是否存在的专属职责。但安理会是否会滥用此类权力，作出不合理的决议呢？从理论上讲，应该说是存在这种可能性的；从实践来看，安理会有关危及国际和平与安全情势以及侵略行为认定的决议也有存在争议的情况。[1]

事实上，在旧金山制宪会议期间，新西兰、墨西哥、埃及等国的代表就曾要求规定安理会决议应提交大会审议，还有些国家的代表建议由大会和安理会共同行使《联合国宪章》第 39 条所规定的职权。其理由是，影响联合国全体会员国利益的决定应该由所有会员国都参加的机关作出，至少这个机关应该对该决策具有某些有效的控制。[2] 但由于其他国家的反对这一修正案没有被通过，虽然这一修正案没有被通过，但是这也表明人们对安理会滥用这一权力的担忧，人们的这一担忧也是不无道理的，因为到目前为止，也没有关于什么是对和平之威胁、和平之破坏或侵略行为是否存在的判断标准。

一、安理会对和平之威胁的认定

根据《联合国宪章》第 39 条的规定，如果安理会认定存在和平之威胁，则可授权采取武力或武力之外的制裁措施，以维持或恢复国际和平与安全。不过根据《联合国宪章》第 34 条的规定，安全理事会得调查任何争端或可能引起国际摩擦或惹起争端之任何情势，以断定该项争端或情势之继续存在是否足以危及国际和平与安全之维持。也就是说安理会除了可根据《联合国宪章》第 39 条作出存在对和平之威胁的决议外，也可以根据《联合国宪章》第 34 条作出"危及国际和平与安全之维持"的决

---

[1]　利比亚代表就曾在联合国宪章和加强联合国作用特别委员会的会议上就指出："安全理事会将一些可以采用和平手段解决而且并对国际安全并不构成威胁的国际争端或区域情势认定为对国际和平与安全的威胁，但在许多其他情况下，安理会对于公然的武装侵略以及确实对国际和平与安全构成直接和严重威胁的情势却不作这种认定。"参见联合国文件：《执行〈联合国宪章〉中有关援助因实施制裁而受影响的第三国的规定——阿拉伯利比亚民众国就加强关于制裁的影响和实施的若干原则提出的订正工作文件》，2002 年 3 月 18 日至 28 日，A/AC.182/L.110/Rev.1，第 2 页，第 5 段。

[2]　许光建：《联合国宪章诠释》，山西人民教育出版社 1999 年版，第 283 页。

议。那么这两类有关危及国际和平与安全情势存在的决议有什么区别没有呢？

对此，不同的国家有不同的认识，有的会员国认为，《联合国宪章》第 34 条中的"断定"和第 39 条中的"断定"是两个不同的概念，两种"断定"将导致不同的后果。安理会根据《联合国宪章》第 34 条作出的断定，仅导致安理会就和平解决争端提出有关"建议"，而且这种"建议"对会员国而言不具有约束力，而根据《联合国宪章》第 39 条作出的"断定"将可能会导致整个第七章的适用。① 当然有的国家则有不同的看法，例如，在南非问题上，许多会员国，特别是非洲国家的会员国认为，安理会如果作出了"危及国际和平与安全之维持"的决议，那就意味着该项争端符合《联合国宪章》第 39 条的标准，应该按《联合国宪章》第七章的规定，对南非实行集体安全体制下的强制措施，如经济制裁或使用武力。② 当然，在实践中，有时安理会由于意见不一致，通过的决议没有提及是根据《联合国宪章》第 34 条还是第 39 条，甚至没有提及根据《联合国宪章》的哪一章。③

关于安理会根据《联合国宪章》第 39 条作出的断定对和平之威胁的存在能否进行审查有两种观点，一种是可以审查，一种是不可审查。

安理会在《联合国宪章》第 39 条下的决定权力不是不受限制的，决定是可以审查的，这种观点得到了司法实践上的一些支持。在纳米比亚咨询意见案中有两名持不同观点的法官认为，安理会在认定一形势构成对和平的威胁不是自由的。安德烈·格罗（Andre Gros）法官认为，可以声称一事情对维持和平产生深远影响并不足以使安理会变成一个世界政府。④ 杰拉德·菲茨莫里斯（Gerald Fitzmaurice）法官认为，如果所说的

① 许光建：《联合国宪章诠释》，山西人民教育出版社 1999 年版，第 248 页。
② 许光建：《联合国宪章诠释》，山西人民教育出版社 1999 年版，第 247～248 页。
③ 许光建：《联合国宪章诠释》，山西人民教育出版社 1999 年版，第 247 页。
④ Legal Consequences for States of the Continued Presence of South Africa in Namibia (South West Africa) notwithstanding Security Council Resolution 276 (1970), Advisory Opinion, Dissenting Opinion of Judge Gros, I.C.J. Reports 1971, p. 340, para. 34.

威胁不是虚构的或是一个借口,安理会在维护和平与安全是不受限的。① 他接着解释,这种情势没有对和平与安全构成威胁,仅仅是一个人为制造出来的借口以实现不可告人的秘密。② 同样,在塔迪奇案中,前南斯拉夫国际刑事法庭上诉分庭认为未然状况下的"对和平之威胁"更多的是一个政治概念,由于缺乏实质性的操作标准,因而不可避免地会引起安理会自由裁量合法与否的争论。③ 不过上诉庭也认为,安理会对和平之威胁的认定也不是完全不受限制的自由裁量权,安理会至少受到《联合国宪章》宗旨与原则的限制。④

另一方面,国际法院的有些法官则表示安理会根据《联合国宪章》第 39 条作出的决定不具有可审查性。劳特派特(Lauterpacht)法官在《防止及惩治种族灭绝公约》适用案中,虽然也表示法院有一定的司法审查权,但是这种权力不包括法院代替安理会决定存在对和平威胁、对和平破坏或存在侵略行为或甚至紧随这些决定之后的政治步骤的自由裁量权。⑤ 根据这种观点,安理会《联合国宪章》第 39 条下的决定是终局性的,决定到什么程度是看维持和恢复和平的需要。这种观点也得到了洛

---

① Legal Consequences for States of the Continued Presence of South Africa in Namibia (South West Africa) notwithstanding Security Council Resolution 276 (1970), Advisory Opinion, Dissenting Opinion of Judge Sir Gerald Fitzmaurice, I. C. J. Reports 1971, p. 293, para. 112.

② Legal Consequences for States of the Continued Presence of South Africa in Namibia (South West Africa) notwithstanding Security Council Resolution 276 (1970), Advisory Opinion, Dissenting Opinion of Judge Sir Gerald Fitzmaurice, I. C. J. Reports 1971, p. 294, para. 116.

③ Decision on the Defence motion for Interlocutory Appeal on Jurisdiction, 2 October 1995, Case No. IT294212AR72, para. 29. available at: http://www.icty.org/x/cases/tadic/acdec/en/51002.htm.

④ Decision on the Defence motion for Interlocutory Appeal on Jurisdiction, 2 October 1995, Case No. IT294212AR72, para. 29. available at: http://www.icty.org/x/cases/tadic/acdec/en/51002.htm.

⑤ Application of the Convention on the Prevention and Punishment of the Crime of Genocide, Provisional Measures, Order of 8 April 1993, Separate Opinion of Judge Lauterpacht, I. C. J. Reports 1993, p. 439.

克比空难案中一些法官的支持，在该案中，克里斯托弗·威拉曼特里（Christopher Weeramantry）法官表示："第 39 条下的任何对和平威胁的存在、违反和平或侵略行为的决定完全由安理会自由裁量。只有安理会，没有其他机构可以判断这种情势的存在，这种情势的存在将导致第七章的行动。那个决定由安理会自己决定，充分行使第 39 条所赋予的自由裁量权。一旦这扇门被打开，安理会就可作出《联合国宪章》下的各种决定。"①

从目前的实际情况来看，安理会对"和平之威胁"的认定是个终局性的认定，这是安理会独有的权利。这主要是因为对和平之威胁的因素众多，程度各异，并没有一个明确的国际法律标准，因而国际法院也无法对安理会的此类认定进行司法审查，但是正如利比亚代表团在联合国宪章特别委员会会议上所指出的一样，必须准确地界定什么构成对国际和平与安全的威胁，以便避免安全理事会即使在不存在此种威胁的情况下仍武断地判定存在对国际和平与安全的威胁。② 利比亚代表团还表示，安理会认定危害到国际和平与安全，从而需要适用《联合国宪章》第七章所规定措施的局势并非所有都实际如此，包括它本国（利比亚）在内的一些国家却因此遭受磨难。③

笔者认为，"对和平之威胁"比"对和平之破坏"的概念要宽泛，若不加以规范，容易被滥用。因此，确定"对和平之威胁"要比确定"对和平之破坏"有着更为严格的标准。"对和平之威胁"的确定应依据事实，而不是仅仅依据宣称、猜测或者遥远的可能性。某种将会导致"对和平之破坏"的情势必须是明确地被预见到的，并且是迫切的，除非采取适当的措施，否则"对和平之破坏"将会发生。

---

① Questions of Interpretation and Application of the 1971 Montreal Convention arising from the Aerial Incident at Lockerbie (Libyan Arab Jamahiriya v. United States of America), Dissenting Opinion of Judge Weeramantry, I. C. J. Reports 1992, p. 176.

② 联合国文件：《联合国宪章和加强联合国作用特别委员会的报告》，2001年 5 月 8 日，A/56/33，第 22 页，第 170 段。

③ 联合国文件：《联合国宪章和加强联合国作用特别委员会的报告》，2001年 5 月 8 日，A/56/33，第 22 页，第 170 段。

二、对破坏和平的认定

对和平的破坏标志着武装敌对行为严重爆发，但安理会很少认定某一行为构成对破坏和平的破坏。到目前为止，安理会只断定了四起对和平的破坏行为，这些认定包括：1950 年安理会通过第 82(1950)号决议、第 83(1950)号决议以及第 84(1950)号决议都认定朝鲜对韩国实行武装攻击构成对和平之破坏；① 1982 年安理会通过第 502(1982)号决议确定在福克兰群岛(马尔维拉斯群岛)地区已发生对和平之破坏；② 1987 年安理会通过的第 598(1987)号决议确定伊朗和伊拉克之间的冲突确实破坏了和平；③ 1990 年安理会通过第 660(1990)号决议确定伊拉克入侵科威特构成对国际和平与安全的破坏。④ 安理会在关于英阿马岛之战和海湾战争情势的决议中还使用了"入侵(invasion)"一词，⑤ 可见，有时武力攻击既可被认为是"和平之破坏(breach of the peace)"，也有可能被认为是"侵略行为(act of aggression)"。但作者个人认为，"对和平之破坏"和"侵略行为"还是有区别的，例如两国之间的武装冲突可能已构成"对和平之破坏"，但有时又很难认定哪方的行为构成了"侵略行为"，安理会通过的有关两伊战争的决议可能就是出于这种考虑。

至于安理会很少使用"和平之破坏"或"侵略行为"的原因，有学者认为，"无论是和平之破坏还是侵略行为都是严重的国际不法行为，是公认的国际罪行。它不仅会成为安理会行动的理由，也是世界各国集体自卫的理由，还是追究有关人员国际刑事责任的理由。安理会不希望在

---

① 参见安理会通过第 82(1950)号决议、第 83(1950)号决议和第 84(1950)号决议序言。

② 参见安理会第 502(1982)号决议序言。

③ 参见安理会第 598(1987)号决议序言。关于两伊战争的安理会决议主要使用的是"危及国际和平与安全"的措辞，参见安理会第 514(1982)号、第 522(1982)号、第 582(1986)号、第 588(1986)号决议。直到 1987 年，安理会才在第 598(1987)号决议序言中使用了"确实破坏了和平"的表述。

④ 参见安理会第 660(1990)号决议序言。

⑤ 参见安理会第 502(1982)号决议和第 660(1990)号决议序言。

行动之初，就肯定如此广泛的、不一定能够实现的法律后果，也不愿意因此而承担采取措施的责任。"①

由于安理会通过的决议很少直接认定某一国际情势构成了对和平的破坏，所以也很难从中推断出安理会判断构成对国际和平破坏的标准。不过可以肯定的是对和平的破坏比对和平的威胁所要求情势要更为严重，也就是说如果一项情势构成了对和平的破坏肯定已构成了对和平的威胁，所以安理会为了避免引起争议将很多情势只是认定为构成了对和平的威胁，而且认定为构成对和平的威胁并不影响安理会采取相应的强制措施。

对和平的破坏是否包括对国内和平的破坏呢？从安理会所通过的决议来看，对于国内武装冲突所造成的局势，安理会并未将其认定为对和平之破坏，而至多是认定为对和平之威胁，也即是说安理会认定的对和平之破坏是指对国际和平的破坏。不过正如上所述，认定为是对和平之破坏还是对和平之威胁并不影响安理会采取相应的强制措施。

安理会通过的有关对和平之破坏的决议也不是没有争议的，如安理会针对朝鲜问题通过的第 82(1950) 号决议、第 83(1950) 号决议和第 84(1950) 号决议就存在争议，不过对这些决议效力的质疑主要是因为程序方面的问题。同对和平之威胁一样，对和平之破坏也没有什么法律标准，完全由安理会自由裁量，国际法院也无法依据一定的国际法律标准进行审查。

三、对侵略行为的认定

对侵略行为的认定也是安理会的专属权力，但是《联合国宪章》并未对侵略行为做任何定义或提供断定的指导原则。在《联合国宪章》的起草过程中，一些国家曾对此表示过疑虑，它们担心在某些情况下大国为了避免采取强制措施而对侵略行为视而不见，因此要求在《联合国宪章》中载明侵略的定义，以提供一个判断标准；但是多数国家的代表认

---

① 温树斌：《国际法强制执行问题研究》，武汉大学出版社 2010 年版，第 163 页。

为，没有必要限制安理会处理问题的自由，最后，审议《联合国宪章》第七章的专门委员会以 22 票对 12 票否决了上述提案。①

自 1951 年起，联合国大会开始了有关侵略定义问题的讨论。在其后的 24 年间，大会先后成立了 4 个特别委员会来详尽研究这一问题。第二十四届联大于 1974 年 12 月 14 日以协商一致的方式通过了侵略定义特委会草拟的《侵略定义》(Definition of Aggression)。②《侵略定义》共计八条，在定义方法上采取的是混合法，即规定侵略的概念与列举构成侵略行为的各种活动相结合。《侵略定义》第 1 条规定："侵略是指一个国家使用武力侵犯另一个国家的主权、领土完整或政治独立，或以本定义所宣示的与《联合国宪章》不符的任何其他方式使用武力。"《侵略定义》第 3 条则列举了构成侵略行为的几种情况；紧接着，第 4 条特别规定，以上列举的行为并非详尽无遗；安理会得断定某些其他行为也构成《联合国宪章》规定下的侵略行为。

联大虽然通过了有关侵略定义的决议，但是联大的决议本身并不具有法律约束力，而且根据《侵略定义》的序言说明，该定义绝不得解释为对于《联合国宪章》中有关联合国各机构职权的规定的范围有任何影响，第 4 条也规定安理会得断定某些其他行为也构成《联合国宪章》规定下的侵略行为。另外，侵略定义是在特定的国际关系下不同政治力量之间斗争与妥协的产物，因此这一定义本身并不是很完备，定义中的某些条款也含混不清。例如，对非武力的侵略行为、间接侵略、首先使用武力、自卫权的行使、民族自决权等一系列问题就反映了东西方国家之间的原则分歧。那么安理会是否在认定侵略行为时拥有绝对的专属权力，不受任何审查监督呢？答案显然不是简单的肯定或否定。

首先，尽管联大的决议并不具有法律约束力，但它毕竟是联合国大多数会员国接受的一个决议，联大关于侵略的定义是大部分会员国基本同意的一个定义，至少对该定义并不反对，这个定义应对安理会有一定约束力或者说是法律效果。

---

① 许光建：《联合国宪章诠释》，山西人民教育出版社 1999 年版，第 284 页。

② 参见联合国大会第 3314(XXIX)号决议。

其次,《侵略定义》第 4 条是指安理会可以断定"某些其他行为"也构成《联合国宪章》规定下的侵略行为, 也就是说《侵略定义》第 3 条规定的这些行为肯定是构成了侵略行为的, 这是国际社会的共识, 安理会不可对第 3 条规定的这些侵略行为视而不见, 对侵略行为的认定存在一定的法律标准。

综上所述, 对侵略的认定还是有一定的法律标准的, 这不同于安理会对"和平之威胁"和"和平之破坏"的认定, 如果声称侵略行为已经发生的决定不是一个法律考虑能够限制的问题将是不对的。侵略被认为是一种反和平的犯罪, 认定一个国家已实施侵略, 将使那个国家及其领导人要承担责任。国际法委员会关于国家责任的草案第一部分第 19(3)条规定, 对禁止侵略义务的严重违反是一种国际犯罪行为将导致该国的国际刑事责任。认定一种行为是侵略行为不能简单地视为是一个政治问题; 它是国际法规范的一个领域, 因而是一个法律问题。①

安理会在实践中也很少作出对"侵略行为"的认定, 安理会只是曾将南非、南罗德西亚和以色列等国有关武力行动认定为"侵略行为"。安理会在这些决议中强烈谴责: 南非对安哥拉的无端侵略行动;② 南罗德西亚对赞比亚的侵略行为;③ 南非对博茨瓦拉的无端无理侵略行为;④ 以色列对突尼斯领土犯下的武装侵略行为。⑤ 安理会在关于英阿马岛之战和海湾战争情势的决议中还使用了"入侵(invasion)"一词。⑥

---

① Dapo Akande, The International Court of Justice and the security Council: Is There Room for Judicial Control of Decisions of the Political Organs of the United Nations?, International and Comparative Law Quarterly, Vol. 146, (1997).

② 参见安理会第 387(1976)号决议、第 567(1985)号决议、第 571(1985)号决议、第 574(1985)号决议序言和第 1-3 段; 安理会第 577(1985)号决议序言和第 2-4 段。

③ 参见安理会第 455(1979)号决议序言和第 1-2 段。

④ 参见安理会第 568(1985)号决议序言和第 1-5 段。

⑤ 参见安理会第 573(1985)号决议和第 611(1988)号决议第 1 段。

⑥ 参见安理会第 502(1982)号决议和第 660(1990)号决议序言。

不过，有学者认为，安理会迄今未作出侵略行为的断定。① 关于安理会很少作出"侵略行为"断定的理由同安理会对"和平之破坏"的认定一样，而且"侵略行为"的断定还意味着侵略一方的国际刑事法律责任，至少在政治上使安理会有必要采取广泛的强制措施。②

如果建立国际法院对安理会决议的司法审查制度，对安理会有关侵略行为的决议应该是可以进行审查的。但有几个概念需要界定：主要是有关"侵略（agression）""侵略战争（war of agression）""侵略行为（act of agression）""侵略罪（the crime of agression）""侵入（invasion）"等几个词的区别。在《侵略定义》中一般使用的是"侵略行为"这个词，"侵略行为"主要是指违反《联合国宪章》非法使用武力的行为；"侵略战争"肯定是一种侵略行为，而且是已经构成了战争状态的一种行为，反过来讲，侵略行为不一定就是侵略战争。侵略是一个总概念，侵略战争和侵略行为都是侵略的表现形式。"侵略罪"则是一种国际犯罪形态，会导致国际刑事责任，包括国家的国际法律责任和个人的刑事责任，侵略罪是因为从事了侵略战争或侵略行为而导致的。《侵略定义》中还使用了"侵入"这个词，这个词也是指一种侵略行为，但不一定构成侵略战争。《侵略定义》规定，"侵略战争是破坏国际和平的罪行，侵略行为引起国际责任"。可见侵略战争是一种严重的侵略行为，侵略战争会导致国际刑事责任，侵略行为可能并不导致国际刑事责任，但一定会引起国际法律责任，这种责任就并不一定是刑事责任。但也有学者对此有不同的认识：侵略战争与侵略行为的区别只在于是否导致法律意义上的战争状态的存在，而这一点区别丝毫也不影响两者在国际法上的地位，即均遭国际法的禁止，均属国际法上的罪行。③

---

① Erika De Wet, The Chapter VII Powers of the United Nations Security Council, Hart Publishing, 2004, p. 148.

② Erika De Wet, The Chapter VII Powers of the United Nations Security Council, Hart Publishing, 2004, p. 149.

③ 许光建：《联合国宪章诠释》，山西人民教育出版社1999年版，第291页。

第二节　集体安全措施的合法性

一、防止情势恶化的临时办法

依据《联合国宪章》第 40 条的规定，为了防止情势的恶化，安全理事会在依《联合国宪章》第 39 条规定作成建议或决定办法以前，可以促请关系当事国遵行安全理事会所认为必要或合宜之临时办法。那么这种临时办法是一种什么性质的措施，能否对之进行司法审查呢？

虽然根据《联合国宪章》第 39 条安理会可以决定采取必要的强制措施，但是在联合国的集体安全体制下，以强制措施维持国际和平应该是最后的手段。因为在涉及国际和平与安全之维持的许多情况下，虽然情势已发展到大规模武装冲突的程度，构成了对国际和平的实际威胁或破坏，但又不宜或不必立即采取《联合国宪章》第 41 条或第 42 条所规定的集体强制行动，或者缺乏实施集体强制的条件而难以采取强制行动。在此情况下，则可以采取《联合国宪章》第 40 条所规定的临时办法，可见这种临时办法是一种介于以和平方法解决国际争端和以强制手段维持或恢复国际和平之间的一种预防性的过渡措施。

那么临时办法是否是一种必需的前置措施，是否具有法律约束力呢？《联合国宪章》并没有对临时办法作出定义，也没有对此种办法的种类和适用范围作出界定，而是将这一自由裁量权授予给了安理会，只要安理会认为"必要或合宜"即可。在旧金山制宪会议上，与会国家曾提出过临时办法的若干种形式，如：停止军事冲突；从特定地区撤离武装部队；接受某种形式的国际政治安排；终止因敌对行动而采取的报复性措施等。① 20 世纪 50 年代发展起来的"联合国维持和平行动"也可归

---

① 许光建：《联合国宪章诠释》，山西人民教育出版社 1999 年版，第 269 页。

入临时办法的范畴。① 可见，临时办法并不是《联合国宪章》第 41 条和第 42 条之前的一种必需措施，安理会拥有完全的自由裁量权，也就是说安理会可以决定采用临时办法也可以不采取临时办法。出席旧金山制宪会议的美国代表团在就会议结果致美国总统的报告中曾指出：《联合国宪章》第 40 条下的临时办法是要求争端当事国根据安理会的建议予以遵行的，因而不能视为是初步制裁。②

至于有关临时措施决议的法律约束力问题，在理论上是有一些分歧的。有观点认为，安理会有关临时办法决议的效力介于"建议"（依《联合国宪章》第六章）和"决定办法"（依《联合国宪章》第 41 条或第 42 条）之间，临时办法可以仅仅是一项建议，也可以是一项有拘束力的决定，关键取决于安理会的意向。③ 如果安理会表明它的决议是建议性的，此项决议就不是命令性的，但是如果安理会有相反的表示，该项决议就应视为是必须执行的。

然而笔者个人认为，这一观点是值得商榷的。因为从法律上来讲，安理会的临时办法只是提出了一项建议，临时办法所指向的关系当事国没有义务必须接受安理会促请它们遵行的临时办法，各关系当事国对于执行临时办法所给予的合作也只有在自愿的基础上进行；而且《联合国宪章》第 40 条本身也规定，"此项临时办法并不妨碍关系当事国之权利、要求或立场"，这既是对安理会权力的一个制约，也是对当事国立场的一种保障，也就是说如果当事国认为安理会临时办法妨碍了其自身的权利、要求或立场，可以不遵守临时办法。同时安全理事会对于不遵行此项临时办法之情形，只是"应予适当注意"，安理会并没有特别强有力的措施来保证临时办法的实施。

---

① 黄惠康：《论联合国维持和平部队的法律基础》，载《中国社会科学》1987年第 4 期。

② 许光建：《联合国宪章诠释》，山西人民教育出版社 1999 年版，第 297 页，注释①。

③ Hans Kelsen, The Law of the United Nations. A Critical Analysis of its Fundamental Problems, F. A. Praeger, 1951, p. 740.

综上所述，对于建议性质的临时办法，即使建立了国际法院对安理会决议的司法审查权，国际法院也是无法或无需审查的。首先，从时间上来看，临时办法只是一种临时的过渡措施，如果当事国就临时办法决议的合法性要求国际法院进行司法审查，等到国际法院作出裁决时，说不定这种临时办法已结束；其次，法律约束力来看，临时办法只是一种建议，关系当事国并没有遵行临时办法的法律义务，也不会产生相应的法律责任；最后，从权利的保障来看，《联合国宪章》本身规定"此项临时办法并不妨碍关系当事国之权利、要求或立场"，因而如果当事国认为临时办法不合法，侵犯了自身权利，可以不遵行临时办法，无需从国际法院寻求司法救济。

二、武力以外的强制措施

《联合国宪章》关于维持或恢复国际和平与安全的强制措施包括两类：一类是不涉及使用武力的措施；另一类是使用武力的措施。《联合国宪章》第41条授权安理会决定采用的武力以外的强制措施包括经济关系、铁路、海运、航空邮、电、无线电及其他交通工具之局部或全部停止以及外交关系之断绝。《联合国宪章》第41条的规定必须与第39条配合适用，为实施安理会的决议而采取武力以外的强制措施的决定应以依《联合国宪章》第39条作出的已存在"和平之威胁、和平之破坏或侵略行为"的断定为基础。

安理会依据《联合国宪章》第41条作出的采取武力以外强制措施的决定显然是具有法律约束力的。各会员国依《联合国宪章》第25条的规定，有义务接受并履行安理会的决定，此项义务并不因有关国家的国内立法是否授权各该国政府采取某种措施而受影响；而且《联合国宪章》第2条第5项也规定，各会员国对于联合国依照《联合国宪章》规定而采取的行动，应尽力予以协助，联合国对于任何国家正在采取防止或执行行动时，各会员国对该国不得给予协助。

如果国际法院建立了安理会决议的司法审查权，对安理会根据《联合国宪章》第41条作出的决议应该是可以审查的。首先，安理会根据

《联合国宪章》第 41 条作出的决议是具有法律约束力的,因而有必要也是可以审查的;其次,《联合国宪章》第 41 条规定的强制措施具有较明确法律规定,具有一定的法律标准,因而审查决议的合法性具有可行性。不过安理会根据《联合国宪章》第 41 条所采取的武力以外的强制措施也有一些存在争议的地方。

(一)武力以外强制措施的范围

《联合国宪章》第 41 条列举了一些武力以外的强制措施,那么这些措施是否属于全部列举呢?也就是说安理会是否还可以采取《联合国宪章》第 41 条所列举的以外其他非武力强制措施?一般认为,该条中的"得包括(may include)"一词就表明这一列举并非全部列举,它并不排斥使用未被列出的属于"武力以外"的其他办法;而且在所列举的诸种办法中,似乎也不存在强制程度的强弱问题,或依次递进使用的问题。虽然可以说《联合国宪章》第 41 条所列举的强制措施并非全部列举,但是安理会在具体采取第 41 条所列举范围以外的非武力强制措施时,其合法性有时还是存在争议的,其中最著名的例子当属前南斯拉夫国际刑事法庭的设立。

1993 年 5 月 25 日,安理会通过决议第 827(1993)号决议,设立了前南斯拉夫国际刑事法庭。安理会在该决议中指出,设立这样一个国际刑事法庭的依据是,前南斯拉夫境内严重违反国际人道主义法的局势继续对国际和平与安全构成威胁,依据《联合国宪章》第七章而采取的行动。[①] 该决议本身并没有说明是依据《联合国宪章》第七章的第 41 条还是第 42 条,但很显然,该决议不是依据《联合国宪章》第 42 条作出的,因为设立国际法庭显然不是一种武力强制措施,也不应该属于《联合国宪章》第 40 条所规定的"临时办法",因为虽然该决议在其序言中陈述"深信在前南斯拉夫的特殊情况下,安理会采取临时措施,设立一个国际法庭和起诉⋯⋯",但是《联合国宪章》第 40 条所规定的临时办法是指安理会在依据《联合国宪章》第 39 条规定作成建议或决定办法以前所

---

① 参见安理会第 827(1993)号决议序言。

作出的临时办法，而这种临时办法应由当事国来遵循，但安理会在第827（1993）号决议中设立的前南国际刑事法庭针对的前南地区犯下国际罪行的个人。在2017年12月21日前南斯拉夫问题国际刑事法庭正式关闭，该法庭运作了24年。这些都说明安理会设立前南斯拉夫国际刑事法庭不是《联合国宪章》第40条所指的临时办法。那么是否是根据《联合国宪章》第41条所作出的呢？如果是根据《联合国宪章》第41条所作出的决议，那设立国际刑事法庭是否属于该条所规定的武力以外的措施呢？

在前南斯拉夫国际刑事法庭上的第一个案件即塔迪奇案中，被告就对法庭成立的合法性提出了质疑。被告在上诉中提出，《联合国宪章》第41条"显然没有将建立一个审判战争罪的法庭包括在内，该条款中所列举的措施都是政治与经济的，无论如何都不可能包括司法措施"。①上诉庭认为："《联合国宪章》第41条确实列举了一系列措施，但是并不能排除其他可能采取的措施，如果说第41条列举的措施确实有什么明确界定的话，只能说这一条以否定的方式将使用武力排除在外，而不能认为建立司法机构的措施不包括在其语义范围之内。"②

本书并无意讨论安理会通过的设立前南斯拉夫国际刑事法庭的决议本身的合法性问题，只是想通过此案例说明安理会在决定采取非武力的强制措施时，有时也面临着该强制措施是否合法的问题。虽然安理会在选择采取适当的行动、所选择的措施是否适当以及这些措施对恢复或者维持和平的有效性等三个方面都拥有广泛的自由裁量权，但是其自由裁量的前提是符合《联合国宪章》第41条以及第42条所确定的措施，也就是说，对安理会决议采取的强制措施还是存在一定的法律评判标准的。

（二）直接针对个人的强制措施

安理会决定采用的武力以外的强制措施包括经济关系、铁路、海

---

① Decision on the Defence Motion for Interlocutory Appeal on Jurisdiction, Prosecutor v. Tadić, Case No. IT-94-1-T, Ap. Ch., 2 Oct. 1995, para 32.

② Decision on the Defence Motion for Interlocutory Appeal on Jurisdiction, Prosecutor v. Tadić, Case No. IT-94-1-T, Ap. Ch., 2 Oct. 1995, para 35.

运、航空邮、电、无线电及其他交通工具之局部或全部停止以及外交关系之断绝。虽然这些措施是和平、非武力的措施，具有较强的合法性，但是在国际法治化程度越来越高的今天，安理会的这些强制措施在很多情况下也面临着合法性的危机。其中直接针对个人的一些强制措施就经常面临合法性的质疑，这其中就包括个人资金冻结、旅行禁止等措施。对这些强制措施合法性质疑主要包括以下两个方面：

第一，安理会的强制措施能否直接针对个人作出。联合国是由主权国家组成，联合国会员国根据《联合国宪章》享有权利和承担义务，根据《联合国宪章》各会员国承担遵守安理会决议的义务。但是安理会决议所要求的强制措施有时并不是直接针对国家，而是针对个人或有关组织的，这类强制措施的典型就是对个人的资金冻结和旅行禁止。在一些安理会决议或其附件中，决议直接将被要求采取强制措施的人员名单列在决议中，① 虽然这些决议是对联合国会员国的要求，但是安理会不能直接对个人作出强制措施的决定。

第二，安理会强制措施的作出是否符合程序，尤其是国际人权法。安理会有关个人资金冻结和旅行禁止的决议在程序上存在一定缺陷。个人资金冻结和旅行禁止涉及一个人的财产安全和人身自由等基本人权，按照一般法律原则，此类决定应该由法庭作出，并且个人有寻求司法救济的权利。

联合国安理会《分析支助和制裁监察组根据关于基地组织和塔利班及有关个人和实体的第 1822（2008）号决议提交的第九次报告》中指出，监察组已知的涉及综合名单上的个人和实体的法律诉讼总数为 30 个。② 安理会的制裁决议在一些地区性国际法院和国内法院受到了挑战。③ 欧洲法院的卡迪案就是这一类决议合法性遭质疑的典型代表，由于个人不

① 参见安理会第 1970（2011）号决议附件 1 和附件 2。

② 参见联合国安理会文件，S/2009/245.

③ 涉及的法院和机构有：欧洲共同体法院、欧洲人权法院、人权事务委员会、巴基斯坦最高法院、瑞士最高法院洛桑联邦法庭、土耳其最高机构行政案件局、英格兰和威尔士上诉法庭（民事分庭）、美国俄勒冈州地方法院、美国哥伦比亚特区地方法院等。参见联合国安理会文件，S/2009/245.

可能成为国际法院的诉讼主体，所以如果个人想挑战安理会决议的合法性，则无法通过国际法院来进行司法审查。

（三）对无辜个人或第三国造成不利影响的强制措施

有学者将《联合国宪章》第41条和第42条所规定的强制措施定性为制裁，而且将制裁分为政治性制裁和经济性制裁。政治制裁包括外交制裁和直接诉诸武力，而经济性制裁主要是指经济关系、铁路、海运、航空、邮电、无线电及其客观存在交通工具之局部或全部停止。① 对经济制裁的特征，西方学者作过如下概括：“虽然是强有力的但却是非武力的，和平的但却是致命的，文明的和人性的但却是灾难性的和无法承受的。”② 一般认为经济制裁的合理性在于它给受制裁国人民所带来的苦难比武力强制措施所带来的苦难要小得多。正是基于对经济制裁的这种认识，冷战结束后，安理会使用经济制裁次数急剧上升，但是经济制裁的往往也会给受制裁国人民带来巨大灾难。③ 联合国安理会实施经济制裁的目的是为了纠正或惩罚违反国际法和人权的行为，但是实施强制措施的过程可能给受制裁国家的人民带来人道主义灾难，违反《联合国宪章》中的人权条款，剥夺受制裁国人民的生存权和经济、社会和文化权利。④

安理会经济制裁经常还会给第三国带来不利影响，1967年，葡萄牙和马拉维分别给安理会主席和联合国秘书长写信，称其“由于执行安理会的有关决议”，“遭到了严重的财务和经济损失”，“遇到了特殊的经济问题”，要求“根据宪章第五十条与安理会进行磋商”。⑤ 1967年2月，赞比亚政府致函联合国秘书长称，由于执行安理会决议而遇到某些

---

① 赵冠峰：《略论国际制裁的困境与对策——对"伊拉克悖论"的思考》，载《同济大学学报（社会科学版）》2008年第2期。

② Joy Gordon, A Peaceful, Silent, Deadly Remedy: The Ethics of Economic Sanctions, 13 Ethics & International Affairs, 1999, p. 138.

③ 参见简基松：《联合国经济制裁的"人道主义例外"法律机制初探》，载《法学评论》2004年第3期。

④ 李薇薇：《论联合国经济制裁中的人权保护》，载《法律科学》2007年第2期。

⑤ 许光建：《联合国宪章诠释》，山西人民教育出版社1999年版，第348页。

同运输、通讯、燃料储存等有关的经济困难。① 1990 年安理会通过对伊拉克制裁的第 661(1990) 号决议后，先后就有 21 个国家向安理会提出磋商解决其因执行该决议决定的措施所遇到的一些特殊经济困难。② 安理会也为此采取过一些措施，通过决议呼吁所有国家、联合国组织、各专门机构、区域组织、国际金融机构等向那些因执行安理会决议而面临特殊经济困难的国家提供帮助。③ 但从《联合国宪章》第 50 条来看，它只是原则性地规定了受到执行安理会制裁决定影响的国家有权与安理会进行磋商，寻求解决办法，而对磋商的时间、形式、内容、程序和机制都没有具体的规定。而且这些国家与安理会进行磋商，也只是解决其所面临的特殊经济困难的一个初步步骤，即寻找解决问题的途径，而不是最终解决问题的手段和办法。④

安理会的制裁决议可能会对目标国人民造成新的人道主义危机，也可能会严重损害第三国的利益，虽然安理会已经注意到制裁所带来的这些不利影响，但是目前还没有找到解决这些问题的好的办法，也没有建立有效的机制来解决这一问题。这些已经对安理会制裁决议的有效执行产生了严重影响，甚至危及了安理会制裁决议的合法性。那么安理会制裁决议目标国的人民和受到制裁不利影响的第三国是否可以通过国际法院寻求司法救济呢？

目前的国际法并没有一个具体制裁制度，所以对安理会制裁决议的合法性没有一个有效的判断标准，要建立对安理会制裁决议合法性审查的机制，就必须建立一套较为具体全面的制裁规则。国际社会为此做出过一些努力，在如联合国宪章和加强联合国作用特别委员会会议中，俄罗斯就提交了《采取制裁和其他胁迫措施及其执行的基本条

---

① 许光建：《联合国宪章诠释》，山西人民教育出版社 1999 年版，第 348 页。
② 许光建：《联合国宪章诠释》，山西人民教育出版社 1999 年版，第 348 页。
③ 许光建：《联合国宪章诠释》，山西人民教育出版社 1999 年版，第 349 页。
④ 许光建：《联合国宪章诠释》，山西人民教育出版社 1999 年版，第 349 页。

件和标准》,① 其中就包括：

（1）实行制裁是一项极端措施，只有在所有其他解决争端或冲突和维持或恢复国际和平与安全，包括《联合国宪章》第40条规定的临时措施的和平手段都使用过以后，只有在安全理事会已确定存在对和平的威胁、破坏和平或侵略行径的情况下，才允许实行制裁；（2）实施制裁必须严格符合《联合国宪章》的各项规定和国际法准则及公正原则，谋求实现明确规定的目标，有一定的时限斟酌情况考虑到制裁对象的国家的看法接受定期审查，并明确规定解除制裁的条件，解除制裁绝不能与邻国局势挂钩；（3）通常实施制裁之前必须明确地通知作为安全理事会制裁对象的国家或一方；（4）不允许利用制裁以图推翻或改变作为制裁对象的国家的合法政权或改变现行政治制度；（5）制裁的目标是纠正作为制裁对象的某当事一方威胁国际和平与安全的行为而不是惩罚或以其他方式加以报复；（6）不允许造成实行制裁的后果给第三国造成巨大物质和财政损害的局面；（7）除非新发现的情势使然和安全理事会的决定明白规定不允许对作为制裁对象的国家停止或中止制裁施加额外条件；（8）在制裁的准备阶段和执行阶段都必须客观评估制裁的近期和长期社会经济后果和人道主义后果；（9）在采取制裁之后，秘书处应当负责监测它们的影响，以便安全理事会及其制裁委员会可以及时获得资料并尽早估计制裁制度对因为实施制裁受难或严重受难的第三国的影响，以便安全理事会在维持制裁制度的效力的同时，可以采取必要的纠正措施或部分改变其执行或更改制裁制度本身，以期减轻制裁对第三国的不利影响。

三、武力强制措施

《联合国宪章》第41条授权安理会在必要时采取非武力的强制办法，以维持或恢复国际和平及安全。如果安理会认为《联合国宪章》第

---

① 联合国文件：《采取制裁和其他胁迫措施及其执行的基本条件和标准——俄罗斯联邦提交的工作文件》，A/AC.182/L.100，第2~3页。

41 条所规定的非武力措施不足以或已经证明为不足以维持或恢复国际和平时，《联合国宪章》第 42 条进而授权安理会采取必要之武力行动，此项行动得包括联合国会员国之空海陆军示威、封锁及其他军事行动。这项规定旨在以合法使用的集体武力对付个别国家非法使用武力的行为，以消除对和平的威胁及制止侵略行为，并对责任国家实施制裁，这是联合国集体安全体制最后诉诸的和平保证手段，也是最有力的威慑手段。[①] 但是联合国安理会并没有真正实施执行行动，因为根据《联合国宪章》第 43 条规定，这种武力强制措施应当由根据该条之"特别协定"所建立的联合国军队来实施，而且联合国军应由联合国统一指挥和控制，然而在美苏两大政治军事集团对峙时期，缔结这样的"特别协定"显然是不可能的。为弥补这一缺陷，安理会只得通过《联合国宪章》第七章对联合国会员国进行授权，授权会员国单独或区域组织在国际和平与安全遭受威胁或受到破坏的情况下使用武力强制措施，这已成为安理会的通常做法。

（一）安理会授权使用武力的法律依据

根据《联合国宪章》的规定，只有《联合国宪章》第八章明确规定安理会可以授权区域机关采取武力强制措施的执行行动，并没有规定安理会可以授权联合国会员国采取武力措施的执行行动。从安理会历次授权会员国使用武力的决议来看，在决议中一般只是笼统地说"根据《联合国宪章》第七章"，但整个第七章都没有"授权"的字眼，那么安理会授权联合国会员国使用武力措施的决议是否具有法律依据呢？因为《联合国宪章》第 41 条规定的是非武力措施，所以关于安理会授权联合国会员国使用武力的决议的法律依据问题实际上就是对《联合国宪章》第 42 条的一个解释问题。

有的学者认为，《联合国宪章》第 42 条是可以和第 43 条、第 44 条以及第 45 条分开解读的。如美国国际法学家奥斯卡·沙赫特教授（Oscar Shachter）认为，"行动不必一定是指在安理会控制和指挥下的武

---

①　许光建：《联合国宪章诠释》，山西人民教育出版社 1999 年版，第 317 页。

力行动，涉及这种控制和指挥的其他《联合国宪章》条款不应与第42条联系"。① 英国国际法学家蒂莫西·希利尔（Timothy Hillier）教授也认为，"《联合国宪章》并没有指出第42条取决于根据第43条所达成的协议，而且第42条也规定执行行动可以包括联合国会员国之空海陆军示威、封锁及其他军事举动"。② 这就是说安理会可以根据第42条采取的军事行动包括两类：一类是安理会的执行行动，另一类是授权联合国会员使用武力的行动。③

关于安理会授权使用武力决议的法律依据问题，目前更为普遍的一种观点是"国际组织的暗含权力说"，国际组织的暗含权力一般是指组织的构成文件或类似条约规定的明示权力以外而为实施组织宗旨与职能所必需的权力，也是行使明示权力所必需的或至关重要的权力。④ "暗含权力说"认为，虽然《联合国宪章》并没有明文规定安理会可以授权联合国会员国使用武力的强制措施，但是根据《联合国宪章》所规定的联合国的目的和宗旨，结合安理会维护国际和平与安全的职能来看，为恢复国际和平与安全，安理会不但可以根据第42条的明示权力作出采取武力执行行动的决议，还可以根据履行其自身职能的需要，授权会员国采取武力行动。虽然此类授权在法律性质上只是一种建议，并不能对会员国产生强制性的义务，但这种授权构成了有关会员国武力行动合法性的基础。⑤

国际法院在执行联合国职务时所受损害的赔偿咨询意见案中也指

---

① Oscar Shachter, United Nations Law in the Gulf Conflict, The American Journal of International Law, Vol. 85, No. 3, 1991, p. 458.

② ［英］蒂莫西·希利尔著，曲波译：《国际公法原理》（第二版），中国人民大学出版社2006年版，第253页。

③ 李鸣：《联合国安理会授权使用武力问题探究》，载《法学评论》2002年第3期。

④ 饶戈平、蔡文海：《国际组织暗含权力问题初探》，载《中国法学》1993年第4期。

⑤ ［德］沃尔夫冈·格拉夫·魏智通主编，吴越等译：《国际法》，法律出版社2002年版，第812页。

出："根据国际法，这个组织(即联合国)应当被认为具有下述一些权力，这些权力虽然并未明文列举在《联合国宪章》中，但是这些权力是履行联合国组织的职能必不可少的，则必须认为这些权力是《联合国宪章》中的必然含义。"①

(二)安理会授权使用武力的实践

到目前为止，安理会根据《联合国宪章》第七章授权使用武力的主要有以下几次：(1) 1950 年 7 月 7 日，针对朝鲜问题，安理会通过第 84(1950)号决议，要求全体会员国依照安理会决议提供军队，以供由美国领导的"统一司令部"使用，并授权"统一司令部"使用联合国旗帜；(2)1966 年 4 月 9 日，安理会通过制裁南非的第 221(1966)决议，授权英国等国家采取军事手段封锁南非海岸；(3) 1990 年 11 月 29 日，安理会第 678(1990)号决议，授权同科威特政府合作的联合国会员国采取一切必要手段维护并执行第 660(1990)号决议及随后的所有有关决议，并恢复该地区的国际和平与安全；② (4) 1993 年安理会通过的第 814(1993)号决议和后来的第 837(1993)号决议都授权联合国维和部队用武力以维持和平，这是安理会首次授权维和部队使用武力；(5) 1993 年，在波斯尼亚维和行动期间，安理会第 816(1993)号决议授权会员国采取"一切必要办法"对波黑领土上的禁飞区实施禁飞任务；(6) 1994 年 7 月 31 日，安理会第 940(1994)号决议，"授权各会员国组成一支统一指挥和控制的多国部队，在此框架内使用一切必要手段促使军队领导人按照协议离开海地，合法当选总统立即返国和恢复海地政府合法主管当局"。③

① Reparation for injuries suffered in the service of the United Nations, Advisory Opinion, I. C. J. Reports 1949, p. 182.

② 联合国安理会的此项决议仅仅是重述了集体自卫的权利，还是对使用武力的授权？这一点是存在争议的。See Kenneth Manusama, The United Nations Security Council in the Post-Cold War Era: Applying the Principle of Legality, Martinus Nijhoff Publishers, 2006, pp. 205-206.

③ 关于安理会授权使用武力的决议还很多，具体可参见 Niels Blokker, Is the Authorization Authorized: Powers and Practice of the UN Security Coucil to Authorize the Use of Force by "Coalitions of the Able and Willing", EJIL, Vol. 11, No. 3, 2000, p. 543.

在安理会的这 6 次授权行动中，有关朝鲜问题的决议最引人注目，安理会关于朝鲜问题的一系列决议因苏联缺席其合法性受到质疑。当然，朝鲜问题是在特定的历史条件下，美国及其盟友操纵联合国的表决机器，非法推行反对社会主义的"冷战"政策的结果。虽然有关朝鲜问题的一系列决议有"冷战"的影响，但"冷战"结束后安理会也有很多授权使用武力的决议存在合法性的危机，主要表现在授权使用武力的适用范围存在盲目扩大的问题。纵观安理会 20 世纪 90 年代以来的授权武力行动，其突出的特点是，对《联合国宪章》第 39 条中的"和平之威胁"这一概念的外延进行了扩大解释，以便扩大联合国对有关事项干涉的可能性，或授权会员国在一国境内使用武力。① 在很多情况下，安理会授权使用武力的决议并不是针对侵略行为，而是针对国内的政权更迭或内战，在维和行动中使用武力。如在索马里维和行动中，安理会违背中立、非武力以及自卫原则，授权联合国维和部队实施武力维和，使得在美国的操纵下维和部队介入到索马里内战，加剧了冲突，恶化了索马里局势，最后导致索马里维和行动彻底失败，损害了联合国的声誉和威信。联合国在海地的维和行动也有违反国家主权原则，干涉一国内政的嫌疑。②

（三）安理会授权使用武力决议的合法性审查

上述分析表明，联合国安理会在授权使用武力过程中，存在盲目扩大武力使用范围的问题，那国际法院是否可以对之进行司法审查呢？禁止使用武力或以武力相威胁原则是当今国际法和《联合国宪章》所确立的一项基本原则，根据《联合国宪章》规定只有在两种情况下才可以可使用武力，一是行使单独或集体之自卫权；二是为维持国际和平与安全，安理会可以根据《联合国宪章》第七章的规定，对和平之威胁、和平之破坏或侵略行为采取武力行动。但《联合国宪章》对这两种例外也

---

① 黄瑶：《论禁止使用武力原则——联合国宪章第二条第四项法理分析》，北京大学出版社 2003 年版，第 260 页。

② 盛红生：《联合国维持和平行动法律问题研究》，时事出版社 2006 年版，第 19~20 页。

有严格的限制：第一，对会员国因行使自卫权而使用武力的情况而言，《联合国宪章》要求会员国应立即向安理会报告，而且该办法在任何方面不得影响安理会依照《联合国宪章》随时采取其所认为必要之行动，这就说明会员国行使自卫权的情况应受到安理会监督；第二，安理会根据《联合国宪章》第七章采取武力行动的情况，由于目前国际政治军事格局的现实情况，决定了联合国不可能建立一支由联合国直接指挥和控制的"联合国军"，因而安理会不可能采取直接的武力执行行动，只能由安理会授权各会员国采取武力行动，可见，授权使用武力是联合国安理会在迫不得已的情况下所采取的一种变通办法，是安理会将其武力强制措施的执行权交由会员国代为实施的一种方式，国际社会目前也默认了安理会授权会员国使用武力的合法性。

但是，从《联合国宪章》的精神来看，使用武力以维持国际和平与安全是禁止使用武力原则的一个例外，必须在集体安全体制的框架内实施，要防止武力的滥用，所以安理会应监督武力的实施。但安理会本身是一个国际政治机构，授权使用武力的决议是在各种政治力量的博弈情况下作出来的，而且很多授权使用武力的决议缺乏法律的确定性，因而武力措施存在被滥用的风险，国际法院是有必要对之进行司法监督的。不过将安理会授权使用武力的决议纳入到国际法院司法审查的范围也存在一些现实的困难。第一，关于规制安理会授权使用武力的国际法律制度并不完善，也就是说国际法院无法可依，没有进行司法审查的标准；① 第二，安理会授权使用武力的决议并不是强制性的，各会员国实施武力措施是出于自愿，只不过是安理会决议为其行动提供了法律依据；第三，安理会的决议缺乏法律的确定性，如很多决议中只是说根据

---

① 我们提出了一套准则——正当性的五个标准，认为安全理事会（和任何参与作出这种决定的人），在考虑是否授权使用军事力量或是否使用军事力量时，都应参照这些标准。采用这些准则（威胁的严重性、正当的目的、万不得已的办法、相称的手段和权衡后果），虽然不会让人们按预期设想，轻而易举地达成商定结论，但应大大增加国际社会在那些近年引起很大分歧的问题上达成共识的可能性。参见联合国威胁、挑战和改革问题高级别小组《一个更安全的世界：我们的共同责任》，2004 年 12 月 1 日，A/59/565，第 14 页。

《联合国宪章》第七章"采取一切必要措施"，而"一切必要措施"是否包含使用武力的措施就不是很确定。

联合国威胁、挑战和改革问题高级别小组在其报告《一个更安全的世界：我们的共同责任》中提出了安全理事会在考虑是否批准或同意使用武力时，至少必须考虑的五个正当性的基本标准：（1）威胁的严重性。扬言要对国家或人类安全造成的伤害，是否足够明确和严重，按照初步证据应当使用武力？如果是国内的威胁，这种威胁是否涉及灭绝种族和其他大规模杀戮、族裔清洗或严重侵犯国际人道主义法行为，是否实际存在或恐怕很快会发生？（2）正当的目的。是否明确无误地表明，不管有无其他目的或动机，拟议的军事行动的主要目的是制止或避免有关威胁？（3）万不得已的办法。是否已经探讨通过非军事途径消除有关威胁的各种办法，并且有正当的理由认为其他措施不会取得成功？（4）相称的手段。拟议的军事行动的范围、时间和强烈程度是不是应对有关威胁起码需要的？（5）权衡后果。是否有相当的把握认为军事行动可成功消除有关威胁，而且行动的后果不会比不采取行动的后果更坏？①

第三节　联合国维持和平行动

一、联合国维和行动概况

联合国在解决严重国际争端或国内冲突中，曾多次采取所谓的"维持和平行动(peace-keeping operations)"。② 联合国的维持和平行动，在《联合国宪章》中并无明确规定，是在实践《联合国宪章》宗旨和原则的过程中逐步发展起来的。它一般是经安理会决定并经当事国同意的一种减轻及遏制冲突局势的"冷却"措施，是维持地区性和平与安全的一种

---

① 参见联合国威胁、挑战和改革问题高级别小组《一个更安全的世界：我们的共同责任》，2004 年 12 月 1 日，A/59/565，第 55~56 页。

② 梁西：《国际组织法(总论)》，武汉大学出版社 2002 年版，第 193 页。

缓冲手段。① 有人曾把维持和平行动视为联合国集体安全保障的一种辅助手段和特殊方式，因为只有当形势发展到"足以危及国际和平与安全"时才能采取这种行动。② 自1948年以来，联合国维持和平人员执行了71项实地任务，目前仍正在进行的维和任务有14项。③ 截至2018年4月31日，已有124个国家派遣了军事人员和警察参加联合国维持和平行动，参加维和的总人数为104043人次，参加维和的军警人员总数为87916人次，其中特遣队76026人次、特派专家1258人次、警察10632人次、参谋1989人次。文职人员12830人次，联合国志愿人员1308人次。④

　　从联合国维和行动的发展历程来看，联合国维和行动可分为两个时代，即第一代维和行动和第二代维和行动。⑤ 第一代维和行动主要是指1980年代及以前的联合国实施的维和行动，也称为传统型维和行动。⑥ 第一代维和行动的主要任务包括：隔离交战双方，使冲突双方脱离接触；监督冲突双方对停火协议的遵守情况；建立缓冲区或非军事区；监督撤军等。第一代维和行动一般遵循同意、中立和自卫三原则，主要采取监督、调解的方式，一般不采取强制性干预和诉诸武力，其所起的作用一般仅仅是在短时间内阻止危机的恶化。而联合国第二代维和行动所采取的方式则与传统维和行动有所不同，第二代维和超越了传统的职责与范围，不仅仅是维持和平，而且也是建立和平甚至是一种强制和平。有些维和行动不断援引《联合国宪章》第七章中的强制性措施，使长久

① 梁西：《国际组织法（总论）》，武汉大学出版社2002年版，第193～194页。

② 梁西：《国际组织法（总论）》，武汉大学出版社2002年版，第194页。

③ 联合国网站，http://www.un.org/zh/peacekeeping/resources/statistics/factsheet.shtml.

④ 联合国网站，http://www.un.org/zh/peacekeeping/resources/statistics/factsheet.shtml.

⑤ 关于联合国维和行动的分代问题可以参见盛红生：《联合国维持和平行动法律问题研究》，时事出版社2006年版，第141～144页。

⑥ 盛红生：《联合国维持和平行动法律问题研究》，时事出版社2006年版，第142页。

以来一直严守中立的维和部队介入东道国内部事务。另外，第二代维和行动的任务除了原先的任务以外，还增加了许多新任务，如：监督停火；整编和遣散部队，使他们重新融入平民生活；销毁武器；设计和实施排雷方案；遣返难民和被迫流离失所的人；提供人道主义援助；监督现有行政机构；建立新的警察部队；核实尊重人权的情况；设计和监督宪政、司法和选举改革；观察、监督甚至组织和实施选举以及协调对恢复经济和重建的支助。①

二、联合国维和行动的合法性危机

尽管《联合国宪章》没有对维和行动作出规定，但经过 60 多年的发展与实践，国际社会已经形成了三条公认的维和行为准则，即同意原则、中立原则和自卫原则，这三条维和原则最早由联合国第二任秘书长达格·哈马舍尔德(Dag Hammarskjöld)于 1956 年提出。② 1995 年 1 月 3 日，联合国秘书长加利在其发表的《和平纲领》(补编)中也指出，"当事各方的同意""不偏不倚"和"除自卫之外不使用武力"是一切维持和平行动取得成功的必不可少的因素。③ 由于第二代维和行动已突破了传统维和行动的"哈马舍尔德维和三原则"，很多维和行动的合法性也遭到了

---

① 《联合国纪事》，1995 年 6 月，中文版，第 12 卷，第 2 期，第 34～36 页。转引自盛红生：《联合国维持和平行动法律问题研究》，时事出版社 2006 年版，第 142 页。

② 1956 年建立第一支联合国维和部队时，联合国第二任秘书长达格·哈马舍尔德曾经提出了著名的维和三原则：第一，维和行动必须征得有关各方的一致同意才能实施；第二，维和行动不得妨碍有关当事国之权利、要求和立场，要求保持中立，不得偏袒冲突中的任何一方；第三，维和部队只携带轻武器，只有自卫时方可使用武力。人们把这三项原则概括为同意原则、中立原则和自卫原则，并称之为"哈马舍尔德维和三原则"，"哈马舍尔德维和三原则"是联合国传统维和行动的基本准则。See Ove Bring, Dag Hammarskjöld's approach to the United Nations and international law, available at: www.eclac.cl/prensa/noticias/.../6/44856/Anforande_Ove_Bring.pdf.

③ 联合国文件：《和平纲领》(补编)，1995 年 1 月 3 日，A/50/60—S/1995/1.

质疑。

第一，违反了同意原则。联合国维和部队的进驻与活动，需要安理会或大会决定，并征得有关各方同意；而且维和部队由哪些国家的部队组成，采取哪些维和措施，事先应征得冲突各方的同意，维和行动开始后，一旦该国政府提出撤军的要求，维和部队必须立即撤出。但从第二代维和行动中，维和似乎不再需要征得当事国的同意，只要联合国认为有必要就可以直接对目标国采取强制性的维和行动。维和的任务内容也不断被扩大，使得人们对维和行动合法性产生质疑。值得注意的是，维持和平行动必须得到东道国的同意，而且通常还应得到其他有关各方的同意。①

第二，中立原则被突破。冷战时期的维和行动也恪守其"中立传统"的原则，正如联合国前秘书长德奎利亚尔所说，维和部队"无战斗之敌，无战胜之地，武器仅用于自卫，效果靠自愿合作(Its practitioners have no enemies, are not there to win, and can use force only in self-defence. Its effectiveness depends on voluntary cooperation.)②"。维和部队必须严守中立，不得卷入冲突中的任何一方，更不能干涉所在国内政，联合国维和部队仅仅是作为隔离带而发挥缓冲的作用。但在联合国第二代维和行动中，联合国维和部队也因对冲突一方的偏袒而陷入其中并因此造成了人员伤亡，并且使冲突进一步激化而不是被遏制，联合国在索马里的维和行动就是这一情况的典型案例。③

第三，违反了出于自卫才可使用武力的原则。自卫原则也被称为最低限度使用武力原则，即维和人员不得使用武力达到维和目的，只有在迫不得已的情况下，才可以使用武力。但在第二代维和行动中这一原则

---

① Basic Facts about the United Nations (New York：United Nations Department of Public Information) (1992)，p. 30.

② The Blue Helmets (New York：United Nations Department of Public Information) (2nd edition，August 1990)，p. 19.

③ 盛红生：《联合国维持和平行动法律问题研究》，时事出版社 2006 年版，第 19~20 页。

也被打破，联合国维和部队直接接入武装冲突，实施强制维和，结果导致维和行动失败。如在波黑战争中，为了保证维持和平行动顺利开展，秘书长加利甚至向冲突一方的塞族武装发出最后通牒，限其在 48 小时内停火，否则联合国将采取武力。① 又如 1993 年，以美国军队为主的联合国维和部队企图强行解除索马里各派武装，遭到武装袭击，美军实施武力报复，结果遭到更大规模的报复。联合国在总结联索行动失败的教训时特别强调了两点：行动丧失了中立性和非强制性而介入内战；缺乏统一指挥。②

三、联合国安理会维和决议的司法审查问题

从上述分析可以看出，联合国的一些维和行动由于违反了传统维和行动的三原则，其合法性遭到一些质疑，③ 那么国际法院是否可以对联合国安理会维和决议实施司法审查呢？虽然《联合国宪章》并没有直接的条文对联合国维和行动作出规定，但是联合国安理会有关维和行动的决议符合《联合国宪章》关于安理会职权的规定，即联合国安理会是负责维护国际和平与安全的主要机构，安理会有权作出这样的决议。但是有关联合国维和行动的法律机制并不完善，对于什么条件下可以采取维和行动、谁来实施维和行动以及维和行动的内容方式等都没有明确的法律依据，导致联合国安理会维和行动的一些决议存在法律上的缺陷，从而遭到一些国家的质疑。对于安理会有关维和行动的决议是否可以由国

---

①　盛红生：《联合国维持和平行动法律问题研究》，时事出版社 2006 年版，第 14 页。

②　盛红生：《联合国维持和平行动法律问题研究》，时事出版社 2006 年版，第 20 页。

③　在 1998 年 1 月 26 日至 2 月 6 日的联合国宪章和加强联合国作用委员会的会议上，在《关于联合国维持和平特派团工作的基本原则和标准及预防和解决危机和冲突的机制的宣言草案》中，俄罗斯联邦提出的工作文件——《联合国维持和平行动在〈联合国宪章〉第六章范围内的法律依据的基本要素》中，仍然坚持维和行动的基本原则是：中立、公正、不干涉冲突各方内政；必须获得驻在国（冲突各方）和过境国的同意；除自卫和维持和平行动任务规定的情况外，不得使用武力。A/AC. 182/L. 89/ADD. 2, 27 January 1998.

际法院进行司法审查的问题，本人的观点是目前的现状是不可能的，其理由主要有以下几点：

第一，联合国安理会是联合国六大机关之一。根据《联合国宪章》的规定，安理会负有维持国际和平与安全的责任，是唯一有权采取强制行动的联合国机关。安理会有权断定任何威胁和平、破坏和平或侵略等行为的存在，并可提出采取强制措施以维持或恢复国际和平与安全的建议或作出这方面的决定，所以联合国安理会为维持国际和平与安全，可以通过有关维和行动的决议，而且这些维和决议在法律上本身并没有什么问题。即使维和行动中存在维和部队偏袒一方、干涉他国内政以及非法使用武力的情况等，这也不是安理会决议本身存在什么问题，而是因为在执行安理会决议时存在偏离决议的问题，所以要认定安理会维持和平的决议存在非法或无效的问题几乎是不可能的。另外，按照多年的惯例，"维持和平行动不得行使与建立维持和平行动的安全理事会决议中授权的范围不一致的职权。任何关于行动中的某一行为是否与授权相符的问题，都应提交联合国秘书长予以裁夺"。①

第二，联合国维和行动本身在《联合国宪章》中并无明确法律规定，是在实践中逐步发展起来的。国际社会并没有达成有关联合国维和行动的法律框架和具体准则，在实践中确立下来的不成文的维和法律规范具有不确定性，被突破之后，维和行动的行为规则具有一定的不可预见性，② 所以，即使由国际法院来审查安理会有关决议的合法性，也并没有相关的法律依据可以参考。

第三，有关维和决议的司法审查案件无法在国际法院启动。对安理会决议的司法审查主要是通过国际法院的诉讼管辖或咨询管辖来进行，国际法院不可主动进行审查。目前联合国第二代维和行动大部分是针对国内冲突而展开的，这类维和行动的合法性也是受到质疑最多的一类，

---

① The Blue Helmets（New York：United Nations Department of Public Information）（2nd edition，August 1990），p. 407.

② 杨泽伟：《联合国改革的国际法问题研究》，武汉大学出版社 2009 年版，第 398 页。

但安理会针对国内冲突而采取的维和行动，无法通过国际法院来进行司法审查。首先，就诉讼管辖方式而言，如果在维和行动中受到不利影响的是现行政府，而且这个政府可以代表国家，但在国际法院提起诉讼时将面临没有被告的困境；而如果在维和行动中受到不利影响的是反政府武装或其他种族等，他们则不具有在国际法院提起诉讼的法律资格，所以不可能通过诉讼管辖方式来对安理会维和决议的合法性进行审查；其次，就咨询管辖方式而言，目前《联合国宪章》规定可以在国际法院寻求法律咨询意见的主要是联合国大会和安理会以及经联合国大会授权的联合国其他机关或专门机构。显而易见，安理会本身不会就自身通过决议的合法性问题向国际法院寻求咨询意见。

本 章 小 结

国际法院对安理会决议的司法审查范围应主要集中于安理会根据《联合国宪章》第七章作出的决议。安理会根据《联合国宪章》第 39 条作出的决议应该属于审查的范围，因为这是安理会采取相关措施的法律基础，但审查的困难在于目前并没有判断破坏和平、危及国际和平与安全的法律标准；虽然关于侵略的问题，联合国大会曾通过《侵略定义》的决议，但这一决议本身并没有法律约束力，这一文件也很难作为判断安理会有关决议合法性的法律标准。

安理会根据《联合国宪章》第七章采取的措施，包括根据《联合国宪章》第 40 条作出的为防止情势恶化而采取的临时办法以及依据第 41 条和 42 条分别作出的武力以外的强制措施和武力强制措施。由于安理会采取的临时措施只具有建议的性质，因而国际法院无法也无需审查。对于武力以外的强制措施需要明确的问题包括武力以外强制措施的范围、直接针对个人的强制措施的合法性以及对无辜个人或第三国造成不利影响的强制措施的合法性问题。关于安理会直接针对个人的措施，由于个人并不是国际法院的当事方以及根据国际法院司法审查的案件性原则，

国际法院无法进行司法审查。关于安理会强制措施对无辜个人或第三国
造成不利影响的强制措施,由于目前并不存在相应的法律标准,所以国
际法院也无法审查。虽然安理会授权采取武力措施的决议也存在违反
《联合国宪章》的风险,但是国际法院对安理会这一类决议合法性的审
查也存在法律标准不健全等困难。

联合国维和行动被称为是根据"《联合国宪章》第六章半"作出的决
定,所以有关联合国维和行动的一些基本原则主要表现为联合国自身在
维和实践中发展的一些惯例,其中最基本的原则就是哈马舍尔德维和三
原则,但从联合国第二代维和行动开始,哈马舍尔德三原则不断被突
破,也导致了维和行动的合法性危机。由于维和行动的有关准则是根据
联合国的维和实践发展起来,而且这类准则自身已有了很大变化,所以
由国际法院对这类维和决议的合法性进行审查面临缺乏法律标准的问
题,而且受国际法院管辖方式的限制,对安理会维和决议的合法性很难
通过国际法院的诉讼管辖和咨询管辖两种方式进行。

第五章　联合国安理会决议司法审查的标准

对联合国安理会决议实施司法审查，审查其合法性，必然要面临的一个问题就是以什么标准来审查的问题，也就是安理会决议违法违反的是什么法？《联合国宪章》是联合国基础性法律文件，安理会当然必须遵守。同时《联合国宪章》义务优于其他国际条约义务，那安理会的决议是否可以超越习惯国际法、国际强行法以及一般法律原则呢？

第一节　《联合国宪章》

安理会必须遵守《联合国宪章》条款，国际法院早在 1947 年的加入联合国条件的咨询意见案中就指出，一个机构的政治性特征并不能减轻其对《联合国宪章》条约条款的遵守，当这些条款构成对其权力的限制或判断的标准(criteria for its judgment)。①

一、联合国的宗旨与原则

(一)联合国宗旨与原则的内容

联合国的宗旨与原则规定在《联合国宪章》的序文和第 1 条及第 2 条

---

① Admission of a State to the United Nations (Charter, Art. 4), Advisory Opinion, I. C. J. Reports 1948, p. 64; See also Mohammed Bedjaoui, The New World Order and the Security Council: Testing the Legality of its Acts, Martinus Nijhoff Publishers, 1994, p. 25.

之中，这三部分作为一个整体而构成了《联合国宪章》的纲领和核心。

1. 联合国的宗旨

联合国的宗旨就是指联合国成立和运行的目的，它们被载于《联合国宪章》第1条，分为四项：第一，维持国际和平及安全。联合国为此目的可以采取有效集体办法和和平方法。集体方法是用于防止且消除对于和平之威胁，制止侵略行为或其他和平之破坏；和平方法是用于调整或解决足以破坏和平之国际争端或情势，使用和平方法时要依正义及国际法之原则。第二，发展各国间的友好关系。发展各国间的友好关系是以尊重人民平等权利及自决原则为根据的，并采取其他适当办法，其目的是增强普遍和平。第三，促进国际合作。其目的是解决国际间属于经济、社会、文化及人类福利性质之国际问题，且不分种族、性别、语言或宗教，增进并激励对于全体人类之人权及基本自由之尊重。第四，使联合国构成协调各国行动之中心，以达成维持国际和平与安全、发展各国间友好关系和促进国际合作的共同目的。

2. 联合国的原则

为了实现联合国的宗旨，《联合国宪章》第2条规定了联合国本身及其会员国在一切行动中作为法律义务而应遵守的若干原则。这些原则构成了《联合国宪章》的核心，它们包括：联合国会员国主权平等原则；善意履行《联合国宪章》义务原则；和平解决国际争端原则；禁止以武力相威胁或使用武力原则；集体协助原则；确使非会员国遵行《联合国宪章》原则；不干涉内政原则。

虽然初看起来，《联合国宪章》有关宗旨和原则的措辞可能显得非常松散，反映的是一个政治纲领，而不是严格意义上的法律规则。甚至有学者认为，这些规则"范围极为广泛，在大多数方面与国际条约和一般国际法的具体规则几乎不是同一含义"。① 尽管有这种不具体的措辞，但从《联合国宪章》第24条第2款来看，"这些宗旨的法律约束力无疑

---

① T. D. Gill, Legal and Some Political Limitations on the Power of the U. N. Security Council to Exercise its Enforcement Powers under Chapter VII of the Charter, 26 NYIL（1995）33-138.

是明确的，因为它们被明确地描述为法律保护的对象"。①《宪章》第 24
条第 2 款规定：安全理事会于履行此项职务时，应遵照联合国之宗旨及
原则。

（二）联合国宗旨与原则的地位和作用

欧美有些国际法学者认为，《联合国宪章》第 1 条和第 2 条表明联合
国的一些原则，所以《联合国宪章》的其余规定都应当视为施行规则。
因此，联合国组织也可以负担各个规定虽然没有委任给它但为了达成其
宗旨所必需的那些任务。② 国际法院在执行联合国职务时所受损害的赔
偿咨询意见案中也指出："根据国际法，这个组织（即联合国）应当被认
为具有下述一些权力，这些权力虽然并未明文列举在《联合国宪章》中，
但是这些权力是履行联合国组织的职能必不可少的，则必须认为这些权
力是《联合国宪章》中的必然含义。国际常设法院在 1926 年 6 月 23 日对
国际劳工组织的咨询意见中也适用了这一法律原则。"③这种解释虽然由
于扩大了联合国职权范围而难以为多数学者所接受，但至少可以说序文
和第一章，在其严格意义上应与其他章节具有同样的法律效力，而非简
单的意图声明。④《联合国宪章》序言和第一章同《联合国宪章》其他条
款不可分割，它们对各个条款的解释与适用都具有重要有意义。它们是
《联合国宪章》精神的高度概括，它们给联合国本身及其会员国规定了
各项原则性的法律义务和应遵循的行动指针。特别是其中的某些重要原
则，如民族自决、主权平等、善意履行国际义务、和平解决国际争端、
禁止以武力相威胁或使用武力、不干涉内政等，均系国际社会公认的国
际法基本原则，应视为《维也纳条约法公约》所规定的国际强行法，具

---

① K. Doehring, Self-Determination. In: B. Simma, et. al. (eds.), The Charter of
the United Nations (1994) 56-72, at 57.

② 参见［奥］阿尔弗雷德·菲德罗斯等著，李浩培译：《国际法》（下册），商
务印书馆 1981 年版，第 603 页。

③ Reparation for injuries suffered in the service of the United Nations, Advisory
Opinion, I. C. J. Reports 1949, pp.182-183.

④ 梁西：《国际组织法（总论）》，武汉大学出版社 2002 年版，第 71 页。

有不许损抑的性质。①

《联合国宪章》第 24 条第 2 项第一句规定，安理会在履行其维持国际和平与安全的主要责任时，"应遵照联合国的宗旨及原则"，这里提及《联合国宪章》第 1 条和第 2 条的规定。尽管人们普遍接受安理会在执行其职责时能够行使《联合国宪章》第 24 条第 2 项所专门列举权力之外的其他权力，但这绝不意味着这些权力是无限制的。"遵照联合国之宗旨及原则"就是其中一项最重要的限制，所以，是可以将联合国的宗旨及原则作为评判安理会行为是否合法的标准的。事实上，在联合国的发展历程中，联合国的很多行为是无法在《联合国宪章》中找到可以直接适用的条文的，但是很少有人对其合法性表示异议，其原因就在于联合国的这些行为被认为是符合《联合国宪章》所规定的联合国宗旨与原则。例如，联合国维和行动在《联合国宪章》中很难找到可以作为其法律基础的条款，维和行动既不同于《联合国宪章》第六章规定的和平手段，也不同于第七章规定的强制手段，它介于和平解决争端与强力维持和平之间，② 联合国第二任秘书长哈马舍尔德将其称之为"六章半（Six and a half, or Chapter VIA）行动"；③ 另外，为了适应联合国成员组成的变化，安理会曾于 1965 年将非常任理事国的席位从 6 个增至 10 个，经济及社会理事会也在历史上进行了两次改革和扩大，这些变化在《联合国宪章》中都找不到法律依据，然而它们被认为是与《联合国宪章》的宗旨和原则相一致的。国际法院在联合国特别经费案中，就认为联合国大会的行为符合《联合国宪章》的，因而大会的行为是合法的，经费应由联合国会员国承担。④ 1947 年 1 月 10 日，联合国秘书长声明，"安理会第 24 条下的权力不受《联合国宪章》第六、七、八和十二章具体授权的划

---

① 梁西：《国际组织法（总论）》，武汉大学出版社 2002 年版，第 71 页。

② 杨泽伟：《联合国改革的国际法问题研究》，武汉大学出版社 2009 年版，第 394 页。

③ Muzaffer Ercan Yilmaz, United Nations Peacekeeping in the Post-Cold War Era, International Journal on World Peace, Vol. XXII, No. 2, 2005, p. 15.

④ Mohammed Bedjaoui, The New World Order and the Security Council: Testing the Legality of its Acts, Martinus Nijhoff Publishers, 1994, p. 23.

分，联合国会员国授予安理会与其职责相当的权力以维护国际和平与安全。唯一的限制是《联合国宪章》第一章中的原则与宗旨"。①

二、正义及国际法原则

《联合国宪章》第 1 条第 1 项规定，"维持国际和平及安全；并为此目的：采取有效集体办法，以防止且消除对于和平之威胁，制止侵略行为或其他和平之破坏；并以和平方法且依正义及国际法之原则，调整或解决足以破坏和平之国际争端或情势"。根据对该条字面的理解，对于威胁和平、破坏和平的行为或情势以及侵略行为，安理会可以采取集体办法，而且并没有说要求符合正义及国际法之原则；而对于足以破坏和平之国际争端，则应以和平方法解决，且符合正义及国际法之原则。

也就是说该款将维护国际和平与安全的措施分为两类：第一，集体安全措施；第二，和平解决争端程序。只有第二种措施要求符合正义及国际法之原则，所以有人认为安理会按照第一种措施行事时并不受一般正义及国际法一般原则约束，安理会可以决定影响侵权国和第三国国际法权利的执行措施。例如，汉斯·凯尔森(Hans Kelsen)就主张，当安理会是为了维持和恢复国际和平与安全无需依据现存国际法。凯尔森说："根据第 39 条采取行动的目的是维持和恢复和平而不是法律，可以与法律不一致。"②他接着说："当安理会实施《联合国宪章》第七章行动时，安理会可以作出其认为公正的决定，虽然不符合现存国际法，安理会作出的决定可以为一个具体案件创造法律。"③安理会能够实施影响国家国际法权利的措施在《联合国宪章》第 103 条中也能找到依据，《联合

---

① Legal Consequences for States of the Continued Presence of South Africa in Namibia (South West Africa) notwithstanding Security Council Resolution 276 (1970), I. C. J. Reports 1971, p. 52, para. 110.

② Hans Kelsen, The Law of the United Nations. A Critical Analysis of its Fundamental Problems, F. A. Praeger, 1951, p. 294.

③ Dapo Akande, The International Court of Justice and the security Council: Is There Room for Judicial Control of Decisions of the Political Organs of the United Nations?, International and Comparative Law Quarterly, Vol. 146, (1997).

国宪章》第 103 条规定联合国会员国《联合国宪章》下的义务优于其他条约的义务，会员国在《联合国宪章》项下的义务包括接受和执行安理会决议，这些义务优先于条约下的义务。

然而，主张安理会在保证和平和制止侵略方面采取集体措施时根本不受国际法原则约束是不正确的。旧金山大会的代表并没有明确表示国际法原则仅适用于安理会和平调整方法，在安理会结构与程序委员会（the Committee on the Structure and Procedure of the Security Council），挪威提出修正案，如果决议会损害一个国家对将来安全或福利的信心，这个决议就不能实施。[①] 英国代表认为没有必要在《联合国宪章》原则中的加入正义与国际法，[②] 挪威代表重申，和平解决争端没问题，但是在采取强制措施实施制裁时就有问题了，这表明他认为《联合国宪章》原则中规定的"正义和国际法"仅指适用于和平解决国际争端。美国代表认为挪威的修正意见没必要，他认为，《联合国宪章》原则，特别提到，顾及正义和国际法原则，尊重人民平等权利及自决原则和不分民族、性别、语言或宗教，增进并激励对于全体人类之人权及基本自由之尊重，这些构成了最高行为准则；而且，《联合国宪章》应从整体上考虑，如果安理会违反了《联合国宪章》目的和宗旨，它将是越权的。[③] 墨西哥代表然后问美国代表，他是否同意在第 1(1) 条"维持国际和平与安全"后面紧接着插入正义和国际法的用语。[④] 乌克兰代表，作为第一委员会主席（处理《联合国宪章》一般条款），宣布有关正义及国际法的短语已被该委员会接受。[⑤] 根据美国代表的意见，这就回答了墨西哥代表的问题。

虽然争论还没有定论，但是这也表明当安理会执行权力的限制问题被提出来时，它们受到国际法原则类似的限制。可以肯定的是，假如安

[①] Doc. 555. III/1/27, 11 U. N. C. I. O. Docs., 378 (24 May 1945).

[②] Doc. 555. III/1/27, 11 U. N. C. I. O. Docs., 378 (24 May 1945).

[③] Doc. 555. III/1/27, 11 U. N. C. I. O. Docs., 379 (24 May 1945).

[④] Doc. 555. III/1/27, 11 U. N. C. I. O. Docs., 379 (24 May 1945).

[⑤] Doc. 555. III/1/27, 11 U. N. C. I. O. Docs., 379 (24 May 1945).

理会对不听话的国家使用武力或实施禁运，在很多情况下，《联合国宪章》将谴责损害一国根据国际法享有权利的行为，所以，一个国家声称制裁的实施是违反国际法的，超出了安理会的权力是有定论的。①

三、《联合国宪章》的其他具体条款

《联合国宪章》的其他具体条款无疑对联合国安理会也具有约束力，可以作为审查其行为合法性的标准。与安理会有密切关系的条款主要集中于《联合国宪章》第五章、第六章、第七章和第八章，第五章主要是对安理会的组成、职权、程序等事项作出了规定。《联合国宪章》第六章以专章的形式对和平解决国际争端的方法、程序、联合国大会和安理会在和平解决争端方面的职权等事项作出了规定。《联合国宪章》第七章则具体规划了对于和平之威胁、和平之破坏及侵略行为的应付办法，就和平之威胁、和平之破坏或侵略行为的断定，防止情势恶化的临时办法，武力的和非武力的制裁措施，维持国际和平及安全所必需之军队，协助及便利，军事参谋团的组织以及会员国的自卫权等问题作出了规定，这些规定构成了联合国集体安全体制的核心内容之一。《联合国宪章》第八章则对区域办法或区域性组织在维护国际和平与安全中的作用作了规定。

除了《联合国宪章》第五、六、七、八章外，《联合国宪章》还有很多条款涉及安理会的职权或对其职权之限制。如《联合国宪章》第二章之第 4、5、6 条，第四章之第 10、11、12、15、20 条，第十章之第 65 条，第十二章之第 83 条，第十四章之第 96 条等。

第二节　习惯国际法

联合国安理会受不受习惯国际法（customary international law）的约

---

① Dapo Akande, The International Court of Justice and the security Council: Is There Room for Judicial Control of Decisions of the Political Organs of the United Nations?, International and Comparative Law Quarterly, Vol. 146, (1997).

束？从《联合国宪章》来看，至少在和平解决国际争端方面安理会是要受国际法约束的，而国际法则包含国际习惯，照此推理安理会应受国际习惯的约束，而且《联合国宪章》第 103 条也并没有对国际习惯作出规定。

一、国际习惯的界定与地位

《国际法院规约》第 38 条规定国际法院在裁判时应适用"（丑）国际习惯，作为通例之证明而经接受为法律者"。也就是说，如果建立了国际法院对安理会的司法审查权，则国际习惯也有可能成为审查的标准。国际习惯是各国在其实践中形成的一种具有法律约束力的行为规则，同条约相比，是国际法更古老的渊源，和条约一样，也是一种严格法律意义上的渊源。[1]《国际法院规约》第 38 条关于"国际习惯"的规定，特别强调"通例"的存在和"接受为法律"，这是国际习惯得以形成的两个要件，这两个条件被学者们通常称为"物质因素"和"心理因素"。[2] "物质因素"就是指国际习惯的存在首先必须有通例的存在，即各国在其相互关系上，对某种事项长期重复地采取类似行为（或不行为）这一客观事实的存在。"心理因素"是指各国对这种通例体现出来的行为规则认为是一种需要遵守的规则，即在主观上对这种通例有一种法的信念。这种心理因素不同于对国际礼让的那种单纯感到社会有此需要的意识不同，它是一种承认国际法约束力的法律意识。[3]

虽然，国际习惯和国际条约被列为国际法渊源的两种主要形式，但今天国际习惯法看上似乎不那么重要了，首先，它在《国际法院规约》第 38 条所列举的国际法渊源中也是位于国际条约之后，屈居第二；其次，国际习惯的内容以及适用范围的确定往往很困难，容易产生争议，这与国际条约的确定性相比不占优势；此外，很多国际习惯已被多边或双边条约所吸收。不过，因此就断定国际习惯法已没多大意义或价值是

---

① 梁西：《国际法》，武汉大学出版社 2000 年修订版，第 45 页。
② 梁西：《国际法》，武汉大学出版社 2000 年修订版，第 45 页。
③ 梁西：《国际法》，武汉大学出版社 2000 年修订版，第 45 页。

错误的。

国际法院曾在尼加拉瓜诉美国的军事和准军事活动案中指出："法院不能驳回尼加拉瓜根据习惯国际法和一般国际法原则所提出的请求，仅仅是因为这些习惯国际法与一般国际法原则已被尼加拉瓜所依据的公约所吸收。上面所提到的这些原则，尽管已被编纂或体现在多边公约中，但并不意味着它们作为习惯法律原则就不存在或停止适用，即使有关国家是这类公约的缔约方。不使用武力原则、不干涉内政原则、尊重国家独立和领土完整原则以及航行自由原则，作为习惯国际法继续有约束力，尽管这些原则已被融合进了某些公约的条款。"①倪征（日奥）法官在该案个别意见中也指出，"当习惯国际法原则被融合进如《联合国宪章》这样的多边条约，这些习惯国际法原则并未消失。在会员国的国际关系中，同样的原则继续适用并对会员国有约束力，有时单独适用，有时同条约一起适用。《国际法院规约》第 38 条第 1 款列举了国际法院适用的各种国际法渊源，在适用这些渊源时，通常是相互支持而不是彼此排斥，但主张适用某一渊源而排出其他渊源则是不可想象的"。②

二、联合国的习惯规则

很多人在引用国际习惯的概念时，采用的是《国际法院规约》第 38 条的规定，但这一条一般并不被认为是国际法渊源的详尽陈述，因为这些渊源主要表现为国家的实践，然而目前国际组织也成为国际法的重要主体，在国际社会中发挥着越来越重要的作用，那么国际组织的实践是否也能成为国际习惯存在的一个有力证据呢？国际组织作为国际人格者，它们可以依据自身的权利产生一些实践，经过一段时间取得国际习惯法的性质或者有助于习惯法的发展，而《国际法院规约》第 38 条并没

① Military and Paramilitary Activities in and against Nicaragua（Nicaragua v. United States of America），Provisional Measures，Order of 10 May 1984，I. C. J Reports 1984，p. 424，para. 73.

② Military and Paramilitary Activities in and against Nicaragua（Nicaragua v. United States of America），Merits，Judgment，Separate Opinion of Judge Ni，I. C. J. Reports 1986，p. 207.

有任何规定，将国际习惯只限于国家实践。① 除国际组织作为国际法的可能产生的渊源任何较直接作用外，在国际组织内所发展和表现的实践的集中性以及国际组织本身的集体决定和活动可能是在这些国际组织的业务领域内被接受为法律的一般实践的有价值的证据。② 所以，在讨论国际法院对安理会决议司法审查的标准时，有必要讨论联合国自身发展的一些习惯规则。

(一)联合国发展的国际习惯法

如上文所述，国际组织自身的集体决定或活动也可以作为国际习惯被接受为法律的证据，那么这些国际习惯是否对联合国安理会具有约束力？

由于《联合国宪章》属于国际社会宪法性文件，很多规定并不是很具体，有的甚至没有明确规定，如联合国维持和平行动，它一般是经联合国安理会决定并经当事国同意的一种减轻及遏制冲突局势的"冷却"措施，是维持地区性和平与安全的一种缓冲手段。③ 但联合国的维和行动在《联合国宪章》中并无明确规定，是在实践中根据《联合国宪章》的宗旨和原则逐步发展起来的。

联合国安理会通过的维和行动决议，其法律依据可以说是来自《联合国宪章》暗含的权力，但是其具体原则只能说是来自于实践。联合国维持和平行动在法律上，一般应符合当事国(冲突各方)同意、中立和非强制性的原则。但在冷战后联合国所采取的维和行动中，即第二代维和行动中，这些原则已在不同程度上被突破。冷战后，传统维和行动的原则已被突破，从"维持和平"向"缔造和平"和利用强制手段"促进和平"方面转化。

---

① [英]詹宁斯、瓦茨修订，王铁崖等译：《奥本海国际法》(第一卷第一分册)，中国百科大全书出版社1995年版，第27页。

② [英]詹宁斯、瓦茨修订，王铁崖等译：《奥本海国际法》(第一卷第一分册)，中国百科大全书出版社1995年版，第19页。

③ 梁西：《国际组织法(总论)》，武汉大学出版社2002年版，第193～194页。

传统维和行动主要是处理国家之间的冲突，而冷战后的维和行动则主要是处理国内政治派别或种族之间的冲突，但《联合国宪章》中没有关于解决国内冲突的具体规定，这将对不干涉内政原则和维和行动的中立原则提出挑战。传统维和行动的非强制性原则也被突破，维和行动的强制性明显增强，如在索马里维和行动中，联合国维和部队被允许直接进攻艾迪德派武装，对艾迪德派武装采取大规模的报复和惩罚性行动，甚至与冲突的平民交火。①

应该说在联合国传统维和行动中，哈马舍尔德三原则（即中立、同意、自卫三原则）已形成了国际习惯法，但随着"冷战"后国际形势的变化，这一国际习惯法受到了挑战，也就是说传统的维和原则不再被各国认为是法律而必须遵守。可见，随着国际形势的变化，国际习惯也可能发生改变，这也是由于国际习惯的缺陷造成的。

(二)联合国安理会内部的习惯规则

在联合国发展的历史上，其内部也形成了很多会议等方面的程序规则，或者说是一些习惯性的做法，那么这些惯例是否已形成为国际习惯，具有法律效力呢？应该说联合国安理会有些重要的程序性规则是已经构成了国际习惯的，因为这些实践性做法被反复实践，并被各国确认为法律。这些规则中最著名的一个规则是安理会常任理事国的弃权票并不构成安理会决议通过的障碍。

在纳米比亚问题上，南非曾就安理会第284(1970)号决议的合法性提出了保留意见，该决议是允许安理会就纳米比亚问题向国际法院寻求咨询意见。南非主张，安理会第284(1970)号决议是无效的，因为在决议的表决过程中有两个常任理事国弃权。② 国际法院则认为："在很长的时间内，安理会程序以及会员国的一致解释表明，安理会常任理事国自愿的弃权不构成安理会决议通过的障碍。会员国弃权不是对建议的反

---

① 盛红生：《联合国维持和平行动法律问题研究》，时事出版社2006年版，第19~20页。

② Legal Consequences for States of the Continued Presence of South Africa in Namibia (South West Africa) notwithstanding Security Council Resolution 276 (1970), I. C. J. Reports 1971, p. 22, para. 21.

对,为了阻止一项要求一致通过的决议,常任理事国只能通过投反对票才能进行。"① 1973 年安理会关于中东冲突的第 344(1973)号决议的通过就是这一惯例适用的极端例子,该决议是以美、英、苏、法四个常任理事国弃权和中国未参加投票而通过的,中国在很多场合都没有参加投票,② 但这些并不构成安理会决议通过的障碍。根据这些实践,我们可以认为这一长期的习惯做法已被作为联合国法的一项习惯规则(a customary rule of the United Nations law),虽然这并不完全符合《联合国宪章》的条文。③

值得注意的是,国际法院在某种程度上对这一习惯的确切法律地位也不是十分确定。国际法院将这种决议通过的习惯称之为"该组织的一个普遍实践"是缺乏成为习惯法的要件的。第一,常任理事国的行为归根到底也只是五个国家的行为,虽然它们的行为具有举足轻重的地位(借用北海大陆架案中的术语,它们是利益受到特别影响的国家)——但是,从理论上讲,很难把一个几乎由世界所有国家组成的组织中五个国家的习惯做法解释为对全体会员国有效的习惯法;第二,法院并没有探究这一习惯是否得到法律意见的支持,而且法律意见方面的有力证据也很难找到;第三,而且也许是最重要的,如果法院决定把这种决议通过的程序看作具有习惯法的特质,那么,它首先就应该宣称在联合国内部发展这种习惯法的可能性,但是《联合国宪章》第 108 条(修正案条款)将反对这样一个结论。④ 虽然根据《维也纳条约法公约》第 31 条第 3 段第(c)项,当解释条约时,除其他因素外,还应该考虑条约实施过程

① Legal Consequences for States of the Continued Presence of South Africa in Namibia (South West Africa) notwithstanding Security Council Resolution 276 (1970), I. C. J. Reports 1971, p. 22, para. 22.

② 中国在安理会通过的第 470(1980)、478(1980)、481(1980)、482(1980)、486(1981)、493(1981)号决议,以及英国在 463(1980)号决议和美国在 515(1982)号决议的表决过程中均没有参加投票。不过值得注意的是,安理会常任理事国参加安理会会议但未投票的情况与前苏联缺席安理会会议的情况应该是有本质的区别。

③ Renata Sonnenfeld, Resolutions of the United Nations Security Council, Martinus Nijhoff Publishers, 1988, p. 49.

④ Jan Klabbers, An Introduction to International Institutional Law, Cambridge University Press, 2003, pp. 231-232.

中的后续实践，它们在条约的解释问题上，确立了条约各方的一致，但这种说法仍然没有讲明安理会决议通过的这一习惯的确切法律地位，但也许已经是最有说服力的解释了。①

国际法院的实践表明，即使是安理会自身发展的内部习惯，安理会也应遵守，也可以作为司法审查的标准，但是，安理会形成了哪些习惯，则是很难确定的。所以，联合国发展的一些习惯虽然可以作为国际法院对安理会决议进行司法审查的依据，但是采用这一标准时将面临一大困难，即国际习惯的确定，包括国际习惯是否形成以及国际习惯是否已经发生变化。

三、一般国际习惯法

在现行国际法中，还有很多国际习惯，对于这些国际习惯安理会是否必须遵守呢？虽然目前有很多国际习惯被国际条约所吸收，或者说国际条约体现了国际习惯，但是国际条约仍不可能取代国际习惯。因为几乎没有任何一项国际条约是所有国家都参与的，根据《维也纳条约法公约》条约对非缔约国"既无损也无益（pacta tertiis nec nocent nec prosunt）"这一基本原则，② 很多国际习惯法仍有很大的适用空间。如果一项规则构成了国际习惯法，则所有国家都应该遵守，联合国安理会也应该遵守，尤其是这些国际习惯法构成了国际强行法。

国际习惯的形成有一个过程，但国际习惯也有变化失效的过程。有的国际习惯已发生了变化，如国家主权豁免原则就经历了从绝对豁免到相对豁免的变化。③ 国际习惯的形成需要一个过程，即反复的实践和国家的法律确信，同样一个国际习惯的失效也需要一个过程，即国际习惯被反复的背离，以致各国对这种通例体现出来的行为规则不再认为是一

---

① Jan Klabbers, An Introduction to International Institutional Law, Cambridge University Press, 2003, p. 232.

② 参见李浩培：《条约法概论》，法律出版社 2003 年版，第 390 页。

③ 参见柯新华：《从绝对豁免转向限制豁免之原因分析》，载《湖北广播电视大学学报》2006 年第 9 期。

种需要遵守的规则，即在主观上对这种通例不再有一种法律的信念。所以一项国际习惯偶尔被违反，并不能认为该项国际习惯就已经失效，不再具有法律效力。本书将以两项国际习惯为例，对国际习惯对安理会的约束力进行论述。

（一）或引渡或起诉原则

在洛克比空难案中，利比亚不向英美移交嫌疑犯的法律依据之一在于《蒙特利尔公约》第 7 条，该条规定，"在其境内发现被指称的罪犯的缔约国，如不将此人引渡，则不论罪行是否在其境内发生，应无例外地将此案件提交其主管当局以便起诉。该当局应按照本国法律，以对待任何严重性质的普通罪行案件的同样方式作出决定"。但法院认为，作为联合国的会员国，利比亚和美国都有义务接受和执行安理会依《联合国宪章》第 25 条作出的决定，这个义务初步看来也包括接受和执行安理会 748(1992)号决议中的决定。根据《联合国宪章》第 103 条，会员国对于安理会作出的决定的义务优于它们依任何其他国际条约包括《蒙特利尔公约》所承担的义务。① 但也有学者提出质疑，那就是安理会决议是否等同于《联合国宪章》义务，《联合国宪章》义务必须遵守，但安理会决议本身不是如此。② 笔者认为，安理会的一系列决议不仅与《蒙特利尔公约》相冲突，而且也与一些国际习惯相冲突，这些国际习惯包括"或引渡或起诉原则"和"本国国民不引渡原则"。

《蒙特利尔公约》第 7 条的规定实际上是体现了"或引渡或起诉原则"，通常认为，"或引渡或起诉原则"起源于格劳秀斯，不过格劳秀斯首次使用的是"或引渡或惩罚"的表达方式。③ 世界上第一个在双边条约中明文规定"不引渡就起诉"原则的是 1880 年英国与瑞士签订的双边引

---

① Questions of Interpretation and Application of the 1971 Montreal Convention arising from the Aerial Incident at Lockerbie（Libyan Arab Jamahiriya v. United States of America），Provisional Measures，Order of 14 April 1992，I. C. J. Reports 1992，p. 126，para. 42.

② 邵沙平：《国际法院新近案例研究(1990—2003)》，商务印书馆 2006 年版，第 196~197 页。

③ 赵秉志：《国际区际刑法问题探索》，法律出版社 2003 年版，第 353 页。

渡条约。① 进入 20 世纪后，或引渡或起诉原则首先被应用于多部区域
性多边条约，如 1928 年美洲国家会议通过的《布斯塔曼特法典》、1933
年《美洲国家间引渡条约》、1957 年《欧洲引渡公约》，不过这些引渡条
约更多的是体现了"不引渡就起诉的原则"，这一原则适用必须具备一
个前提条件，即引渡双方当事国之间存在引渡条约。然而，在迅速涌现
的普遍性多边条约中，要求缔约国彼此之间都存在双边引渡条约显然是
不现实的，而且会为国际刑事司法合作造成不必要的障碍。因此，普遍
性多边条约将"不引渡就起诉原则"发展为"或引渡或起诉原则"。②

国际刑法理论普遍认为，1929 年《防止伪造货币公约》是第一部规
定对不予引渡者赋予起诉义务的国际公约。③ 此后，1961 年《麻醉品单
一公约》、1971 年《精神药物公约》及 1988 年《联合国禁止非法贩运麻醉
药品和精神药物公约》也基本沿用了这一传统模式。1970 年的《海牙公
约》(《制止非法劫持航空器公约》)是或引渡或起诉原则的一个重要里程
碑，此后的 1971 年《蒙特利尔公约》、1973 年《关于防止和惩处侵害应
受保护国际人员包括外交代表的罪行的公约》、1979 年《反对劫持人质
国际公约》等，均沿用了《海牙公约》规定的或引渡或起诉原则的模式。

可以说，在打击国际犯罪方面，或引渡或起诉原则已成为一项国际
习惯法，当然，关于引渡义务与起诉义务的关系如何理解，有两种不同
的主张。一种主张认为，当请求国提出引渡请求时，被请求国首先应当
引渡罪犯，只有当根据某些引渡原则或拒绝引渡的理由受到拒绝时，起
诉才作为一项补充的义务出现；另一种主张认为，引渡义务与起诉义务
既无先后之分，也无主辅之分，被请求国有权选择究竟是引渡还是直接
起诉。④ 但后一种学说显然更占优势，因为这能更好地处理或起诉或引
渡原则与政治犯不引渡、死刑犯不引渡以及本国国民不引渡等原则的冲

---

① 赵秉志:《国际区际刑法问题探索》，法律出版社 2003 年版，第 353 页。
② 赵秉志:《国际区际刑法问题探索》，法律出版社 2003 年版，第 354 页。
③ 赵秉志:《国际区际刑法问题探索》，法律出版社 2003 年版，第 354 页。
④ 参见赵秉志:《国际区际刑法问题探索》，法律出版社 2003 年版，第 357~
358 页。

突。总之或引渡或起诉原则已构成了打击国际犯罪的一项国际习惯法，被请求国有权选择起诉或引渡。安理会要求利比亚回应英美等国的引渡请求，不仅违反了1971年《蒙特利尔公约》的有关规定，也违反了"或引渡或起诉"这一国际习惯法。

但是，如果以国际习惯法来对安理会决议的合法性进行审查将面临一个问题，那就是为什么要以国际习惯来审查安理会决议的合法性，而不是以国际条约来审查呢？在洛克比空难案中则体现为为什么不以《蒙特利尔公约》这一国际条约为标准来进行审查呢？而且国际公约是一种比国际习惯更为重要的国际法渊源，因为条约是写在纸上的，比国际习惯更容易查找和证明。唯一的解释可能是，将《联合国宪章》文本视为国际法的强行规则——强行法，而不是普通习惯国际法。①

（二）条约对非缔约国"既无损也无益"原则

"条约不拘束第三国"是一项古老的国际习惯法规则，它常被称为"条约相对效力原则"，该原则起源于古代国内法中关于契约的相应原则——"约定对第三者既无损也无益"。②《维也纳条约法公约》第34条规定："条约非经第三国同意，不为该国创设义务或权利。"这一规定体现了条约相对效力原则，即条约只对当事国有拘束力，对第三国既无损也无利。这一原则是国家同意原则以及国家主权和国家独立原则的必然结果，受到众多学者的肯定。如国际法名著《奥本海国际法》指出："一般地说，条约除经第三国同意外不能对第三国设定义务，一个意图对第三国设定义务的条约是在这个限度内没有任何效力的。"③伊恩·布朗利也表示："'条约对第三者既无损也无益'这一格言表达了一项基本原则：条约只在其当事国之间适用。"④条约相对效力原则也被国际司法实

---

① Geoffrey R. Watson, Constitutionalism, Judicial Review, and the World Court, 34 Harvard International Law Journal (1993).

② 参见李浩培：《条约法概论》，法律出版社2003年版，第390页。

③ [英]詹宁斯、瓦茨修订，王铁崖译：《奥本海国际法》（第一卷第二分册），中国大百科全书出版社1998年版，第632页。

④ [英]伊恩·布朗利著，曾令良、余敏友等译：《国际公法原理》，法律出版社2003年版，第685页。

践所确认。如 1932 年常设国际法院审理的法国诉瑞士"上萨瓦及节克斯自由区案"的判决中指出："《凡尔赛和约》第 435（2）条并没有废除 1815—1816 年条约和 1929 年条约中有关自由区的条款。但即使有此规定，对瑞士也没有拘束力，因为瑞士不是《凡尔赛和约》的缔约国，除非瑞士明示表示接受该条约的约束。"①

虽然条约对非缔约国"既无损也无益"原则是一项古老的国际习惯，但是安理会有些决议却要求联合国会员国承担一些非条约缔约国的条约义务。这其中最为典型的案例就是安理会第 1593（2005）号决议和 1970（2011）号决议。在 1593（2005）号决议中，安理会决定把 2002 年 7 月 1 日以来达尔富尔局势问题移交国际刑事法院检察官，同时决定苏丹政府和达尔富尔冲突其他各方必须根据该决议与国际刑事法院和检察官充分合作并提供任何必要援助。安理会第 1970（2011）号决议决定把 2011 年 2 月 15 日以来的阿拉伯利比亚民众国局势问题移交国际刑事法院检察官，同时还决定阿拉伯利比亚民众国当局必须根据本决议与法院和检察官充分合作并提供一切必要协助。

安理会的这两份决议虽然很难说超过其职权范围，但是国际刑事法院并不是安理会附属机构，也不是联合国的机构，另外，苏丹和利比亚也并不是《国际刑事法院罗马规约》的缔约国。安理会这两份决议分别使这两个国家承担了《国际刑事法院罗马规约》的义务，违背了条约对非缔约国"既无损也无益"原则。从两个国家和国际社会的反应来看，安理会这两份决议很难实施。2005 年 4 月 3 日，苏丹政府正式宣布，"完全拒绝"联合国安理会 3 月 31 日通过的第 1593（2005）号决议，苏丹不是国际刑事法院的成员国，可以不受其约束。②

事实上，美国也认为国际刑事法院严重侵犯成员国主权，美国在《罗马规约》签署的截止日即 2000 年 12 月 31 日签署（sign）了该规约后，在 2002 年 5 月 6 日，美国布什政府又向联合国秘书长发出一份照会，

①　陈致中：《国际法案例》，法律出版社 1998 年版，第 351 页。

②　参见"苏丹为何拒绝安理会决议"，http：//news. xinhuanet. com/world/2005-04/04/content_2783545. htm.

声明中止美国的签署(suspend the US's signature),并通知秘书长美国不承担《罗马规约》义务。① 因此,在对安理会第 1593(2005)号决议进行表决时,美国投了弃权票。美国代表帕特森在安理会第 1593(2005)号决议草案通过的会议上表示:"美国继续从根本上反对有关国际刑事法庭能够对不参加《罗马规约》的国家的国民、包括政府官员,实行管辖权的观点,这损害了主权的基本性质。由于我们的顾虑,我们不同意安全理事会把达尔富尔局势提交国际刑事法院,并因此在对今天决议的表决中弃权。我们决定不反对该决议,因为国际社会需要共同努力,结束苏丹的有罪无罚的气氛,并且因为决议向美国国民和非缔约国武装部队成员提供了免受调查或起诉的保护。"②既然美国不是国际刑事法院的成员国,就可以不受其管辖,那么,苏丹同样不是其成员国,自然也不肯与国际刑事法院合作。2011 年 6 月 27 日,国际刑事法院对利比亚领导人卡扎菲签发逮捕令后,利比亚司法部长穆罕默德·高穆迪当天表示拒绝接受这一决定,高穆迪当天在的黎波里说:"利比亚不接受国际刑事法院的决定。国际刑事法院已沦为西方国家用来起诉第三世界国家领导人的工具。"③高穆迪还表示:"利比亚不是《罗马规约》签署国家,因此不受国际刑事法院的管辖。"④

以上案例表明,联合国安理会也应遵守国际习惯,虽然《联合国宪章》第 25 条规定,安理会决议应该被遵守,而且《联合国宪章》第 103 条规定《联合国宪章》义务处于优先地位,但这也存在两个问题:第一,安理会决议并不就等同于《联合国宪章》义务,安理会作出的决议要在《联合国宪章》规定的法律框架内,换言之要具有合法性;第二,虽然

① David Scheffer, Staying the Course with the International Criminal Court, 35 Cornell International Law Journal 47, November 2001/February 2002.
② 参见联合国文件:《安理会第 5158 次会议临时逐字记录》,2005 年 3 月 31 日,S/PV.5158,第 3 页。
③ 逮捕令时机不恰当 卡扎菲或负隅顽抗,http://www.people.com.cn/h/2011/0629/c25408-179741089.html.
④ 逮捕令时机不恰当 卡扎菲或负隅顽抗,http://www.people.com.cn/h/2011/0629/c25408-179741089.html.

《联合国宪章》第 103 条规定《联合国宪章》义务处于优先地位，但是这不能改变安理会决议与有关国际法相冲突的事实。从以上案例我们可以发现，凡是安理会决议与有关国际习惯法相冲突的地方，也是安理会决议合法性受到质疑最多的地方，所以安理会要使其决议更具合法性，应该注意对国际习惯法的遵守。

如果建立了国际法院对安理会决议的司法审查制度，国际习惯应作为审查的标准之一：首先，国际习惯法也属于国际法的渊源之一，安理会应遵守国际法，当然也就应该遵守国际习惯；其次，从以往的实践来看，安理会决议与国际习惯相冲突的地方也是安理会决议受到争议最多的地方。不过国际法院以国际习惯作为司法审查的标准时也应注意以下两点：第一，国际习惯也是不断发展变化的，应注意国际习惯的司法确定。第二，有很多国际习惯在条约中也有体现，最有约束力的国际习惯应该是被《联合国宪章》吸收的国际习惯和体现为国际强行法的国际习惯。

第三节　国际强行法

在研究对安理会决议合法性司法审查的标准时，将不得不考虑国际强行法（jus cogens，peremptory norms）这一最具约束力的国际法。对此，首先需要研究强行法的概念以及强行法与安理会决议的关系。

一、国际强行法的概念与性质

一般认为，国际强行法理论萌芽于格劳秀斯的近代自然法学说，而在国际法历史上第一次明确提出强行法这一概念的则是菲德罗斯。① 奥地利国际法学者阿尔弗雷德·菲德罗斯（Alfred Verdross）于 1937 年提出了国际法上的强行法概念。② 国际强行法被正式纳入国际法律文件的则

---

① 廖诗评：《司法视野下国际强行法规则的新发展——基于不同机构司法实践的一个比较分析》，载《华东政法大学学报》2008 年第 6 期。

② 参见［奥］阿尔弗雷德·菲德罗斯等著，李浩培译：《国际法》（上），商务印书馆 1981 年版，第 163 页。

是《维也纳条约法公约》，根据该公约第53条规定，"一般国际法强制规范是指国际社会全体接受并公认为不许损抑且仅有以后具有同等性质之一般国际法律始得更改之规律。"不过该公约对国际强行法的定义仅是就条约而言，而且《维也纳条约法公约》对国际强行法采取的是概括式定义，国际强行法的界定仍存在很多困难。从目前国际法委员会所作的法律注释来看，已得到国际社会明确接受和广泛承认的国际强行法规则一般包括禁止侵略、种族灭绝、种族歧视、奴隶制度、反人类罪、实施酷刑和维护民族自决权等。①

二、国际强行法与安理会决议的关系

(一)《联合国宪章》的规定

根据一般的理解，安理会决议规定的义务就是《联合国宪章》的义务，② 而《联合国宪章》第103条规定，"联合国会员国在本宪章下之义务与其依任何其他国际协定所负之义务有冲突时，其在本宪章下之义务应居优先"，也就是说安理会决议规定的义务要优先于依任何其他国际协定所负之义务，那安理会决议与国际强行法的关系是怎样的呢?《联合国宪章》并没有规定《联合国宪章》与国际强行法的关系，甚至连强行法的字眼也没有，所以对《联合国宪章》与国际强行法的关系，我们只能从《联合国宪章》的有关条款和司法实践中去推导。

首先，《联合国宪章》是假定强制性国际法原则存在的，特别是保护人的基本权利方面。在《联合国宪章》序言中，联合国人民宣称他们决心"重申基本人权，人格尊严与价值"。另外，《联合国宪章》第一章以宗旨及原则作为题头，其宗旨之一就是激励对于全体人类之人权和基本自由之尊重。③ 这表明《联合国宪章》中的某些基本原则与国际强行法

---

① 邱冬梅:《论国际强行法的演进》，载《厦门大学法律评论》第8辑，第134页。

② 也有学者对把安理会决议等同于《联合国宪章》条约义务有异议。参见邵沙平:《国际法院新近案例研究(1990—2003)》，商务印书馆2006年版，第196~197页。

③ Application of the Convention on the Prevention and Punishment of the Crime of Genocide, Provisional Measures, Ordef of 8 April 1993, Separate Opinion of Judge Lauterpacht, I. C. J. Reports 1993, p. 440.

是一致的。梁西教授认为,《联合国宪章》中的某些重要原则,如民族自决、主权平等、善意履行国际义务、和平解决国际争端、禁止以武力相威胁或使用武力、不干涉内政等,均系国际社会公认的国际法基本原则,应视为《维也纳条约法公约》所规定的国际强行法,具有不许损抑的性质。① 甚至一些国际法学者认为,现代国际法的各项基本原则首先就是强制规范。②

其次,虽然根据规则的等级,《联合国宪章》第 103 条可以解决安理会决议与现行条约之间的冲突,但是这一规定不能扩展到安理会决议与强行法之间的冲突,如安理会要求种族灭绝,显然这是不能接受的。③ 值得注意的是,当条约义务与《联合国宪章》义务冲突时,只是《联合国宪章》义务优先,条约并不当然失效;而当条约与国际强行法相抵触时,是条约条款无效,两者后果是不一样的。

总之,《联合国宪章》的部分条款,特别是《联合国宪章》规定的联合国宗旨和原则体现了一些强行法规则;而且《联合国宪章》规定的《联合国宪章》义务优于任何其他国际协定的义务不能简单类推适用于《联合国宪章》义务与国际强行法的关系。

(二)安理会遵守国际强行法的国际司法理论与实践

早在《维也纳条约法公约》的起草阶段,就曾有立法者设想由国际法院专门审理涉及国际强行法的案件,如劳特派特在其提交的建议稿中,就将宣告条约违反国际强行法的权力留给国际法院。④ 但这一方案最终未被国际法委员会采纳,这可能是考虑到国际强行法理论本身还处于不成熟阶段,未有定论的问题太多,不适宜让国际法院独自担

---

① 梁西:《国际组织法(总论)》,武汉大学出版社 2002 年版,第 71 页。

② 童金主编,邵天任、刘文宗译:《国际法》,法律出版社 1988 年版,第 59 页。

③ Application of the Convention on the Prevention and Punishment of the Crime of Genocide, Provisional Measures, Ordef of 8 April 1993, Separate Opinion of Judge Lauterpacht, I. C. J. Reports 1993, p. 440.

④ 邱冬梅:《论国际强行法的演进》,载《厦门大学法律评论》第 8 辑,第 136 页。

此大任。在国际法院的司法实践中，争端双方很少主动提及强行法问题，即使偶尔提到，法院似乎也在极力回避，不愿对此问题作出直接回应，有关于国际强行法的内容，也只是偶尔出现在法官的个别意见和反对意见中。

在国际强行法的概念被正式提出来之前，国际法院在相关案件中就涉及了强行法的问题，只不过是没有采用强行法这一概念而已。国际法院在 1951 年 5 月 28 日，就防止及惩治灭绝种族罪公约的保留咨询意见案中，曾涉及这一问题，法院指出："公约的产生表明，联合国意图将灭绝种族罪作为国际法上的罪行加以谴责和惩治，该罪行否定了全人类团体的生存权利，这震撼着人类的良知并给人道带来巨大损失，也有悖于道德法则和联合国的宗旨与目的。这一理念导致的第一个后果是，公约中的基本原则属于文明国家公认为即使没有条约义务也对各国有约束力的原则；第二个后果是，不管是谴责灭绝种族罪还是为免人类遭此浩劫所需之国际合作都是普遍性的"。① 国际法院的这一表述是从自然法的高度来论述国家防止和惩治灭绝种族罪的，而自然法是国际强行法的渊源，所以国际法院从根本上来讲是承认国际强行法的存在的。

关于安理会应受国际强行法限制的观点，可以从国际法院法官发表的法律意见中找到支持，其中最重要的一个案例就是《防止及惩治灭绝种族罪公约》的适用案。在该案中，波斯尼亚声称，将安理会第 713 (1991)号决议解释为对波斯尼亚实施武器禁运其实是在支持波斯尼亚境内种族屠杀行为，安理会任何决议服务于这种目的都是无效的，超越了安理会的权限。② 对此，伊莱休·劳特派特(Elihu Lauterpacht)专案法官在其单独意见中表示，虽然安理会第 713(1991)号决议对南斯拉夫

---

① Reservations to the Convention on Genocide, Advisory Opinion, I. C. J. Reports 1951, p. 23.

② Dapo Akande, The International Court of Justice and the security Council: Is There Room for Judicial Control of Decisions of the Political Organs of the United Nations?, International and Comparative Law Quarterly, Vol. 46, 1997, p. 322.

冲突地区的武器禁运是有效的，对所有联合国成员均有约束力，① 但这并不表明安理会行动不受法律控制，法院在洛克比空难案中已经详细地解释了安理会根据《联合国宪章》第七章所享有的权力，认为根据《联合国宪章》第 103 条和 25 条的规定，安理会的决议优先于当事方任何其他国际协定项下的义务。② 但是在关于《防止及惩治灭绝种族罪公约》的适用案中，这一原则并不适用，这是因为禁止灭种不像洛克比案中的《蒙特利尔公约》所涵盖的事情，禁止种族灭绝不是作为一般国际法律规则而是作为国际强行法而被普遍接受的，所以《联合国宪章》第 103 条不能直接适用。③ 事实上，禁止灭种一直以来都被认为是几个没有争议的强行法的例子之一，甚至在 1951 年《防止及惩治灭绝种族罪公约》保留咨询意见案中，国际法院就已确认种族灭绝是违背道德法则和联合国宗旨与目的的，"公约中的原则是文明国家公认为即使没有条约义务也对各国有约束力的条款"。④ 禁止种族灭绝的特殊性质也体现在国际法委员会的条约法草案第 50 条的准备文件中，⑤《维也纳条约法公约》的第 53 条和国际法委员会对《国家责任条款草案》第 19 条的评注中也体现这一强行法。⑥ 国际强行法的效力优先于习惯国际法和条约。《联合国宪章》第 103 条的规定可以在安理会决议和某项生效条约义务冲突时，解决安理会面临的困境，但单纯从效力等级来讲，这种规定不能扩展到安理会

---

① Application of the Convention on the Prevention and Punishment of the Crime of Genocide, Provisional Measures, Separate Opinion of Judge ad hoc Lauterpacht, I. C. J. Reports1993, p. 439, para. 98.

② Application of the Convention on the Prevention and Punishment of the Crime of Genocide, Provisional Measures, Separate Opinion of Judge ad hoc Lauterpacht, I. C. J. Reports1993, p. 439, para. 99.

③ Application of the Convention on the Prevention and Punishment of the Crime of Genocide, Provisional Measures, Separate Opinion of Judge ad hoc Lauterpacht, I. C. J. Reports1993, p. 440, para. 100.

④ Reservations to the Convention on Genocide, Advisory Opinion, I. C. J. Reports 1951, p. 22.

⑤ Yearbook of the International Law Commission, 1966, Vol. II, pp. 248-249.

⑥ Yearbook of the International Law Commission, 1976, Vol. II, Pt. 2, p. 103.

决议与强行法的冲突。也就是说，如果安理会决议的规定与强行法的规定发生冲突时，前者不得优先于后者。①

劳特派特专案法官还表示："虽然安理会不会故意通过一项决议无视强行法规则或要求违反人权，但是安理会决议无意或以不可预见的方式导致这样一种情况的可能性则不能排除，本案正是这种情况。波黑不能有效地抵抗塞族和有效地阻止塞族种族清洗政策的实施至少部分可直接归结于波黑获得武器装备的途径受到了禁运的严格限制。根据这种分析，安理会决议事实上在某种程度上，尽管是不知情的和绝不是故意的，在号召联合国成员支持塞族的种族屠杀行为和一定程度地违反了强行法规则。"②

劳特派特专案法官的分析事实上被一些国家接受了。伊斯兰大会组织于 1995 年 7 月宣布，安理会对波斯尼亚的禁运是无效的和非法的；③ 马来西亚和克罗地亚也表示它们将不支持对穆斯林领导的波斯尼亚政府的武器禁运；美国国会也以压倒多数通过法案要求美国解除对波斯尼亚的武器禁运（这个法案被克林顿总统否决）。④ 所有这些国家似乎都觉得武器禁运在一定程度上支持了种族屠杀，它们可以不遵守禁运。

在欧洲法院的卡迪案中，也有安理会应受国际强行法约束的观点。欧洲初审法院在卡迪案中认为，尊重基本人权是《联合国宪章》的宗旨与原则之一，也是国际强行法，联合国会员国及联合国本身都应遵守，对联合国安理会也有约束力。如果安理会决议不符合国际强行法，将对联合国会员国就没有约束力。当安理会决议与国际强行法不符时，欧洲

---

① Application of the Convention on the Prevention and Punishment of the Crime of Genocide, Provisional Measures, Separate Opinion of Judge ad hoc Lauterpacht, I. C. J. Reports1993, p. 440, para. 100.

② Application of the Convention on the Prevention and Punishment of the Crime of Genocide, Provisional Measures, Separate Opinion of Judge ad hoc Lauterpacht, I. C. J. Reports1993, pp. 440-441, para. 102.

③ See The Times, 29 July 1995, p. 8.

④ See The Times, 12 Aug. 1995, p. 13.

初审法院有权对安理会决议实施间接司法审查的权力。① 但在上诉判决中，欧洲法院认为，欧共体法院无权审查国际机构采取的决议，即便法院把审查权局限于检查该项决议是否与国际强行法规范相符合。② 不过值得注意的是，虽然欧洲初审法院认为其对联合国安理会决议具有间接司法审查权的观点被欧洲法院否定了，但其关于安理会应该遵守国际强行法的观点并没有被推翻。

（三）联合国安理会遵守国际强行法的立法实践与理论

《国际组织责任条款草案》第 23 条规定，对强制性规范的遵守，"一国际组织违反一般国际法强制性规范所产生的义务的任何行为，不得以本章中的任何规定作为理由而解除其不法性"。③"违反一般国际法强制性规范所产生的义务"的行为将被视作不法行为，即便该行为在其他情况下不会被视作不法行为。原则上，强制性规范对国际组织和国家具有同样的约束力。④ 联合国作为一个最大的综合性国际组织包括其所属机构，理所当然的也应遵守国际强行法。

如同国家实施的国际不法行为一样，国际组织的不法行为也可以构成严重违反依一般国际法强制性规范承担的义务，尽管难以找到与国际组织的这类违法行为有关的任何具体做法，但是国际组织在这方面似乎也没有任何理由与一个国家的情形有什么不同。⑤ 正如禁止化学武器组织所指出的："各国当然有义务合作制止这种违反行为，因为当一国际

① Judgment of 21 September 2005 in Case T-315/01 Yassin Abdullah Kadi v. Council of the European Union and Commission of the European Communities, para. 226.

② Judgment of the ECJ in Joined Casea C-402/05 P and C-415/05 p, Yassin Abdullah Kadi and Al Barakaat International Foundation v. Council of the European Union and Commission of the European Communities, para. 287.

③ 联合国文件：国际法委员会《关于国际组织的责任的第四次报告》，2006 年 2 月 28 日，A/CN.4/564，第 16 页，第 49 段。

④ 联合国文件：国际法委员会《关于国际组织的责任的第四次报告》，2006 年 2 月 28 日，A/CN.4/564，第 16 页，第 47 段。

⑤ 联合国文件：国际法委员会《关于国际组织的责任的第五次报告》，2007 年 5 月 2 日，A/CN.4/583，第 16 页，第 56 段。

组织的行为违反一般国际法强制性规范时，其情形与一个国家并无太大的区别。"①西班牙代表团也指出："没有足够先验理由可得出下列结论：在一个国际组织严重违反强制性规范所产生的义务的情况下，所适用的制度应该不同于为处理一个国家的同类行为案件所建立的制度。"②

不过《国际组织责任草案》第 64 条规定，本条款不妨碍《联合国宪章》的规定，这一规定会影响到联合国会员国的义务和责任，也会影响到国际组织的义务和责任，这种影响可能直接产生于《联合国宪章》，也可能产生于联合国的一个机关依照《联合国宪章》采取的行为。③ 但这并不表明联合国安理会就不受国际强行法的约束。

从上述分析可以看出，安理会没有理由也没有权力去违反国际强行法，虽然《联合国宪章》并没有直接明确的规定，但是从目前的立法、司法实践来看，安理会也是不能违反国际强行法的。所以如果建立国际法院对安理会决议的司法审查制度，是可以以国际强行法作为审查的标准。不过可以想象的是，安理会是不可能通过一个明显违反国际强行法的决议的，但是不排除在实施安理会决议时，会在某种程度上具有促成违反国际强行法效果的产生，这将是问题的难点所在。

第四节　一般法律原则

《国际法院规约》第 38 条规定④，国际法院审理案件的依据包括"一

① 联合国文件：国际法委员会《国际组织的责任—从国际组织收到的评论和意见》，A/CN. 4/582，第 25 页。

② 联合国文件：国际法委员会《关于国际组织的责任的第五次报告》，2007年 5 月 2 日，A/CN. 4/583，第 16 页，第 57 段。

③ 联合国文件：国际法委员会《关于国际组织的责任的第七次报告》，2009年 3 月 27 日，A/CN. 4/610，第 36~37 页，第 131 段。

④ 除了款和项的编号有所改变及序言中增加了并无很大实际意义的少量文字外，该条款与《常设国际法院规约》第 38 条相同。参见郑斌著：《国际法院与法庭适用的一般法律原则》，韩秀丽、蔡从燕译，法律出版社 2012 年版，第 2~3 页。

般法律原则为文明国家所承认者”，所以在考虑国际法院对安理会决议司法审查的标准时，将离不开对“一般法律原则”的考察。

一、一般法律原则的含义

自从“一般法律原则为文明国家所承认者”列入《国际法院规约》第38条第1款(c)项以来，关于其确切含义与范围，就在国际法学者中引起了广泛争议。一些学者认为，这一短语主要是指一般国际法原则（general principle of international law），其次才指各国国内法中的原则。另一些学者坚持认为，《常设国际法院规约》要求常设国际法院适用一般国际法原则是多余的，所以，这一条款只能专指国内法中的原则。一些学者甚至坚持这一措辞旨在专指私法原则。① 还有一些学者主张，“一般法律原则”根本不是现行国际法的组成部分，而只是常设国际法院根据其规约中的授权条款而适用之法律的组成部分。②

其实有关《国际法院规约》中“一般法律原则”内涵的争论，从《国际法院规约》起草时就开始了，比利时法学家巴伦·德斯坎普斯脑海里装的是自然法概念，其草案提到“文明民族的法律良知承认的国际法规则”。鲁特则认为各国政府不会信任一个依赖于主观正义原则概念的法院，最后《规约》起草委员会接受了鲁特和菲利莫尔的联合建议，即目前的我们所见的文本。③ 鲁特和菲利莫尔将这些原则视为所有文明国家国内法所接受的规则，而古根海姆则坚决认为第3项必须照此来适用。④ 它的目的是授权法院在可以适用于国家之间关系的范围内适用国内法法理的一般原则。在“巴塞罗那牵引公司案”（1920年）中，国际法

① 郑斌著：《国际法院与法庭适用的一般法律原则》，韩秀丽、蔡从燕译，法律出版社2012年版，第3页。

② 郑斌著：《国际法院与法庭适用的一般法律原则》，韩秀丽、蔡从燕译，法律出版社2012年版，第5页。

③ ［英］伊恩·布朗利著：《国际公法原理》，曾令良、余敏友等译，法律出版社2003年版，第12页。

④ ［英］伊恩·布朗利著：《国际公法原理》，曾令良、余敏友等译，法律出版社2003年版，第12页。

院强调，当国际法需要提及国内法的一些制度时，它所提及的是承认该制度的国内法律体系的公认规则。①

虽然一般法律原则是指国内法律的原则，但是其作为国际法运用时，必须注意到这些原则在国内是以国内法律和程序为背景而适用的，除非在国际上有某种与这些规则颇为相似的规则，或者有充分可能从各种国内规则中抽出一般原则来，否则，这些原则作为国际法特殊规则的一个渊源的运用就被曲解了。② 一般法律原则的确定不能只是一个简单的对各国国内法上的某个共同原则进行识别的过程。要使得某个国内法的共同原则成为国际法上的一般法律原则，似乎至少应有一个条件，即该共同原则在国际层面上的适用也是合适的。正如拉莫斯(Lammers)所说："无论对于国内法一般原则的性质或者有关法院适用它们的权力持何种观点，学者们一般都同意，不能机械地或者自动地将这些原则运用于国际关系中。更为重要的是，当初要求适用这些原则的国内法上的情形，与当前可能要求适用这些原则的国际法上情形之间，必须是足够相似以至于在国际法层面适用这些原则是完全适当的。"③阿诺德·麦克奈尔(Arnold McNair)法官在西南非国际法律地位咨询意见案的个别意见中也指出："国际法庭在这方面(适用一般法律原则)的责任是要将私法机制和规则的特征和术语只作为政策和原则的指引，而不是直接引进这些原则和机制。"④

二、国际法院关于一般法律原则的司法实践

从国际法院的司法实践来看，法院几乎没有适用"一般法律原则"

---

① ［英］詹宁斯、瓦茨修订：《奥本海国际法》(第一卷第一分册)，王铁崖等译，中国百科大全书出版社1995年版，第73页。

② ［英］詹宁斯、瓦茨修订：《奥本海国际法》(第一卷第一分册)，王铁崖等译，中国百科大全书出版社1995年版，第23页。

③ J. G. Lammers, General Principles of Law Recognized by Civilized Nations, in Essays on the Development of the International Legal Order: In Memory of H. F. Van-Panhuys 53, 61-62 (F. Kalshoven, P. J. Kuyper and J. G. . Lammers, eds. , 1980).

④ International Status of South-West Africa, Advisory Opinion of 11 July 1950, I. C. J. Reports 1950, Separate Opinion by Sir Arnold McNair, p. 148.

的机会，因为，在通常情况下，国际协定和习惯法已经足以为裁判提供必要的依据。一般法律原则一般在国内私法领域范围之内适用，要在国际领域适用还有一些条件。但国际法院在以往的司法实践中，无论是在咨询管辖案件中还是诉讼管辖案件中都提到过一些一般法律原则，有些是直接适用，有些是为了加强自己论据的证明力。

在 1949 年 4 月 9 日科孚海峡案判决中，国际法院主张："这一间接证据为一切法律体系所认可，其适用也得到国际判决的承认。"①1949年 4 月 11 日联合国损害赔偿咨询意见案中，国际法院认为："在国际法下，国际组织被认为拥有履行其职能所必需的基本权力，即使《联合国宪章》中没有明确规定。这一法律原则被国际常设法院在对国际劳工组织发表的咨询意见中采用。"②但国际法院所说的隐含权力的"法律原则"在所引用的国际常设法院的咨询意见中并不能找到。从国际法院的观点来看，这种隐含权力的"法律原则"是一种一般国际法律原则，而并不是一种国内法律原则。

在 1951 年的种族公约保留咨询意见案中，国际法院第一次采用了法律原则，即"在条约关系中，未经其同意，不能使一国负有义务，只有经其同意，一项保留才能对它具有效力；另一方面，一个多边公约是自由订立的一项协议的结果则是一个得到承认的原则……这个直接来自于合同名词的概念，作为一项原则，具有无可争议的价值，但是对于灭绝种族罪公约来说，各种各样的情况使得这个概念的适用变得比较灵活……"③在该案中，国际法院提到的"条约不经一国同意，不能使一国负有义务"这一国际法原则来自于国内法中的合同法原则，所以可以看作是对一般法律原则的适用。

1954 年联合国行政法庭的赔偿裁决的效力咨询意见案，国际法院

---

① Corfu Channel case, Judgment of April 9th, 1949, I. C. J. Reports 1949, p. 18.

② Reparation for injuries suffered in the service of the United Nations, Advisory Opinion, I. C. J. Reports 1949, pp. 182-183.

③ Reservations to the Convention on Genocide, Advisory Opinion, I. C. J. Reports 1951, p. 21.

指出，根据一项牢固确立并被普遍承认的原则，由这样一个司法机构作出的裁决是一个已判决的事件并且对争端的当事双方具有约束力。① 国际法院所述的这一法律原则实际上就是"已判事项规则"（res judicata）。

1956 年的国际劳工组织行政法庭针对联合国教科文组织的裁决的咨询意见中，法院强调了司法程序中当事双方平等原则的重要性。法院指出："根据普遍接受的惯例，针对判决的法律救济对任何当事方来说都是平等的，在这方面每一方享有将案件提交法庭要求审理的平等权利，当事方在司法程序中平等的概念在不同的领域都可以发现，《国际法院规约》第 35（2）条就有规定。"②

在 1957 年印度领土上的通行权案（初步反对意见），国际法院指出："根据普遍接受的法律原则，（法院以往也是照此行为的），一旦法院已有效地管辖争端，被告国单方面宣告结束管辖的声明，无论是整体还是部分都不能改变法院的管辖权。"③在诺特博姆案中，国际法院对这一原则作了如下表述："因为期限到期或控诉而导致的宣告随后的失效这一显著特征，并不能剥夺法院已经建立的管辖权。"④

在 1962 年柏威夏寺案（实质问题），国际法院指出："一项已建立的法律原则是，错误的请求不能作为损害同意的要素，如果当事方提出的错误是自己行为导致的，或者本可以避免，或者如果情况表明当事方应注意这一错误。"⑤这一原则在 1969 年《维也纳条约法》第 48 条中也有体现。

---

① Effect of awards of compensation made by the U. N. Administrative Tribunal, Advisory Opinion of July 13th, 1954, I. C. J. Reports 1954, p. 53.

② Judgments of the Administrative Tribunal of the I. L. O. upon complaints made against the U. N. E. S. C. O., Advisory Opinion of October 23rd, 1956, I. C. J. Reports 1956, p. 85.

③ Case concerning right of passage over Indian territory (Preliminary Objections), Judgment of November 26th, 1957, I. C. J. Reports 1957, p. 142.

④ Nottebohm case (Preliminary Objection), Judgement of November 18th, 1953, I. C. J. Reports 1953, p. 123.

⑤ Case concerning the Temple of Preah Vihear (Cambodia v. Thailand), Merits, Judgemnt of 15 June 1962, I. C. J. Reports 1962, p. 26.

从上述国际法院的实践来看，一般法律原则与其他两个国际主要渊源相比，具有辅助的性质，这主要是因为习惯国际法和国家之间条约关系的发展使得一般法律原则很少能作为一项突出渊源被适用。此外，"特别法优于普通法（lex specialis derogat legi generali）"这一基本法律原则本身，也阻止在司法实践中更多地适用一般法律原则。国际法院虽然在司法实践中采用过一般法律原则，但这主要是因为法院为了加强和论证自己的司法考虑和动机时在自由裁量的范围内适用一般法律原则，①而且这类法律原则主要是有关司法程序的法律原则，如当事者不得自己审判、已判事项规则、诉讼未决期间规则、各种支配司法程序原则以及国际法庭普遍接受之原则等。② 这可能主要是因为司法程序方面的一般法律原则并不直接涉及当事双方的权利义务分配，比实体性法律原则更具有客观性和中立性的特点。

三、一般法律原则与安理会的关系

(一)《联合国宪章》的规定

《联合国宪章》第 1 条中就规定，联合国的宗旨之一就包括"以和平方法且依正义及国际法之原则，调整或解决足以破坏和平之国际争端或情势"。而联合国安理会是调整或解决破坏和平之国际争端的最主要机构，所以安理会在解决或解决足以破坏和平之国际争端或情势应采用和平方法并且遵守正义及国际法之原则。从《联合国宪章》英文原文来看，正义及国际法原则是"the principles of justice and international law"，其中原则采用的是复数，因而字面含义应该是指正义原则和国际法原则，这里的正义及国际法原则与《国际法院规约》第 38 条所规定的"一般法律原则"的含义并不相同。

首先，正义原则很难说就是一项法律原则，因为不同的国家在不同文化背景和利益冲突的情况下，对正义是有不同的理解的，正义原则并

---

① V. D. Degan, Sources of International Law, Kluwer Law International, 1997, p. 67.

② ［英］伊恩·布朗利著：《国际公法原理》，曾令良、余敏友等译，法律出版社 2003 年版，第 13 页。

没有具体的内涵和适用标准，所以很难作为国际法院判案的标准。这一点在《国际法院规约》第 38 条中就可以找到类似的依据，《规约》第 38 条第 2 款就规定"前项规定不妨碍法院经当事国同意本'公允及善良'原则裁判案件之权"，从这款规定来看，"公允及善良"原则并不是第 1 款（c）所述的一般法律原则，"公允及善良"原则不作为法律原则同样是因为在不同文化背景和利益冲突的情况下，各国对"公允及善良"原则有不同理解，没有具体标准，所以第 2 款规定在适用"公允及善良"原则时要经当事国同意。

其次，国际法原则也与一般法律原则有所不同。正如前面所述，一般法律原则为文明各国所承认者主要是指为世界各主要法系所承认的国内法律原则，这些原则原本主要适用国内法律关系，在适用于国际法律关系时也有其特定的条件和内涵。

最后，两者适用范围不一样，正义及国际法原则是和平解决国际争端时应遵守的原则，是联合国各机构包括联合国大会、安理会、经社理事会、国际法院、秘书长在履行自己和平解决国际争端时都应遵守的原则；而一般法律原则是国际法院在裁判争端时所应适用的渊源，一般法律原则较之正义原则更为具体。

所以，从整个《联合国宪章》中找不到安理会应遵守一般法律原则的规定。但这并不等于说安理会可以不受一般法律原则约束。这主要是因为：第一，国际法原则与国内法原则有些是相同的，只不过是适用条件和对象不同而已；第二，很多一般法律原则是人类基本的价值理念，应该既适用于国内法律关系也适用于国际法律关系。

（二）国际司法机构的司法实践

虽然，国际法院并没有在其司法实践中采用一般法律原则对安理会决议的合法性进行审查，但是在其他国际司法机构中有这样的案例存在。其中一个案例就是前南国际刑事法庭的塔迪奇案，在该案中，上诉庭认为，前南国际刑事法庭为了确定该案的"初始"管辖权，在实施"附随"的管辖权时，则需要对安理会相关决议的合法性进行审查。① 上诉

① Decision on the Defence motion for Interlocutory Appeal on Jurisdiction, 2 October 1995, Case No. IT294212AR72, para. 14.

庭为了论证前南国际刑事法庭的有权审查安理会设立其自身的决议的合法性这一"附随管辖权",该分庭还援引了《联合国行政法庭规约》第2条第3款的规定,即"在发生有关法庭是否有权的争端时,该问题由法庭的决定解决"。这种权力被称为"权力的权力",它是任何司法机构或仲裁庭所固有的、附随的管辖权的一个重要部分,构成"决定自己管辖权的管辖权"。这是行使司法职能时的必要构成要件,不需要那些法庭的建立文件作出规定,虽然《国际法院规约》第36条第6款对此作出了规定。① 在该案中,上诉庭实际上是采用了司法机构"决定自己管辖权的管辖权"这一法律原则,虽然它引用的两条规定均是国际性司法机构的规约,但是这一法律原则也是国内法中的一般法律原则。

另一个案例就是欧洲法院的卡迪案,在该案中,卡迪诉称自己包括财产权、听证权和司法救济权等基本权利被欧盟理事会第881/2002号规定侵犯,而该规定是为执行安理会第1267(1999)号决议而通过的。欧洲法院在该案的上诉判决中指出,国际协议不能改变欧共体的权力分配。另外,根据判例法,构成一般法律原则的基本人权受到法院的保护,尊重人权是欧共体行为合法的一个条件,不尊重人权的措施不被共同体接受。② 根据上述考虑,一项国际协议施加的义务不能对欧共体条约的宪法性原则产生损害,这些宪法性原则包括共同体的行为必须尊重基本人权,这种尊重构成了法院审查它们行为合法性的条件。③ 不过欧洲法院又强调,欧共体司法机构是对实施国际协议的行为的合法性进行审查,而不是对国际协议本身。④ 可见,欧洲法院对一般法律原则的态

① Decision on the Defence motion for Interlocutory Appeal on Jurisdiction, 2 October 1995, Case No. IT294212AR72, para. 17.

② Judgment of the ECJ in Joined Cases C-402/05 P and C-415/05 P, Yassin Abdullah Kadi and Al Barakaat International Foundation v. Council of the European Union and Commission of the European Communities, paras. 283-284.

③ Judgment of the ECJ in Joined Casea C-402/05 P and C-415/05 P, Yassin Abdullah Kadi and Al Barakaat International Foundation v. Council of the European Union and Commission of the European Communities, paras. 283-285.

④ Judgment of the ECJ in Joined Casea C-402/05 P and C-415/05 p, Yassin Abdullah Kadi and Al Barakaat International Foundation v. Council of the European Union and Commission of the European Communities, paras. 286.

度是，欧共体机构必须遵守欧共体法律的一般法律原则，国际协议也不能改变构成欧共体法治基础的一般法律原则，如果安理会决议违反了一般法律原则，即使这些一般法律原则构成了国际强行法，欧洲法院也不能审查安理会决议的合法性。

（三）作为一般法律原则的比例原则

比例原则起源于德国警察法领域，后发展渗透至行政法各领域，成为当之无愧的"帝王原则"。一般认为，比例原则由三个子原则构成：妥当性原则（或正当性原则）、必要性原则以及相称性原则（或狭义比例原则）。① 妥当性原则是指所采行的措施必须能够实现行政目的或至少有助于行政目的达成并且是正确的手段；必要性原则是指在前述适当性原则已获肯定后，在能达成法律目的诸方式中，应选择对人民权利最小侵害的方式；相称性原则是指行政权力所采取的措施与其所达到的目的之间必须合比例或相称。

关于比例原则，一个亟待说明的现象，是它日益明显的普遍化趋势。比例原则的普遍性可能是双重的：它既是跨地域（国家）的，也是跨领域（法律部门）的。② 应该说，比例原则在国际法中也有诸多体现和运用。如在行使自卫权的条件方面就有一个"相称性原则（the proportionality rule）"，即武力反击的规模及强度应适当。

《联合国宪章》第 39 条至第 41 条的规定就体现了比例原则。首先，安理会在"作成建议或抉择依第四十一条及第四十二条规定之办法，以维持或恢复国际和平及安全"之前，应"应断定任何和平之威胁、和平之破坏、或侵略行为之是否存在"，这是保证安理会措施正当性的前提，即首先要作出正确的事实断定。其次，第 40 条至第 41 条规定的措施具有一定的渐进性，体现了比例性原则中的必要性原则，即先为了防止情势恶化，安理会在作成建议或决定办法之前，采取其所认为的必要或合

---

① 曾哲、雷雨薇：《比例原则的法律适用评析与重塑》，载《湖南社会科学》2018 年第 2 期。

② 陈景辉：《比例原则的普遍化与基本权利的性质》，载《中国法学》2017 年第 5 期。

宜之临时办法，然后再采取武力以外的办法，只有在第 41 条所规定的武力以外的办法不足或已经证明为不足时，可以采取必要的空海陆军行动。最后，这一强度逐渐增加的措施也体现了比例原则中的相称性原则，即安理会采取的措施要与国际安全情势相称。这样，必要性和相称性是根据《联合国宪章》第 39 条和第 40 条合法使用武力的条件。①

比例原则实质上是一个以目的和手段的相当性为内涵的调节规则，在国际法的理论和实践中已被广泛接受和运用，成为国家行使权利时必须遵守的一个原则。② 安理会在根据《联合国宪章》第七章采取措施时，引起的争议较多，在构建对安理会决议的司法审查制度时，将比例原则作为司法审查的标准是值得考虑的。

本 章 小 结

对安理会决议合法性的司法审查必然涉及以什么标准进行审查的问题。《联合国宪章》是首先必须考虑，因为安理会作为联合国的一个机构必须首先受到《联合国宪章》的约束。《联合国宪章》规定的联合国宗旨与原则可以作为审查审查安理会行为合法性的标准；《联合国宪章》第 1 条第 1 款规定的正义及国际法原则也构成了安理会调整或解决足以破坏和平之国际争端或情势时所必须遵守规则，但正义及国际法原则具有一定的抽象性。另外，《联合国宪章》还有很多条款涉及安理会的职权或对其职权之限制，安理会也必须遵守。

习惯国际法包括联合国自身发展起来的国际习惯和一般国际习惯，联合国发展起来的国际习惯则又包括联合国发展的国际习惯法和联合国安理会内部的习惯规则，这些习惯国际法安理会也必须遵守，但国际法

---

① Gardam, J. G. Legal restraint on Security Council military enforcement action, Michigan Journal of International Law, 1996(17), pp. 307-310.

② 陈晓明：《比例原则与国际争端中的武力使用》，载《法治研究》2013 年第 12 期。

院在适用联合国自身的国际习惯时，面临着国际习惯内容确定的困难。如国际法院采用一般国际习惯来审查安理会决议的合法性问题时，则面临着一个问题是，为什么要以国际习惯来审查安理会决议的合法性，而不是以国际条约来审查。目前很多国际习惯在国际条约中都有体现，而根据《联合国宪章》第 103 条，《联合国宪章》义务是优于一般条约义务的。所以以一般国际习惯来审查安理会决议合法性困难很大，除非这种国际习惯构成了国际强行法。

国际强行法是指国际社会全体接受并公认为不许损抑且仅有以后具有同等性质之一般国际法律始得更改之规律。各国必须遵守，安理会也必须遵守。《联合国宪章》规定的一些原则与宗旨实质上是构成了国际强行法，安理会必须遵守。国际法院的司法实践和一些国际立法实践也表明安理会须遵守国际强行法。不过在实践中，安理会是不可能通过一个明显违反国际强行法的决议的，但是不排除在实施安理会决议时，会在某种程度上具有促成违反国际强行法效果的产生，这将是问题的难点所在。

一般法律原则是指为文明各国所承认者，但国际法院在其司法实践中很少适用，即使适用也只是司法程序方面的一般法律原则，所以采用一般法律原则来审查安理会决议合法性的意义有限。不过有些法律原则，如比例原则作为司法审查的标准也是值得考虑的。

第六章　联合国安理会决议司法 审查的方式

对安理会决议司法审查的方式实际上就是指国际法院如何对安理会决议进行审查。目前国际法院主要有两种管辖方式，即诉讼管辖和咨询管辖。本章将在国际法院现有的两种管辖模式的基础上探讨对安理会决议进行司法审查的方式。

第一节　国际法院诉讼管辖方式

国际法院的诉讼管辖主要是处理《国际法院规约》缔约国之间的有关国际法律问题的争端，但是国家之间的法律争端有时会涉及安理会决议的合法性问题，这为国际法院审查安理会决议合法性提供了可能。对安理会决议以诉讼方式实施司法审查有两种方式，一种是直接司法审查；另一种是间接司法审查。

一、安理会决议与诉讼管辖方式

（一）安理会决议与国际法院诉讼管辖权

安理会决议对国际法院诉讼管辖权产生什么影响？实际上就是安理会同国际法院的关系问题。在安理会同联合国其他机关的关系方面，安理会和大会的关系有比较明确的规定，《联合国宪章》第 12 条第 1 款对此作了规定，即"当安全理事会对于任何争端或情势，正在执行本宪章所授予该会之职务时，大会非经安全理事会请求，对于该项争端或情势，不得提出任何建议"。那么，安理会在履行维护国际和平与安全的职责时，国际法院是否也应该限制自己的管辖权呢？关于这一点，《联合国宪章》并没有作出明确规定。相反，《联合国宪章》第 36 条第 3 款规定，"安全理事会按照本条作成建议时，同时理应注意凡具有法律性质之争端，在原则上，理应由当事国依国际法院规约之规定提交国际法院"，这条规定看起来倒像是对安理会职权的限制。所以，有关安理会与国际法院的关系，我们只能从国际法院的有关司法实践中去寻找答案了。

在英伊石油公司案(初步反对意见)中，阿尔瓦雷斯(Alvarez)法官在其不同意见中表示："如果提交到国际法院的案件对世界和平构成威胁，安理会可以自己处理该案并结束国际法院的管辖权。"①但是，国际法院在一系列司法实践中否定了这一结论。在 1980 年德黑兰的美国外交和领事人员案的判决中，国际法院指出："尽管《联合国宪章》第 12 条明确禁止大会对安理会正在处理的争端或情势提出任何建议，但无论《联合国宪章》还是法院《规约》都没有对法院职能施加这样的限制。原因是很清楚，作为联合国的主要司法机关，国际法院主要是解决当事国争端中可能存在的任何法律问题；而法院对这些法律问题的解决对促进该争端和平解决是一个重要的，有时甚至是决定性的因素，实际上这一点已为《联合国宪章》第 36(3) 条的规定所确认。"②

在尼加拉瓜军事与准军事活动案中，国际法院也援引了德黑兰美国外交和领事人员案判决中的观点，即"安理会正在处理某一事项的事实并不能阻止法院对其进行处理，两个程序是可以同时进行的"。③ 美国

---

① Anglo-Iranian Oil Co. case (jurisdiction), Judgment of July 22nd, 1952, Dissenting Opinion of Judge Alvarez, I. C. J. Reports, 1952, p. 134.

② United States Diplomatic and Consular Staff in Tehran, Judgment, I. C. J. Reports, 1980, pp. 21-22, para. 40.

③ Military and Paramilitary Activities in and against Nicaragua (Nicaragua v. United States of America), Provisional Measures, Order of 10 May 1984, I. C. J. Reports, 1984, p. 433, para. 93.

在管辖权抗辩中提出，"尼加拉瓜指控美国使用武力或以武力相威胁损害了尼加拉瓜的领土完整和国家独立，违反了《联合国宪章》第 2 条第 4 段。尼加拉瓜启动了《联合国宪章》第 39 条所规定的侵略和武装冲突的控告，这一争端只能由安理会根据《联合国宪章》第七章的条款来处理，而不能根据《联合国宪章》第六章的条款来处理"，① 针对美国的这一抗辩，国际法院进一步指出，从《联合国宪章》第 24 条的规定来看，《联合国宪章》只是赋予安理会在维护国际和平与安全方面负有主要责任，而不是排他性责任。对于同样的事件，安理会和法院能够履行各自的但相互补充的职能。②

国际法院的司法实践表明，即使安理会正在处理某一争端或情势，而且通过了相关决议，但也不影响国际法院对同一事件行使其司法职能。

(二)安理会决议作为诉讼请求的标的或抗辩的论点

在国际法院诉讼管辖中，安理会决议有时被争端一方用来作为另一方犯有不法行为的证据，有时又被争端一方用来作为证明自己行为措施合法的依据。在实践中，联合国会员国在国际法院中以安理会决议作为诉讼请求的标的或进行抗辩的论点并不鲜见。③

在 1976 年爱琴海大陆架案(临时保全)中，希腊请求国际法院指示的临时措施之一就是"不采取可能危及它们之间的和平关系的进一步军事措施或行为"。④ 国际法院拒绝指示临时措施，其理由是：不能设想

① Military and Paramilitary Activities in and against Nicaragua (Nicaragua v. United States of America), Provisional Measures, Order of 10 May 1984, I. C. J. Reports, 1984, p. 434, para. 94.

② Military and Paramilitary Activities in and against Nicaragua (Nicaragua v. United States of America), Provisional Measures, Order of 10 May 1984, I. C. J. Reports, 1984, p. 435, para. 95.

③ 邵沙平：《国际法院新近案例研究(1990—2003)》，商务印书馆 2006 年版，第 196 页。

④ Aegean Sea Continental Shelf, Internrim Protection, Order of 11 September 1976, I. C. J. Reports 1976, p. 5, para. 2.

两国政府中哪一国政府会不注意其在《联合国宪章》下的义务，或不注意 1976 年 8 月 25 日安理会第 395(1976)号决议，而该决议促请两国政府"竭尽力量，减轻该地区现有的紧张局势"并要求两国政府"就它们的歧见恢复直接谈判"。① 国际法院在该案中，将安理会决议作为拒绝指示临时措施的理由，即安理会已通过相关决议，并且该决议具有约束力，国际法院不需要再指示具有同样或类似效果的临时措施。在 2000 年刚果领土上的武装活动案(临时措施)中，国际法院则命令当事双方必须立即采取一切必要措施履行它们根据国际法应尽的所有义务，特别是履行根据《联合国宪章》和《非洲统一组织宪章》以及根据 2000 年 6 月 16 日联合国安理会第 1304(2000)号决议应尽的义务。②

在 1993 年关于《防止及惩治灭绝种族罪公约》的适用案(临时措施)中，波黑要求采取的临时措施就包括：对于安理会对前南斯拉夫实行武器禁运的第 713(1991)号决议以及后来提及或重申该决议的所有决议，必须解释为不损害波黑依《联合国宪章》第 51 条和习惯国际法规则具有单独或集体自卫的固有权利；也不得解释为按《联合国宪章》第 24 条第 1 项和第 51 条，并按越权行为的习惯原则可对波黑实行武器禁运。③ 波黑的这一要求实际上是将安理会的武器禁运决议作为诉讼管辖案件(临时措施)的请求标的。国际法院拒绝了波斯尼亚关于其自卫的要求，法院裁定其属事管辖权仅限于《灭绝种族罪公约》第 9 条。因此，法院认为，它只能就"属于灭绝种族罪公约范围的"所要求的措施作出裁决。④

---

① Aegean Sea Continental Shelf, Internrim Protection, Order of 11 September 1976, I. C. J. Reports 1976, pp. 12-13, paras. 38-41.

② Armed Activities on the Territoryof the Congo (Democratic Republic of the Congo v. Uganda), Provisional Measures, Order of 1July 2000, I. C. J. Reports 2000, p. 129, para. 47.

③ Application of the Convention on the Prevention and Punishment of the Crime of Genocide, Provisional Measures, Ordef of 8 April 1993, I. C. J. Reports 1993, p. 6.

④ Application of the Convention on the Prevention and Punishment of the Crime of Genocide, Provisional Measures, Ordef of 8 April 1993, I. C. J. Reports 1993, p. 19, para. 35.

至于南斯拉夫则所主张的："只要安全理事会根据《宪章》第 25 条行事，法院提出临时措施是不成熟和不适当的，当然还有所要求的那种临时措施。"①法院认为它并没有义务服从安理会，它重申了它在尼加拉瓜一案中提出的意见，即两个机构可以对同一事件履行各自独立但互补的职能。②

在 1992 年洛克比空难事件引起的 1971 年《蒙特利尔公约》的解释和适用问题案(临时措施)中，国际法院就拒绝指示利比亚所请求的临时措施，其论点在于：首先，利比亚和美国作为联合国的成员国，都有义务根据《宪章》第 25 条接受和执行安理会的决定，而且这一义务表面上延伸到第 748(1992)号决议所载的决定；其次，根据《宪章》第 103 条，在这方面，缔约方的义务优先于其根据包括《蒙特利尔公约》在内的任何其他国际协定承担的义务；再次，法院在现阶段不需要确定安全理事会第 748(1992)号决议的法律效力，但认为，无论在通过该决议之前的情况如何，现在不适合通过指示临时措施来保护利比亚根据《蒙特利尔公约》所主张的权利；最后，根据利比亚要求采取的临时措施可能会损害美国根据安理会第 748(1992)号决议所享有的权利。③

二、以诉讼管辖方式实施直接司法审查的具体问题

要想使有关国家在国际法院以诉讼的形式，对安理会决议的合法性提出挑战，那必需要首先使得安理会有在国际法院具有诉讼资格，而且

---

① Application of the Convention on the Prevention and Punishment of the Crime of Genocide, Provisional Measures, Ordef of 8 April 1993, I. C. J. Reports 1993, p. 18-19, para. 33.

② Application of the Convention on the Prevention and Punishment of the Crime of Genocide, Provisional Measures, Ordef of 8 April 1993, I. C. J. Reports 1993, p. 19, para. 33.

③ Questions of Interpretation and Application of the 1971 Montreal Convention arising from the Aerial Incident at Lockerbie (Libyan Arab Jamahiriya v. United States of America), Provisional Measures, Order of 14 April 1992, Separate Opinion of Judge Lachs, I. C. J. Reports, 1992, pp. 126-127, paras. 42-44.

前无论是从《联合国宪章》还是从《国际法院规约》来看，以及从国际法院实践来看，安理会或联合国都没有也不可能成为国际法院诉讼当事方。实际情况是，自《国际法院规约》制定时就不断有声音要求修改《国际法院规约》第34条，建议给予政府间国际组织在国际法院诉讼管辖中当事者的资格。① 这种改革建议来自国际组织、学术团体、权威国际法学者、国内政府机构等。② 如果联合国安理会成为国际法院的诉讼当事方，则联合国安理会就有可能被提起诉讼，但这类诉讼将面临着如下几个问题：

（一）原告与被告的资格问题

1. 被告资格问题：安理会作为被告

如果联合国某一会员国在国际法院对安理会决议的合法性以诉讼的形式提请司法审查，那谁是被告呢？是联合国还是联合国安理会？联合国是国际法的主体，而联合国安理会只是联合国的一个机关，不具有独立的法人资格，也不是国际法的主体。如果以联合国为被告，但联合国并不是直接作出安理会决议的主体；而且国际法院也是联合国的一个司法机关，内部司法机关审理以自己的组织作为被告的案件，这并不符合一般法律原则，即"任何人不可以作为自己的法官(No man can be a judge in his own case)"的法律原则。在国内法中，即使法院可以对联邦政府的立法或行为进行司法审查，但法院审理的对象或者说被告并不是国家，而是国家的政府或立法机关。

而如果以联合国安理会作为司法审查诉讼案件的被告，但安理会本身又不是国际组织，没有独立的法人资格，所以即使政府间组织具有了国际法院诉讼管辖的当事方资格，安理会也很难作为诉讼管辖的当事方出现。不过，虽然安理会不是国际法律关系的主体，但是安理会还是可以作为诉讼法律关系的主体参与到司法审查中来，正如国内司法审查中

---

① 杨泽伟：《联合国改革的国际法问题研究》，武汉大学出版社2009年版，第214页。

② Sam Muller, D. Raič, J. M. Thuránszky, The International Court of Justice: Its Future Role After Fifty Years, Martinus Nijhoff Publishers, 1997, pp. 145-147.

一样，政府或政府的一个机关均可以作为被告参与到诉讼中来。

1950 年格劳秀斯国际法学会(Grotius Society of International Law)决定研究"国际组织决议的修正问题"，并委托 André Gros 教授准备报告，André Gros 教授建议在国际法院对组织的决议进行救济时针对的是决议本身而不是组织，因而组织不必以被告的身份出现在法院，这样，《国际法院规约》禁止国际组织参与诉讼程序的规定就能得到遵守。①

2. 联合国会员国的原告资格问题

对于一项安理会决议，是不是任何一个联合国会员均有资格在国际法院提起诉讼呢？会员国是否需要具有法律上的利益或物质上的利益要求？另外，如果几个会员国分别对安理会决议合法性提起诉讼，国际法院应该怎样处理？在国内行政诉讼中，对于原告的资格，法院一般坚持权利损害标准，即当事人只有法定权利受到行政行为侵害时才有起诉资格，其他利益受到损害时，没有原告资格。② 不过很多国家的行政诉讼中，原告资格标准经历了从权利损害标准向法律利益损害标准的转变，法院以法律利益损害标准界定原告资格，即当事人在法律保护的利益受到行政行为侵害时，具有起诉资格。③ 这一标准可以值得借鉴，也就是说，如果一国要以诉讼的方式对安理会决议提起司法审查诉讼，其前提条件应该是该国的利益受到了侵害。

国际法院在诉讼管辖中就曾经因为原告没有相应的法律权利或利益，而驳回原告的诉讼请求。由于南非拒绝承认联合国对西南非的权利，1960 年前国联会员国利比里亚和埃塞俄比亚向国际法院对南非提起诉讼，④ 控告南非没有遵守委任统治协定的某些义务，但是国际法院

---

① Mohammed Bedjaoui, The New World Order and the Security Council: Testing the Legality of its Acts, Martinus Nijhoff Publishers, 1994, p. 58.

② 王振宇:《美国司法审查制度考察概要》，载《人民法院报》，2003 年 4 月 21 日。

③ 王振宇:《美国司法审查制度考察概要》，载《人民法院报》，2003 年 4 月 21 日。

④ South West Africa (Liberia v. South Africa; Ethiopia v. South Africa), 4 November 1960.

于 1966 年判称(院长投决定票),埃塞俄比亚和利比里亚没有证实它们对它们请求的事项有任何法律权利或利益,因此,驳回了请求。①

(二)强制管辖与自愿管辖

如果安理会成为国际法院诉讼的主体,安理会能否作为原告?如果是单从安理会决议的司法审查来讲,安理会是不可能成为原告的,而且在司法审查中也不可能提起反诉。在国际法院诉讼管辖中,国家间诉讼无论是基于自愿管辖、还是协定管辖或是任择性强制管辖,实际上都是以国家的同意为基础的,但是如果是国家针对安理会决议合法性提起的诉讼,则不能以安理会的同意为基础。可以预见如果以安理会的同意为基础,则会出现安理会总不同意的局面,这样国家对安理会决议提起司法审查的诉讼就无法立案了。

(三)诉讼管辖与咨询管辖的关系

即使安理会具有国际法院诉讼主体的资格,则还面临着一个诉讼管辖与咨询管辖的关系问题。根据《联合国宪章》第 96 条的规定,联合国安理会对于任何法律问题可以请求国际法院发表咨询意见。那么如果安理会具有了国际法院诉讼主体资格后,安理会是否还需要请求发表咨询意见的资格?按照《联合国宪章》目前的规定,国家只具有诉讼主体资格而不具有请求发表咨询意见的资格;安理会具有请求发表咨询意见的资格而不具有诉讼主体资格。这些规定实际上就是为了保证国家与国际组织的平等性,《联合国宪章》之所以赋予某些国际组织请求发表咨询意见的权利,就是因为当时还未给予国际组织在国际法院中的诉讼资格。如果给予安理会诉讼主体资格,是否需要取消其请求发表咨询意见的权利呢?或者是既给予安理会诉讼主体资格又不取消其请求发表咨询意见的权利?如果安理会既有诉讼主体资格,又有请求发表咨询意见的权利,则可能会出现这样一种局面:当联合国某一会员国在国际法院对安理会决议的合法性提起司法审查诉讼时,安理会则对其决议的合法性问题请求国际法院发表咨询意见,这样就会面临着诉讼管辖与咨询管辖

---

① South West Africa, Second Phase, Judgment, I. C. J. Reports 1966, p. 51, para. 99.

两种管辖权冲突的问题。

不过设想中的对安理会决议以诉讼管辖方式进行审查，是赋予联合国会员国的一种司法救济权，而安理会的咨询意见请求权是安理会向国际法院寻求法律意见的一种权利，是两种不同的权利，两者并不矛盾，所以不应该废除安理会请求发表咨询意见的请求权。当然，如果国际法院就某一安理会决议的合法性已开始行使司法审查的诉讼管辖权，则安理会不应该就同一法律问题向国际法院提出咨询请求，或者即使提出此类请求，国际法院也不能受理，否则将违反"一事不再理(ne bis in idem)"原则。虽然诉讼管辖与咨询管辖是两种不同的司法程序，但这两种程序是由同一机构作出的。

（四）初步反对意见

根据现有的《国际法院规则》，国际法院的诉讼案件可能经过依次涉及对管辖权的初步反对、对可受理性的初步反对和案件的实质问题的三个不同程序阶段。① 初步反对问题是国际法院诉讼程序的一个先决问题，在初步反对问题被提出的情况下，法院关于实体问题的程序就暂时停止；只有在否定性地解决了此问题后，法院才能继续就实体问题进行审理。② 问题是，如果国际法院可受理有关安理会决议合法性司法审查的案件，那安理会是否可以在诉讼程序中提出自己的初步反对意见呢？这里有必要搞清楚初步反对问题的具体内容。

初步反对实际上涉及两问题，一个是管辖权问题，一个是案件的可受理性问题。国际法院的管辖权实际上就是指法院审理案件的一种能力，或者说是法院审理特定争端的合法依据；而案件的可受理性是指某一事项在实体上可以通过司法方式解决，并且不存在程序上的缺陷，可以由法院进行审理。③ 因为目前《国际法院规则》关于初步反对问题的规

---

① ［英］伊恩·布朗利著：《国际公法原理》，曾令良、余敏友等译，法律出版社 2003 年版，第 503 页。

② 宋杰：《国际法院司法实践中的初步反对问题研究》，载《法学评论》2007年第 1 期。

③ 王林彬：《论国际法院管辖争议中的可受理性问题》，载《新疆大学学报（哲学人文社会科学版）》2007 年第 3 期。

定是针对国家之间的诉讼而言，所以即使设想中的安理会决议司法审查成为现实，《国际法院规则》中有关初步反对问题的规定也并不适用，需要重新设计。

（五）临时措施

根据《国际法院规约》第 41 条规定："法院如认为情形有必要时，有权指示当事国应行遵守以保全彼此权利之临时办法。"那如果可以对安理会决议的合法性提起诉讼，那是否可以要求国际法院作出临时措施呢？对安理会决议指示临时措施，实际上最大的可能就是暂停执行安理会决议，按照目前一般国内的行政诉讼理论，在要求司法审查期间，行政决定不停止执行。如我国《行政诉讼法》第 56 条规定，诉讼期间，不停止行政行为的执行。但有下列情形之一的，裁定停止执行：（1）被告认为需要停止执行的；（2）原告或者利害关系人申请停止执行，人民法院认为该行政行为的执行会造成难以弥补的损失，并且停止执行不损害国家利益、社会公共利益的；（3）人民法院认为该行政行为的执行会给国家利益、社会公共利益造成重大损害的；（4）法律、法规规定停止执行的。借鉴此类规定，如果原告国申请暂停执行安理会决议，而且法院认为安理会决议会造成不可弥补的损失时，可以指示临时措施暂停执行安理会决议。在国际公约中有类似的规定，如 1944 年《芝加哥公约》（全称《国际民用航空公约》，The International Civil Aviation Covenant）第 86 条规定："除非理事会另有决定，理事会对一国际空运企业的经营是否符合本公约规定的任何裁决，未经上诉撤销，应仍保持有效；关于任何其他事件，理事会的裁决一经上诉，在上诉裁决以前应暂停有效。常设国际法院和仲裁庭的裁决，应为最终的裁决并具有约束力。"

目前，国际法院指示临时措施的条件是：第一，初步看来，国际法院对案件有管辖权；第二，对国家权利会造成不可弥补的损害。从国际法院的司法实践来看，国际法院还可以指示并非当事国所请求的临时措施，国际法院对是否采取临时措施是拥有很大的自由裁量权的。① 对于

---

① 陈彬：《从南联盟诉北约 10 国案谈国际法院的临时措施程序》，载《人民法院报》2005 年 3 月 21 日。

安理会决议与国际法院指示临时措施之间的关系，可以从国际法院的有关司法实践来考察。目前，在国家之间的诉讼中，国际法院在指示临时措施时对安理会决议的处理主要有以下几种情况：

1. 安理会决议已有规定，无需指示临时措施。在 1976 年爱琴海大陆架案中，希腊请求临时措施：（a）除相互经对方同意并在法院宣告终局判决之前，不对争议区域进行一切勘探活动或任何科学研究；（b）不采取可能危及它们之间的和平关系的进一步军事措施或行为。① 国际法院拒绝指示临时措施，法院的理由是：就（a）点而言，法院未能在据称系对希腊权利的侵犯中，看到对所争论权利造成不可弥补损害的危险，大到需要行使指示临时保全措施权力的程度；至于（b）点，法院认为不能设想，两国政府中哪一国政府会不注意其在《联合国宪章》下的义务，或不注意 1976 年 8 月 25 日安全理事会第 395（1976）号决议，而该决议促请两国政府"竭尽力量，减轻该地区现有的紧张局势"并要求两国政府"就它们的歧见恢复直接谈判"。② 也就是说，安理会已作出了决议，无需国际法院再指示同样要求的临时措施。

2. 安理会已作出决议，如果国际法院指示临时措施将与安理会决议相冲突，因而拒绝作出指示。在 1992 年，洛克比空难案（利比亚诉英国、利比亚诉美国）中，国际法院拒绝指示临时措施。国际法院认为，利比亚和英国、美国双方作为联合国会员国依据《联合国宪章》第 25 条有义务接受并履行安理会的决定；而且法院在临时措施诉讼阶段认为，初步看来这一义务扩展至安理会第 748（1992）号决议所载的决定；依据《联合国宪章》第 103 条，当事国在该方面的义务优先于依据任何其他国际协定的义务，包括《蒙特利尔公约》的义务。③ 利比亚请求的指示措施

① Aegean Sea Continental Shelf, Internrim Protection, Order of 11 September 1976, I. C. J. Reports 1976, pp. 4-5, para. 2.

② Aegean Sea Continental Shelf, Internrim Protection, Order of 11 September 1976, I. C. J. Reports 1976, pp. 12-13, paras. 38-41.

③ Questions of Interpretation and Application of the 1971 Montreal Convention arising from the Aerial Incident at Lockerbie (Libyan Arab Jamahiriya v. United States of America), Provisional Measures, Order of 14 April 1992, I. C. J. Reports 1992, p. 126, para. 42.

可能损害依据安理会第 748（1992）号决议初步看来美国所享有的权利。① 因而国际法院最终拒绝作出临时措施指示。

3. 安理会决议已有规定，但不妨碍国际法院作出指示，而且指示的临时措施包括遵守安理会决议。在 2000 年刚果领土上的武装活动案（刚果诉乌干达），国际法院命令当事双方必须立即采取一切必要措施履行它们根据国际法应尽的所有义务，特别是履行根据《联合国宪章》和《非洲统一组织宪章》以及根据 2000 年 6 月 16 日联合国安理会第 1304（2000）号决议应尽的义务。② 法院注意到，刚果在其要求指示临时措施的请求中，提到了安理会 2000 年 6 月 16 日根据《联合国宪章》第七章通过的第 1304（2000）号决议；然后全文引述了上述决议。③ 乌干达的观点是，刚果要求指示临时措施的请求实质上所涉及的是与该决议同样的问题；因此，上述请求是不能接受的；而且该请求是无实际意义的，因为乌干达完全接受所指的决议，并且正在遵照执行。④

国际法院的理由是，安理会第 1304（2000）号决议和在其执行中所采取的措施并不妨碍法院根据它的《规约》和法院规则采取行动。法院还回忆了先前案件中的观点：虽然在《联合国宪章》中有明确划分大会和安理会职能的规定，但就任何争端或局势而言，除非安理会有要求，否则，大会不应作出与任何争端或局势有关的建议；而对于安理会和法

---

① Questions of Interpretation and Application of the 1971 Montreal Convention arising from the Aerial Incident at Lockerbie (Libyan Arab Jamahiriya v. United States of America), Provisional Measures, Order of 14 April 1992, I. C. J. Reports 1992, p. 126, para. 44.

② Armed Activities on the Territoryof the Congo (DemocraticRepublic of the Congo v. Uganda), Provisional Measures, Order of 1July 2000, I. C. J. Reports 2000, p. 129, para. 47.

③ Armed Activities on the Territoryof the Congo (DemocraticRepublic of the Congo v. Uganda), Provisional Measures, Order of 1July 2000, I. C. J. Reports 2000, P. 123, para. 35.

④ Armed Activities on the Territoryof the Congo (Democratic Republic of the Congo v. Uganda), Provisional Measures, Order of 1July 2000, I. C. J. Reports 2000, p. 126, para. 36.

院，在《联合国宪章》中没有任何类似规定。安理会拥有政治性的职能；而就其安排来说，法院行使纯粹的司法职能。因此，两个机关都可以对相同的事件行使它们单独但相互补充的职能。① 而且法院注意到，在该案中安理会没有作出任何决议来明显阻止刚果所主张的"被认为适合于通过指示临时措施加以保护"的权利。② 从国际法院这一论据看出，国际法院在指示临时措施时似乎要参看安理会的有关态度。不过法院强调指出，法院根据《规约》第41条指示临时措施的权力的目的是保护在法院作出裁决之前当事双方各自的权利，并且预先假定在诉讼程序中作为争端事由的权利不会受到无可挽救的损害。③

4. 国际法院无管辖权，但安理会决议应该被遵守。在2002年在刚果领土上的武装活动案(刚果诉卢旺达)中，国际法院认为，在该案中不具有指示刚果临时措施所必要的初步管辖权。法院重复了先前判决中的观点，即一国是否承认法院的管辖权问题与特定行为是否符合国际法之间存在根本的区别：前者需要得到同意，后一个问题只有当法院在确立其管辖权并听取双方的全部合法论点后处理案件实质时才能涉及。④法院强调，不论当事国是否承认法院的管辖权，它们始终应当对归咎于它们的违反国际法的行为负责；尤其是，它们必须遵守《联合国宪章》

---

① Military and Paramilitary Activities in and against Nicaragua (Nicaragua v. United States of America), Jurisdication and Admissibility, Judgment, I. C. J. Reports 1984, pp. 434-435, para. 95; Application of the Convention on the Prevention and Punishment of the Crime of Genocide, Provisional Measures, Order of 8April 1993, I. C. J. Reports 1993, p. 19, para. 33.

② Armed Activities on the Territory of the Congo (Democratic Republic of the Congo v. Uganda), Provisional Measures, Order of 1 July 2000, I. C. J. Reports 2000, P. 127, para. 36.

③ Armed Activities on the Territory of the Congo (Democratic Republic of the Congo v. Uganda), Provisional Measures, Order of 1 July 2000, I. C. J. Reports 2000, P. 127, para. 39.

④ Armed Activities on the Territory of the Congo (New Application: 2002) (Democratic Republic of the Congo v. Uganda), Provisional Measures, Order of 1 July 2002, I. C. J. Reports 2002, p. 249, para. 92.

赋予它们的义务；在这一方面，法院不得不指出，安理会针对该地区的局势已经通过了大量决议。① 但在指示临时措施之前和以后，安理会决议应该遵守。

在对国际法院的上述司法实践进行分析后，我们发现国际法院指示的临时措施不可能与安理会决议相冲突，相反，国际法院的临时措施还要保证安理会决议被遵守。所以，按照国际法院目前的制度和实践是不可能暂停实施安理会决议的，但是如果建立了国际法院对安理会决议的司法审查制度，国际法院应该有这样的权力。

三、国际法院诉讼管辖中的间接司法审查问题

这里所谓的间接司法审查是指国际法院在审理国家之间诉讼案件时，涉及安理会决议的合法性和效力时，判断安理会决议的合法性和法律效力，此类案件不是以安理会决议的合法行为标的直接向国际法院提起诉讼。

在国际法院的实践中，联合国会员国间接地在国际法院甚至其他争端解决机构中以安理会决议作为诉讼请求的标的或进行抗辩的论点并不鲜见。例如争端一方依赖于安理会的决议证明另一方犯有不法行为，或者以对抗性措施已为安理会授权为由抗辩，质疑安理会决议的合法性就会发生。② 洛克比空难引发的利比亚和英美两国在国际法院的诉讼就正是这一类案件的典型。

在安理会通过第 731（1992）号决议的会议上，利比亚代表表示："安理会应当记住它在提出这方面的建议时还应考虑到《联合国宪章》第36 条第 3 款：'凡具有法律性质之争端，在原则上，理应由当事国依国际法院规约之规定提交国际法院'。毫无疑问，这是一个纯粹的法律问

---

① Armed Activities on the Territory of the Congo（New Application：2002）（Democratic Republic of the Congo v. Uganda），Provisional Measures，Order of 1 July 2002，I. C. J. Reports 2002，pp. 249-250，para. 93.
② 邵沙平：《国际法院新近案例研究(1990—2003)》，商务印书馆 2006 年版，第 196 页。

题，毋庸置疑，安理会因此也不是一个审议该问题的主管机构。"①利比亚代表还表示："安理会工作的法律效力取决于它是否遵守《联合国宪章》的各项规定和妥善地执行这些规定。无视这一纠纷的法律性质，并且将它当作一个政治问题来对待，这就公然违反《联合国宪章》第 27 条第 3 款的规定。"②在安理会通过第 748(1992)号决议的会议上，利比亚代表对安理会第 731(1992)号决议再次提出异议，声称"安理会在通过第 731(1992)号决议时所遵循的程序没有顾及正确执行《联合国宪章》第 27 条第 3 款，该款规定，对第六章内各事项之决定，争端当事国不得投票，这条适用法国、英国和美利坚合众国"。③

针对安理会第 748(1992)号决议，利比亚代表指出："《联合国宪章》第 40 条要求安理会在提出建议或就《联合国宪章》第 39 条规定的措施作出决定之前，要求争端各方遵守它认为必要或可取的临时性措施；安理会必须考虑到争端各方是否确实采取这种临时措施。然而，没有采取上述任何措施，而决议草案提案国径直采用下面的条款，从而完全忽视第 39 条和第 40 条。"④

利比亚在洛克比空难案的诉讼过程中(临时措施)主张：第一，安理会第 748(1992)号决议侵犯了利比亚根据 1971 年《蒙特利尔公约》所享有权利以及经济、商业、外交权利；利比亚要求美国和英国不应该侵害利比亚的权利，例如中止执行安理会第 748(1992)号决议的相关部分。⑤ 第二，安理会决议与利比亚要求国际法院指示的临时措施之间存

---

① 联合国文件：《安理会第 3033 次会议临时逐字记录》，1992 年 1 月 21 日，S/PV.3033，第 7 页。

② 联合国文件：《安理会第 3033 次会议临时逐字记录》，1992 年 1 月 21 日，S/PV.3033，第 11 页。

③ 联合国文件：《安理会第 3063 次会议临时逐字记录》，1992 年 3 月 31 日，S/PV.3063，第 5 页。

④ 联合国文件：《安理会第 3063 次会议临时逐字记录》，1992 年 3 月 31 日，S/PV.3063，第 10 页。

⑤ Questions of Interpretation and Application of the 1971 Montreal Convention arising from the Aerial Incident at Lockerbie (Libyan Arab Jamahiriya v. United States of America), Provisional Measures, Order of14 April 1992, I. C. J. Reports, 1992, p. 125, para. 38.

在矛盾的风险不应该使利比亚的要求不可受理，因为在法律上法院和安理会之间不存在竞争或等级关系，它们各自行使自己的权能；安理会将该情势定性为《联合国宪章》第七章所述的情势是将其作为回避适用《蒙特利尔公约》的借口。①

对此，国际法院的意见是，鉴于利比亚和美国双方作为联合国会员国依据《联合国宪章》第 25 条有义务接受并履行安理会的决定；初步看来，在临时措施诉讼阶段这一义务扩展至安理会第 748(1992)号决议所载的决定；以及鉴于依据《联合国宪章》第 103 条，当事国在该方面的义务优先于依据包括《蒙特利尔公约》在内的任何其他国际协定的义务。②鉴于在此阶段尽管不要求法院最终决定安理会第 748(1992)号决议的法律效力，但无论在通过该决议之前的局势如何，利比亚依据《蒙特利尔公约》所主张的权利现在不能被视为适合用指示临时措施来保护。③又鉴于，利比亚请求的指示措施有可能损害依据安理会第 748(1992)号决议初步看来美国所享有的权利……因此，法院判定根据案件的情节法院无须根据《法院规约》第 41 条行使指示临时措施的权力。④

洛克比空难事件引起的 1971 年《蒙特利尔公约》的解释和适用问题

---

① Questions of Interpretation and Application of the 1971 Montreal Convention arising from the Aerial Incident at Lockerbie (Libyan Arab Jamahiriya v. United States of America), Provisional Measures, Order of14 April 1992, I. C. J. Reports, 1992, p. 126, para. 39.

② Questions of Interpretation and Application of the 1971 Montreal Convention arising from the Aerial Incident at Lockerbie (Libyan Arab Jamahiriya v. United States of America), Provisional Measures, Order of14 April 1992, I. C. J. Reports, 1992, p. 126, para. 42.

③ Questions of Interpretation and Application of the 1971 Montreal Convention arising from the Aerial Incident at Lockerbie (Libyan Arab Jamahiriya v. United States of America), Provisional Measures, Order of14 April 1992, I. C. J. Reports, 1992, p. 126, para. 43.

④ Questions of Interpretation and Application of the 1971 Montreal Convention arising from the Aerial Incident at Lockerbie (Libyan Arab Jamahiriya v. United States of America), Provisional Measures, Order of14 April 1992, I. C. J. Reports, 1992, p. 127, para. 44.

案还经历了初步反对意见阶段，在初步反对意见阶段，关于安理会决议的效力，美国辩称，即使《蒙特利尔公约》确实赋予利比亚要求的权利，这些权利也不能在该案中行使，因为它们已由安理会第 748(1992) 和 883(1993) 号决议所取代。根据《联合国宪章》第 25 条和 103 条，这两个决议优先于依据《蒙特利尔公约》产生的所有权利和义务。① 被告还辩称，由于这些决议的通过，从这时起，现有的争端只是利比亚与安理会之间的争端；而这显而易见不属于《蒙特利尔公约》第 14(1) 条范围内的争端，因此，也就不属于法院可受理的争端。② 法院认为，它不能支持这一论点，其理由是安理会这两项决议实际上是在 1992 年 3 月 3 日提交起诉书之后通过的，根据法院既定的判例，如果法院在该日期拥有管辖权，它可以继续拥有；法院的管辖权一旦确定，随后出现的上述决议就不能影响其管辖权。③

　　洛克比空难事件引起的 1971 年《蒙特利尔公约》的解释和适用问题案是考察国际法院在诉讼管辖中对安理会决议合法性进行司法审查的一个极好案例，虽然该案最后并没有进入实质审判阶段，但综合法院在这两个阶段的观点，我们也可以发现，国际法院并不承认自己对安理会决议拥有司法审查的权力，也不愿意对安理会决议实施司法审查。不过从上述分析也可以看出，国际法院在国家之间的诉讼管辖中对安理会决议进行间接地司法审查还是可能的，因为这比对安理会决议实施直接司法审查更有可能实现，间接司法审查也可能是国际法院建立对安理会决议

---

① Questions of Interpretation and Application of the 1971 Montreal Convention arising from the Aerial Incident at Lockerbie (Libyan Arab Jamahiriya v. United States of America), Preliminary Objections, Judgment, I. C. J. Reports, 1998, p. 128, para. 36.

② Questions of Interpretation and Application of the 1971 Montreal Convention arising from the Aerial Incident at Lockerbie (Libyan Arab Jamahiriya v. United States of America), Preliminary Objections, Judgment, I. C. J. Reports, 1998, pp. 128-129, para. 36.

③ Questions of Interpretation and Application of the 1971 Montreal Convention arising from the Aerial Incident at Lockerbie (Libyan Arab Jamahiriya v. United States of America), Preliminary Objections, Judgment, I. C. J. Reports, 1998, p. 129, para. 37.

进行司法审查制度的一种最有可能的方式。

第二节 咨询管辖方式

咨询管辖的优势在于国际法院的咨询意见没有法律约束力，但难点在于只有联合国大会、安理会或大会授权的联合国机关才可以提请咨询管辖。

一、安理会决议与咨询管辖方式

在探讨国际法院采用咨询管辖方式，对安理会决议合法性进行审查之前有必要分析一下在国际法院咨询管辖司法实践中，安理会决议所起的作用、地位等问题。

（一）安理会决议并不排除国际法院咨询管辖权

在国际法院很多咨询案件中，国际法院被要求提供咨询意见的事项所涉及的争端或情势，安理会正在处理或已经通过了一系列决议，那么安理会这些决议对国际法院的咨询管辖权会有什么样的影响？对此，国际法院的一贯立场是国际法院是联合国主要司法机关，是从法律的角度来处理问题，而安理会是联合国的执行机关，主要处理政治问题，安理会对某一问题的处理并不阻碍国际法院行使咨询管辖权。事实上，安理会就可以就自身正在处理的争端的法律问题向国际法院提出咨询请求。

在科索沃独立咨询意见案中，国际法院认为，虽然在回答大会所提问题时法院有必要解释和适用安全理事会第 1244（1999）号决议的规定，但是这一点并不构成据以对这一问题不予回应的令人信服的理由。因为虽然联合国某一政治机关的决定的解释和适用首先是作出这一决定的该机关的职责，但是国际法院作为联合国的主要司法机构，也经常被请求审议此类决定的解释和法律效力问题，国际法院在行使其咨询管辖权①

---

① Certain Expenses of the United Nations（Article 17，paragraph 2，of the Charter），Advisory Opinion，I. C. J. Reports 1962，p. 175；Legal Consequences for States of the Continued Presence of South Africa in Namibia（South West Africa）notwithstanding Security Council Resolution 276（1970），Advisory Opinion，I. C. J. Reports 1971，pp. 51-54，paras. 107-116.

和诉讼管辖权①时，均审议过上述问题。② 因此，国际法院若履行上述任务，则不会有任何违背其司法职能完整性之处，问题实际上在于，若非作出有关决定的机关请求国际法院履行这一任务，则国际法院是否应当拒绝履行这一任务。③ 关于这一点，国际法院在其关于"联合国某些经费"的咨询意见和关于接纳国家成为联合国会员国的条件的咨询意见中都作了回应，即法院都可以行使管辖权。④

(二) 安理会决议可以作为国际法院咨询管辖的法律渊源

虽然从性质上来讲，一些人并不认为安理会决议属于法律，但是国际法院在一些咨询案例中是将安理会决议作为法律来适用的。如在科索沃独立咨询意见案中，国际法院认为，在《联合国宪章》法律框架范围内，特别是基于《联合国宪章》第24条、第25条和第七章，安全理事会可以通过决议，施加国际法的义务。⑤ 法院已经在一些情况下解释和适

---

① Questions of Interpretation and Application of the 1971 Montreal Convention arising from the Aerial Incident at Lockerbie (Libyan Arab Jamahiriya v. United Kingdom), Provisional Measures, Order of 14 April 1992, I. C. J. Reports 1992, p. 15, paras. 39-41; Questions of Interpretation and Application of the 1971 Montreal Convention arising from the Aerial Incident at Lockerbie (Libyan Arab Jamahiriya v. United States of America), Provisional Measures, Order of 14 April 1992, I. C. J. Reports 1992, pp. 126-127, paras. 42-44.

② 联合国文件：《国际法院关于科索沃单方面宣布独立是否符合国际法的问题的咨询意见——秘书长的说明》，2010年7月26日，A/64/881，第18-19页，第46段。

③ 联合国文件：《国际法院关于科索沃单方面宣布独立是否符合国际法的问题的咨询意见——秘书长的说明》，2010年7月26日，A/64/881，第19页，第47段。

④ Certain Expenses of the United Nations (Article 17, paragraph 2, of the Charter), Advisory Opinion, I. C. J. Reports 1962, pp. 175-177; Admission of a State to the United Nations (Charter, Art. 4), Advisory Opinion, I. C. J. Reports 1948, pp. 61-62.

⑤ 联合国文件：《国际法院关于科索沃单方面宣布独立是否符合国际法的问题的咨询意见——秘书长的说明》，2010年7月26日，A/64/881，第30页，第85段。

用这样的安全理事会决议，并一直视其为国际法规定的义务框架的一部分。① 国际法院认为，安理会第 1244(1999)号决议是安全理事会根据《联合国宪章》第七章明确通过的，因此明确施加了国际法律义务，是有关科索沃局势的法律的一部分。② 法院还注意到，安理会就科索沃问题通过了若干决议，法院还说明之所以没有必要专门就第 1244(1999)号决议之前通过的安理会决议发表意见，这是因为安理会第 1244(1999)号决议序言部分第 2 段已回顾了这些决议。③ 这也就是说，安理会有关科索沃问题的一系列决议都是国际法院对科索沃独立问题发表咨询意见所适用的法律。法院通过对安理会决议的解释和适用，最后认定，安全理事会第 1244(1999)号决议没有禁止 2008 年 2 月 17 日宣言的作者发布从塞尔维亚共和国独立的宣言，因此，独立宣言没有违反安全理事会第 1244(1999)号决议。④ 国际法院在科索沃独立咨询意见中将安理会决议作为国际法律加以适用了。

---

① Legal Consequences for States of the Continued Presence of South Africa in Namibia (South West Africa) notwithstanding Security Council Resolution 276 (1970), I. C. J. Reports 1971, p. 16; Questions of Interpretation and Application of the 1971 Montreal Convention arising from the Aerial Incident at Lockerbie (Libyan Arab Jamahiriya v. United Kingdom), Provisional Measures, Order of 14 April 1992, I. C. J. Reports 1992, p. 15, para. 39-41; Questions of Interpretation and Application of the 1971 Montreal Convention arising from the Aerial Incident at Lockerbie (Libyan Arab Jamahiriya v. United States of America), Provisional Measures, Order of 14 April 1992, I. C. J. Reports 1992, p. 126-127, para. 42-44.

② 联合国文件:《国际法院关于科索沃单方面宣布独立是否符合国际法的问题的咨询意见——秘书长的说明》，2010 年 7 月 26 日，A/64/881，第 30 页，第 85 段。

③ 联合国文件:《国际法院关于科索沃单方面宣布独立是否符合国际法的问题的咨询意见——秘书长的说明》，2010 年 7 月 26 日，A/64/881，第 30 页，第 86 段。

④ 联合国文件:《国际法院关于科索沃单方面宣布独立是否符合国际法的问题的咨询意见——秘书长的说明》，2010 年 7 月 26 日，A/64/881，第 39 页，第 119 段。

（三）国际法院不承认对安理会决议的司法审查权

国际法院无论是在诉讼管辖程序中还是在咨询管辖程序中，都否认国际法院对联合国安理会决议具有司法审查的权力。即使在某些案件中，国际法院不得不面对安理会决议合法性作出判断，国际法院也明确指出其没有司法审查权。例如在 1971 年南非不顾安全理事会第 276（1970）号决议继续留驻纳米比亚对各国的法律后果案中，南非政府辩称国际法院无权发表该项意见，因为根据下列原因安全理事会第 284（1970）号决议是无效的：（a）两个安理会常任理事国在表决时弃权；① （b）由于该问题涉及南非和联合国其他会员国之间的争端，理应邀请南非参加讨论；② 而且作为争端当事国的安理会理事国不得投票的但书本应遵守。③ 对此，法院指出：（a）长期以来对常任理事国自愿弃权一直解释为并不构成安理会决议的障碍；④ （b）纳米比亚问题是作为一种情况列入安理会议程的，而南非政府并未提请安理会注意其看法必须将它作为争端处理。⑤

国际法院在该咨询意见案中还指出："针对有人对安理会这些决议的有效性提出了反对意见，法院对有关联合国机构并没有司法复审权或上诉权，而且这些决议是否有效也不是提出咨询意见请求的主题。但是，既然提出了这些反对意见，法院为行使自己的司法职能，它在确定这些决议的法律后果之前，在推理过程中考虑了这些反对意见。"⑥可

① 参见《联合国宪章》第 27 条第 3 项。
② 参见《联合国宪章》第 32 条。
③ 参见《联合国宪章》第 27 条第 3 项。
④ Legal Consequences for States of the Continued Presence of South Africa in Namibia (South West Africa) notwithstanding Security Council Resolution 276 (1970), I. C. J. Reports 1971, p. 22, para. 22.
⑤ Legal Consequences for States of the Continued Presence of South Africa in Namibia (South West Africa) notwithstanding Security Council Resolution 276 (1970), I. C. J. Reports 1971, p. 22, para. 25.
⑥ Legal Consequences for States of the Continued Presence of South Africa in Namibia (South West Africa) notwithstanding Security Council Resolution 276 (1970), I. C. J. Reports 1971, p. 44, paras. 88-89.

见，虽然国际法院不承认自己对联合国其他机构的司法审查权，但它也不得不承认"法院为行使自己的司法职能，它在确定这些决议的法律后果之前，在推理过程中考虑了这些反对意见"。尽管这一说法很婉转，但它事实上确实进行了某种程度的司法审查，只不过审查的结果是安理会的决议是有效的而已。施图尔·佩特伦(Sture Petrén)法官在该案的个别意见中也指出："只要作为安理会第 276(1970)号决议基础的各项决议的有效性尚未确定，法院就不可能宣布其法律后果。因为如果基础决议是非法的，将没有这类法律后果，作出这样的裁决将与法院的角色不符。"①

二、安理会决议作为咨询管辖标的探讨

(一)现有有权机关的申请

1. 联合国大会

根据《联合国宪章》的规定来看，联合国大会在国际政治、经济、文化、社会诸方面拥有非常广泛的职权；在维持国际和平与安全方面也具有明确的权力，只是这方面的权力要受到安理会权力的限制，即"当安全理事会对于任何争端或情势，正在执行本宪章所授予该会之职务时，大会非经安全理事会请求，对于该项争端或情势，不得提出任何建议"。② 同时，大会可以就任何法律问题向国际法院提出咨询请求，那联合国大会是否可以就安理会决议的合法性问题国际法院提出咨询请求呢？笔者个人认为，要回答这个问题必须搞清楚两个前提问题。

第一，安理会决议的合法性问题是不是一个法律问题。对于什么是法律问题，在国际法院咨询意见案中经常会遇到这样一个问题，但国际法院不是以定义的方式来回答这个问题的。国际法院在西撒哈拉咨询意见案中指出，"所提问题是从法律角度拟写的，涉及国际法中的问

---

① Legal Consequences for States of the Continued Presence of South Africa in Namibia (South West Africa) notwithstanding Security Council Resolution 276 (1970), Separate Opinion of Judge Petrén, I. C. J. Reports 1971, p. 131.

② 参见《联合国宪章》第 12 条第 1 款。

题……按其性质而言，可以根据法律给予答复，这样的问题就是一个法律问题"。① 而关于安理会某一项决议是否合法，可以肯定这是一个法律问题，因为这个问题可以也应该从法律方面来回答。在科索沃独立咨询意见案中，国际法院明确指出，"若明确向本院提出的问题是某一特定行动是否符合国际法，则该问题似乎肯定是一法律问题"。② 此外，法院还曾多次指出，某一问题具有政治特征这一点并不足以剥夺其法律问题的特征③。国际法院还曾明确表示，在确定其所面临的问题是否法律问题进而据此判定其是否具备管辖权时，法院不需要顾及向其提出的请求背后动机的政治性质，也不需要顾及其意见可能会造成的政治影响。④

第二，大会向国际法院提出安理会决议合法性问题的咨询请求是否受《联合国宪章》第 12 条限制。即"当安全理事会对于任何争端或情势，正在执行本宪章所授予该会之职务时，大会非经安全理事会请求，对于该项争端或情势，不得提出任何建议"。这一款主要是有关安理会对大会的一个权力限制规定，这一款贯彻了安理会和大会职权划分的基本原则，即安理会在维持国际和平与安全方面负有"主要责任"，大会在这方面的职权不得侵犯或妨碍安理会履行其"主要责任"。这从法律上保证了安理会在处理国际和平与安全时的优先地位，而安理会绝大部分决议是有关国际和平与安全的。从这一点来看，大会似乎不能对安理会决议的合法性问题向国际法院提起咨询意见申请。然而问题似乎没这么简单，因为《联合国宪章》第 12 条限制的是大会的建议权，而向国际法院

<hr/>

① Western Sahara, Advisory Opinion, I. C. J. Reports 1975, p. 18, para. 15.

② 联合国文件：《国际法院关于科索沃单方面宣布独立是否符合国际法的问题的咨询意见——秘书长的说明》，2010 年 7 月 26 日，A/64/881，第 13 页，第 25 段。

③ Application for Review of Judgement No. 158 of the United Nations Administrative Tribunal, Advisory Opinion, I. C. J. Reports 1973, p. 172, para. 14.

④ Admission of a State to the United Nations（Charter, Art. 4）, Advisory Opinion, I. C. J. Reports 1948, p. 61; Legality of the Threat or Use of Nuclear Weapons, Advisory Opinion, I. C. J. Reports 1996, p234, para. 13.

提出咨询请求并不是一项建议，国际法院在多个咨询意见中都提到了这一点。① 国际法院在科索沃独立咨询意见案中表示："法院以前已表示过，发表咨询意见的请求本身并不是大会对于一项争端或情势提出建议。"②所以，即使是涉及国际和平与安全的争端或情势，并不是说联合国大会就无权过问，因为安理会维持国际与安全的职责是主要的而不是独有的，对大会的限制只是大会不能就此提出建议。

从上述分析可以看出，如果大会就安理会决议的合法性问题向国际法院提出咨询申请，这是一个法律问题，但不是一项建议，因而国际法院是可以行使咨询管辖权的，不存在法律上的障碍。问题的关键是联合国大会能否通过决议向国际法院提出咨询请求，以及国际法院通过自由裁量权是否会行使自己的管辖权。根据《联合国宪章》的规定和联合国大会的实践，大会向国际法院提出咨询申请并不属于重要问题之决议，所以只需以到会及投票之会员国过半数决定即可，难度不是很大。

2. 联合国安理会

到目前为止，联合国安理会仅向国际法院申请了一项咨询意见，即纳米比亚咨询意见案。那联合国安理会是否会向国际法院申请，请求国际法院对其决议的合法性提供咨询意见呢？显然这种可能性几乎是不存在的，因为安理会既然通过了决议，当然会自认为其决议具有合法性。即使个别安理会理事国对安理会决议合法性有异议，但在安理会通过这样一份申请咨询意见的决议也几乎不可能，因为这至少会遭到同意安理会先前决议的理事国的反对。所以，在此探讨安理会就自身决议合法性问题向国际法院提出咨询请求没有太大的意义。

安理会在通过一份决议之前，如果对该决议草案的合法性分歧太大，是否可以就相关法律问题向国际法院提出咨询请求，从而使其决议

① Legal Consequences of the Construction of a Wall in the Occupied Palestinian Territory, Advisory Opinion of 9 July 2004, I. C. J. Reports 2004, p. 148, para. 25.

② 联合国文件：《国际法院关于科索沃单方面宣布独立是否符合国际法的问题的咨询意见——秘书长的说明》，2010 年 7 月 26 日，A/64/881，第 13 页，第 24 段。

更符合国际法呢？这实际上是一种事前审查，从理论上讲，这种可能性是存在的，也不存在法律上的障碍。首先，根据《联合国宪章》第96条规定，安理会可以就任何法律问题向国际法院提出咨询请求。安理会为了使其决议顺利通过或更具有合法性，可以就相关法律问题向国际法院提出咨询请求。其次，从国际法院的实践来看，国际法院作为联合国主要司法机关，有责任也有义务就相关政治机关提出的法律问题作出解答。

安理会在其决议通过之前，就有关法律问题申请国际法院的咨询意见，虽然在理论上是行的通的，但其最大的障碍可能还是来自于有关安理会理事国的态度或情况的紧急程度。从目前安理会的实践来看，安理会仅申请了一项咨询意见，比联合国大会申请的数量少得多。多数学者对此的看法是，安理会之所以不愿意向国际法院申请咨询意见，主要是因为大国不喜欢通过国际司法方式解决国际争端和问题。从目前五个安理会常任理事国对国际法院的整体上的冷淡态度来看，安理会不可能提出太多的咨询意见。① 另外，安理会主要职责是维持国际和平与安全，安理会通过决议的都是在很紧急的情况下进行的，如果要求安理会先就有关法律问题向国际法院提出咨询请求，然后再来通过有关决议，恐怕在时间上是来不及的，这也将是阻碍安理会就有关法律问题向国际法院提出咨询申请的原因。

3. 经联合国大会授权的联合国其他机关和各种专门机构

依《联合国宪章》第96条第2款规定，依大会授权可就其工作范围内的任何法律问题请求国际法院发表咨询意见的机关包括两类：联合国其他机关和各种专门机构。那么联合国其他机关和各种专门机构是否有可能就安理会决议的合法性问题向国际法院提出咨询请求呢？按照《联合国宪章》目前的规定，联合国其他机关和各种专门机构就安理会决议的合法性问题向国际法院提出咨询请求至少要符合三个条件：

第一，申请咨询意见的机构必须根据《联合国宪章》获得向国际法

---

① 刘芳雄：《国际法院咨询管辖权研究》，浙江大学出版社2008年版，第43页。

院申请咨询意见的正式授权。到目前为止，大会已授权申请咨询意见的联合国其他机关包括经社理事会、托管理事会和大会临时委员会。大会还授予了 15 个专门机构①以及国际原子能机构②申请咨询意见的权力。对于专门机构，联合国大会是通过与专门机构签订关系协定的方式授予它们咨询管辖申请权的。这些关系协定都具体指定了专门机关内有权申请咨询意见的特定机关，还允许同一机关内的其他机关在获得该有权机关的授权后可以申请咨询意见。③ 从联合国大会的一些讨论来看，在授权问题上，大会的自主权没有受到限制——它既可以进行概括性授权，也可以就各项申请分别授权，而且在任何时候都可以撤销所授予的权利。④ 同样，大会对联合国专门机构的授权是概括性的而且可以终止其先前的授权行为。

第二，申请咨询意见的问题必须是法律问题。联合国其他机关和各种专门机构向国际法院提出咨询管辖请求时，其所咨询的问题必须是法律问题。虽然联合国专门机构与联合国大会签订的关系协定均将有关涉及该专门机构与联合国之间或与其他专门机构之间的关系的法律问题排除在专门机构可以就其咨询意见的事项范围之外，⑤ 但是联合国专门机

---

① 联合国现有的 16 个专门机构中，只有万国邮政联盟没有被授予咨询管辖申请权。参见国际法院网站：http：//www. icj-cij. org/jurisdiction/index. php？ p1 = 5&p2 = 2&p3 = 1.

② 国际原子能机构也被列为同经社理事会建立关系的机构，其地位与专门机构类似。参见王铁崖主编：《国际法》，法律出版社 1995 年版，第 560 页。国际法院将国际原子能机构列为有关机构（related organs），参见国际法院网站：http：//www. icj-cij. org/jurisdiction/index. php？ p1 = 5&p2 = 2&p3 = 1.

③ 刘芳雄：《国际法院咨询管辖权研究》，浙江大学出版社 2008 年版，第 51 页。

④ 刘芳雄：《国际法院咨询管辖权研究》，浙江大学出版社 2008 年版，第 47 页。

⑤ 例如，联合国大会与国际劳工组织签订的关系协定第 9 条第 2 款规定，大会授权国际劳工组织就其工作范围内的法律问题申请咨询意见，但不包括涉及该组织与联合国或其他专门机构的关系问题。联合国大会与其他专门机构签订的关系协定均有类似条款。参见刘芳雄：《国际法院咨询管辖权研究》，浙江大学出版社 2008 年版，第 51 页。

构就安理会决议的合法性问题提出咨询请求，并不是咨询联合国专门机构与安理会的关系问题，虽然这可能会涉及联合国专门机构与联合国职权范围的问题，但这一限制并不能构成联合国专门机构提出咨询请求的障碍。所以，如果联合国其他机关或专门机构就安理会决议的合法性问题向国际法院提出咨询请求，应该是一个法律问题，因为这个问题可以从法律的角度来回答。

第三，申请的问题必须是在申请机构活动范围以内产生的问题。对联合国其他机关而言，其工作范围主要是根据《联合国宪章》的规定以及联合国大会或安理会在设立其辅助机关的决议所赋予的职责范围。而对联合国的各种专门机构而言，其工作范围则不仅要考察该专门机构的组织章程，也要考察该专门机构与联合国大会所签订的关系协定，只有该专门机构的组织章程和与联合国大会的关系协定均规定，才属于专门机构可以申请咨询意见的活动范围。

如果联合国专门机构就安理会决议合法性问题提出咨询申请，可能最大的障碍就来自于此，即此类申请的问题不属于该专门机构的工作范围。对此，最典型的案例就是世界卫生组织向国际法院申请的一国在战争中和其他武装冲突中使用核武器的合法性咨询意见案。在该案中，国际法院指出："世界卫生组织向它提出的咨询意见申请中提及的问题不是在由其《组织法》所界定的该组织'活动范围以内'产生的问题。"[1]最终，国际法院拒绝发表咨询意见。国际法院在该案中还指出："国际组织是这样一些国际法的主体，它们同国家不一样，并不拥有普遍的权限，国际组织受'专业性原则（principle of speciality）'的制约，即是说，它由建立它的国家授予权力，这种权力的限度由这些国家委托它促进的共同利益决定。"[2]授予国际组织的权力通常在它的组成文件中作了说明。尽管如此，国际实践说明，为了实现其目标，国际组织需要掌握某

---

① Legality of the Use by a State of Nuclear Weapons in Armed Conflict, Advisory Opinion, I. C. J. Reports 1996, p. 77, para. 22.

② Legality of the Use by a State of Nuclear Weapons in Armed Conflict, Advisory Opinion, I. C. J. Reports 1996, p. 78, para. 25.

些附属权力，而指导它们活动的基本书件中并没有明确规定这些权力，普遍都承认，国际组织可以行使这种权力，它被称为"默示（implied）"权力。① 不过，国际法院认为，将处理使用核武器合法性的权限赋予卫生组织——即使鉴于它的健康和环境影响——将等于无视专业原则；因为鉴于该组织会员国赋予它的宗旨，这种权限不能被认为是它的《组织法》的必要含义。《联合国宪章》规定了这样一个"系统"的基础，它旨在以协调一致的方式组织国际合作，使获得普遍权力的联合国与获得部门性权力的各种自主性和互补的组织建立关系。② 如果说作为依照该系统基础的规则，卫生组织依据《联合国宪章》第 57 条负有"广大的国际责任"，这些责任必须限于公共"卫生"领域，不能侵害联合国系统其他部分的责任，而且毋庸置疑，有关使用武力，管制军备和裁军的问题是属于联合国的职权范围而不属于专门机构的职权范围。③ 不过威拉曼特里（Weeramantry）法官的反对意见表示，他不同意这样的观点，即联合国机构是在职能分工的严格划分的方案范围内处理它们的事务；他也不同意国际法院将"专业性原则"死板地适用于卫生组织的做法，以便仅仅因为和平与安全属于安理会所管的事项，而将合法性问题排除在卫生组织关注领域的范围之外。④

从上述分析来看，联合国其他机关或专门机构就安理会决议合法性提出咨询申请的最大障碍就在于其工作范围。因为联合国安理会的主要职责在于维持国际和平与安全，其决议的大部分内容也是与此相关，而联合国专门机构一般都是一些专业性组织，虽然它们均拥有广泛的职权，但主要职能不是维护国际和平与安全。这就决定了联合国专门机构

---

① Legality of the Use by a State of Nuclear Weapons in Armed Conflict, Advisory Opinion, I. C. J. Reports 1996, p. 79, para. 25.

② Legality of the Use by a State of Nuclear Weapons in Armed Conflict, Advisory Opinion, I. C. J. Reports 1996, p. 79, para. 26.

③ Legality of the Use by a State of Nuclear Weapons in Armed Conflict, Advisory Opinion, I. C. J. Reports 1996, p. 80, para. 26.

④ Legality of the Use by a State of Nuclear Weapons in Armed Conflict, Advisory Opinion, Dissenting Opinion of Judge Weeramantry, I. C. J. Reports 1996, pp. 149-151.

就安理会决议合法性提出咨询申请时，所申请的法律问题不属于该专门机构的职责范围，正如世界卫生组织申请的一国在战争中和其他武装冲突中使用核武器的合法性咨询意见案一样。但是问题也并没有那样简单，因为随着安全概念的变化，非传统安全问题越来越突出，如航空安全、航运安全、恐怖主义、粮食安全、环境安全、民用核能安全、信息安全、金融安全、跨国有组织犯罪等，而联合国安理会近年的实践表明，这些非传统安全问题也成为了安理会讨论的议题，① 安理会还就此通过了一系列如反恐、海盗等非传统安全问题的决议。② 这些非传统安全问题很多就是一些专门机构的工作职责，如国际民用航空组织与航空安全、国际海事组织与航运安全、国际原子能机构与民用核能安全等。这在今后可能就会面临着这样一个问题：当联合国安理会就某一非传统安全问题通过一决议时，如果某一联合国专门机构对该决议的合法性表示异议时，有可能就此向国际法院提出咨询请求。在洛克比案中，其实就存在国际民航组织就安理会决议合法性提出咨询请求的可能。

(二) 国家申请咨询意见的探讨

1. 国家在目前国际法院咨询管辖中的地位与作用

虽然国家并不能作为申请主体向国际法院提出咨询请求，但就目前国际法院规约及相关实践来看，国家在国际法院咨询管辖中充当了一定的角色和发挥了较重要的作用。国家在国际法院咨询管辖中具有以下地位和作用：

---

① 如联合国《一个更安全的世界：我们的共同责任 威胁、挑战和改革问题高级别小组报告》中就提出，"安全理事会应当同艾滋病规划署密切合作，主持召开第二次关于威胁国际和平与安全的艾滋病毒/艾滋病问题特别会议，探讨艾滋病毒/艾滋病未来对国家和社会的各种影响，发动对这一问题的研究，并确定关键步骤，以制定减轻这一威胁的长期战略"。参见联合国文件：《一个更安全的世界：我们的共同责任 威胁、挑战和改革问题高级别小组报告》，A/59/565，第 30 页，第 67 段。

② 如安理会就索马里海盗问题通过多项决议：安理会第 1816(2008) 号决议、安理会第 1838(2008) 号决议、安理会第 1846(2008) 号决议、安理会第 1851(2008) 号决议、安理会第 1897(2009) 号决议、安理会第 1918(2010) 号决议、安理会第 1950(2010) 号决议等。

第一，在联合国大会向国际法院提出咨询请求时，其草案可能是有关国家起草的，国家也可以就发表咨询意见的请求提出修正案。如联合国大会关于"请求国际法院就科索沃单方面宣布独立是否符合国际法的问题提供咨询意见"的决议草案①就是由塞尔维亚共和国提出的。国家也可就联合国大会、安理会或联合国大会授权的其他机构请求国际法院发表咨询意见的申请提出自己的意见，如在联合国某些经费咨询意见案中，法国就对联合国大会请求国际法院发表咨询意见的请求提出了自己的修正案，该修正案要求国际法院审查大会和安理会决议是否符合《联合国宪章》。②

第二，国家为法院提供涉及所咨询问题的情报，不过国家只有在收到邀请时才有权在案件中提供情报，法院也只邀请那些它认为对于所咨询的问题能提供情报的国家。未接到通知的国家也可以表示提供情报，只是决定权在法院。在接纳联合国会员国的条件问题案、大会在接纳会员国上的权限问题案、西南非地位案、西南非表决程序案、西南非请愿者听证案、联合国某些经费问题案和西撒哈拉问题案中，法院邀请了联合国的所有会员国。在其他案件中，法院的实践有所不同，但主要集中于提出咨询申请的国际组织的会员国和申请所特别提及的任何条约的参加国。③

第三，国家不影响国际法院的咨询管辖权。国际法院认为，有关国家不同意本法院有争议的管辖权，这并不影响本法院拥有发表咨询意见的管辖权。国际法院在 1950 年的一项咨询意见中解释道："争端当事国的同意，是本法院在诉讼案件中行使司法权的依据。对于咨询程序而言，情况则有所不同，即便征求意见的请求涉及国家间实际未决的法律问题，也是如此，本法院的答复只具有咨询性质，因此不具约束力。由此而见，无论是否联合国会员国，任何国家都不能阻止发表联合国认为有益于获得指点，协助其决定所采取行动的咨询意见。本法院的咨询意

---

①　联合国文件编号：A/63/L. 2

②　Certain Expenses of the United Nations（Article 17, paragraph 2, of the Charter），Advisory Opinion of July 1962, I. C. J. Reports 1962, p. 156-157.

③　刘芳雄：《国际法院咨询管辖权研究》，浙江大学出版社 2008 年版，第 93 页。

见不是对国家发表的，而是对有权提出请求的机构发表的。"①

2. 国家就安理会决议合法性向国际法院申请咨询意见的探讨

一国际组织的成员就有关法律问题向该组织的司法机构寻求咨询意见是很普遍的。如美洲国家间人权法院就拥有广泛的咨询权，《美洲人权公约》(Inter-American Convention of Human Rights) 第 64 条第 1 款规定，会员国不仅可向法院咨询公约的解释，也可以咨询其他与美洲国家保护人权相关条约的解释，该条的第 2 款还规定会员国可向法院咨询其国内法与前述国际文件是否相符。在非洲，应非盟、非盟机构、成员国或非盟承认的其他组织的请求，非洲人权委员会和将来的非洲人权法院将可就《非洲人权宪章》的解释和适用提供咨询意见。② 虽然《欧洲人权与自由公约》(European Convention for the Protection of Human Rights and Fundamental Freedoms)并未授权欧洲人权法院提供咨询意见，但该公约第二议定书授权欧洲人权法院对部长委员会的一定类型问题作出回应。③ 欧盟法院也没有一般性的咨询管辖权，但是《欧洲联盟运行条约》(Consolidated Version of the Treaty on the Functioning of the European Union) 第 218(11) 条规定了有限的咨询权，它授予欧盟机构和成员国就欧盟签订的条约的合法性向欧洲法院咨询的权力。④

① Interpretation of Peace Treaties with Bulgaria, Hungary and Romania, First Phase, Advisory Opinion, I. C. J. Reports 1950, p. 71; Western Sahara, Advisory Opinion, I. C. J. Reports 1975, p. 24, para. 31.

② Erika De Wet, The chapter VII powers of the United Nations Security Council, Hart Publishing, 2004, p. 27.

③ Council of Europe, Protocol 2 to the European Convention for the Protection of Human Rights and Fundamental Freedoms, Conferring Upon the European Court of Human Rights Competence to Give Advisory Opinions, 6 May 1963, ETS 44, available at: http://www.unhcr.org/refworld/docid/3ae6b3674.html.

④ See Consolidated Version of the Treaty on the Functioning of the European Union, Official Journal C 83 of 30. 3. 2010. Article 218 (11): "A Member State, the European Parliament, the Council or the Commission may obtain the opinion of the Court of Justice as to whether an agreement envisaged is compatible with the Treaties. Where the opinion of the Court is adverse, the agreement envisaged may not enter into force unless it is amened or the Treaties are revised."

依照目前《联合国宪章》和《国际法院规约》的规定，国家无论是否是联合国会员国都无权向国际法院提出咨询请求，更别说就安理会决议合法性问题向国际法院提出咨询请求了。那如果一国对安理会决议合法性表示异议时，是否有必要授权一国就该问题向国际法院提出咨询请求呢？笔者认为还没有必要，理由如下：

第一，联合国会员国具有国际法院诉讼管辖当事方的资格。按照目前《国际法院规约》的规定，联合国会员国是《国际法院规约》的当然理事国，虽然只有约 1/3 的会员国接受了国际法院的"任择强制管辖"，但是联合国会员国要想成为国际法院诉讼管辖的当事方并不存在法律上的障碍，只要该国家愿意。应该说，《规约》之所以未赋予国家申请咨询管辖的权利，就是因为国家具有参与诉讼管辖的权利与资格。

第二，国家可以通过联合国机关或专门机构间接地申请咨询意见。国家无法通过诉讼方式对安理会决议合法性提出挑战的情况下，还可以通过有关联合国机关或专门机构向国际法院提出咨询请求。联合国大会有关科索沃独立咨询意见案的决议草案就是由塞尔维亚共和国起草的，当然该咨询意见案并不是对安理会决议合法性的咨询，但这一案例显示一国有可能通过联合国机关或专门机构就某一法律问题申请咨询意见。

第三，国际法院的咨询意见并没有法律约束力。按现行规定，国际法院的咨询意见是没有法律约束力的，如果授予一国向国际法院提出咨询请求的权利，而且国际法院作出了咨询意见，也不能对国家权利的救济造成多大影响。

第四，会导致咨询申请权的滥用。目前向国际法院提出咨询意见申请的联合国其他机关和专门机构，都受其工作范围的限制。如果国家可以向国际法院咨询，则没有工作范围的限制，因为国家作为国际法的主体，拥有普遍的权限，不受联合国专门机构的"专业性原则"限制。其结果将是任何联合国会员国将可以就安理会决议的合法性向国际法院提出咨询申请，即使将申请的主体限定于受安理会决议直接影响的会员国，有申请权的主体也将是大量的而且很难界定，这将容易导致国家滥用咨询请求权。

本 章 小 结

　　国际法院管辖方式分为诉讼管辖和咨询管辖，国际法院以这两种方式对安理会决议进行司法审查皆有可能。联合国安理会就某一情势通过一项决议并不妨碍国际法院行使自己的司法职能，而且在司法实践中，安理会决议还可作为诉讼请求的标的或抗辩的论点。如果国际法院对安理会决议以诉讼管辖方式实施直接司法审查则面临以下问题：首先，安理会或联合国很难作为被告，因为目前《国际法院规约》并不允许国际组织作为当事方参与国际法院的诉讼管辖；其次，一旦以诉讼方式对安理会决议进行司法审查，法院就不能再以咨询管辖的方式来审查安理会决议的合法性，因为这将违反"一事不再理"的一般法律原则；最后，按照国际法院目前的制度和实践是不可能暂停实施安理会决议的，但是如果建立了国际法院对安理会决议的司法审查制度，国际法院应该有这样的权力。国际法院以直接诉讼管辖的方式对安理会决议实施直接司法审查面临着很多制度障碍，但是国际法院在目前的诉讼管辖中对安理会决议实施间接司法审查的可能性还是存在的，洛克比空难引发的诉讼案件就是一个很典型的案件。

　　从咨询管辖与安理会决议的关系来看，安理会决议并不能排除国际法院的咨询管辖权，相反，安理会决议还可以作为国际法院咨询管辖的法律渊源。国际法院在几个咨询案件中都认为自身对安理会决议没有司法审查的权力。尽管这样，还是可以探讨国际法院对安理会决议的司法审查问题。大会就安理会决议合法性向国际法院提出咨询请求并不存在法律上的障碍；而安理会就自身的决议合法性向国际法院提出申请的可能性并不是很大；经联合国大会授权的联合国其他机关和各种专门机构就安理会决议合法性性问题向国际法院提出咨询申请，只受所提问题应属"工作范围"的限制，所以可能性还是存在的。国家由于拥有在国际法院提起诉讼的资格，所以无需授予国家向国际法院提出咨询管辖的申请权。

第七章 联合国安理会决议司法
审查的法律效力

国际法院对安理会决议进行司法审查，其审查结果会产生什么样的法律效力？国际法院在诉讼管辖中的判决只对当事国有约束力，而咨询管辖案件中的咨询意见则没有法律约束力，那国际法院在以诉讼管辖或咨询管辖方式对安理会决议进行司法审查的裁决或意见是否应具有不同的法律约束力呢？这将是本章要探讨的问题。

第一节 国际法院裁决的法律效力

一、法律效力的含义

一般而言，在国内法中，法律效力是指法律规范的生效范围，即法律规范对什么人、在什么地方和什么时间产生效力。[1] 但也有很多学者认为这一关于法律效力的定义范围过窄，如有的学者就认为，法律效力是指法律及其部分派生文件、文书所具有的，以国家强制力为保证的，在所适用的时间、空间范围内，赋予有关主体行使其权利(或权力)的作用力以及约束有关主体履行其义务(或责任)的作用力之总和。[2] 但也

---

[1] 邹瑜、顾明总主编：《法学大辞典》，中国政法大学出版社 1991 年版，第1044 页。

[2] 陈世荣：《法律效力论》，载《法学研究》1994 年第 4 期。

有学者认为这一定义也存在缺陷，即法律效力只能是法律的效力，不包括派生文件、文书的效力。判决书、合同书等派生文件的法律效力是适用法律和实施法律后所产生的效力，是法律上的效力或法律认可的效力，这种法律效力与法理学上的法律效力不能同日而语。派生文件、文书的效力范围是特定的、具体的，而法律效力的范围是泛指的、抽象的。① 本书作者认为，最后一种观点是最有说服力的，即法律的法律效力和派生文件的法律效力的含义是不同的，是两种不同的法律效力。

国内法的法律效力是法律在时间、地域、对象和事项四个维度中所具有的国家强制作用力。② 由于国际社会并不存在一个世界政府，国际法也不是世界法，所以国际法的法律效力不体现为国家自上而下的强制作用力。虽然国家也是国际法强制执行的最主要主体，但主要是通过向违反国际义务的其他国家要求赔偿损失的那个国家的自助，即战争、报复、复仇、制裁等来强制执行。③ 当然随着国际法的发展，特别是联合国集体安全体制的建立，很多情况下，国际法的实施不再由是由国家自我判断、自我实施了，而是由国际组织或国际司法机关来判断和强制实施。但由于国际组织或国际司法机关并不拥有军队或警察机构，所以国际法的强制实施仍需要由国际组织授权或国际司法机关裁定后，由国家具体实施。

同国内法院判决一样，国际法院的司法判决本身并不是法律，而是其效力受到法律保证的一种派生法律文件。所以，这里所讲的国际法院裁决的法律效力，并不是指作为法律所具有普遍的约束力，而是指约束力受到国际法保证的一种效力，这种保证的最直接体现就是《联合国宪章》第94条，这种效力的最终来源就是国家的同意。

二、国际法院诉讼管辖裁决的法律效力

(一)诉讼管辖裁决的种类

国际法院在诉讼管辖中的裁决(decision)主要分为两类，一类是命

---

① 张根大：《论法律效力》，载《法学研究》1998年第2期。
② 张根大：《论法律效力》，载《法学研究》1998年第2期。
③ 温树斌：《国际法强制执行问题研究》，武汉大学出版社2010年版，第19页。

令(orders);另一类是判决(judgments)。命令主要是有关案件程序方面的裁决;而判决主要是有关案件实质问题的裁决,当然也有涉及案件程序问题的判决。

1. 命令

国际法院在诉讼案件中的命令主要是程序方面的裁决,这些命令包括确定提交诉状与反诉状时限以及延长时限的命令、法庭组成的命令、关于请求指示临时措施的命令、关于提起反诉与撤回反诉的命令、关于答辩与反驳的命令、关于申请参与诉讼的命令、将案件从总表上删除的命令等。

2. 判决

国际法院在诉讼管辖中的判决既涉及案件的程序问题也涉及案件的实质问题,程序问题主要是法院的管辖权,如关于案件管辖权和可受理性的判决、以及对管辖权和可受理性的初步反对意见的判决等;案件实质问题的判决是指涉及案件当事国双方实体上权利义务的判决。

(二)国际法院诉讼管辖裁决的法律效力

1. 裁决仅对当事方具有拘束力

《国际法院规约》对于国际法院的裁决拘束力的规定是第 59 条,即法院之裁决(decision)除对于当事国及本案外,无拘束力。这里所指的裁决应该既包括命令也包括判决。不过《规约》第 38 条第 1 款第 4 项规定:"在第 59 条规定之下,司法判决……作为确定法律原则之辅助手段。"也就是说在第 59 条的限制下,国际法院的判决具有辅助的作用,所以,严格地讲,国际法院不遵循先例原则,但是它尽量维持司法的一致性。①

2. 判决为终局性

《国际法院规约》第 60 条规定,国际法院的判决(judgment)为终局

---

① [英]伊恩·布朗利著:《国际公法原理》,曾令良、余敏友等译,法律出版社 2003 年版,第 15 页。

性的，不可以上诉。① 但对法院的判决可申请复核，不过要受以下条件的限制：第一，应发现具有决定性的事实，而且该事实是法院和申请复核的当事国在判决宣告时都不知道的，而且这种不知情不存在过失；第二，对判决是否复核，由法院裁决。法院要查明是否存在新的事实以及这种新事实是否具有使判决复核的性质，即该事实是否具有决定性；第三，法院在接受复核诉讼前，可以命令先履行被申请的判决，也就是说，原判决的履行可以不受影响；第四，当事国的复核申请应在发现新事实后六个月内提出；第五，判决宣告之日起 10 年后，即使发现了新事实，也不能再提出复核申请，即使提出复核申请，国际法院也不会接受。

3. 申请安理会执行

依照《联合国宪章》第 94 条之规定，联合国每一会员国为任何案件当事国者，承诺遵行国际法院之判决（decision）。② 这里所指的判决包括各种裁定及判决，而不论这些措施、裁定或判决对其有利还是不利。如果当事国一方不履行法院判决之义务，另一方可向安理会申诉；安理会在必要时，可作成建议或决定采取各种办法以执行法院判决。

那安理会关于执行国际法院判决的建议或决定是否包括采取《联合国宪章》第七章下的强制行动呢？这一问题在学术上有不同的理解。荷兰国际法学者马兰祖克认为："应当注意的是，安理会只能采取《联合国宪章》第六章中关于争端解决的措施，而不能采取第七章中那些更强有力的措施，后者以对和平的紧迫威胁为制裁的前提。"③但也有学者认为，这一论点过于武断，不履行国际法院判决同样也可能构成对国际和平与安全的威胁；在这种威胁发生时，没有理由禁止安理会行使《联合

---

① 值得注意的是，英文版《国际法院规约》在第 59 条用的是"decision"，第 60 条用的是"judgment"；中文版《国际法院规约》在第 59 条用的是"裁判"，第 60 条用的是"判决"。

② 值得注意的是，英文版《联合国宪章》在第 94 条用的是"decision"；而中文版《联合国宪章》在第 94 条用的是"判决"。

③ Peter Malanczuk, Akehurst's Modern Introduction to International law, 7th ed., Routledge, 1997, p. 289.

国宪章》第七章下的权力。① 许光建等学者也认为："安理会为维持国际和平与安全所享有的权力主要包括《联合国宪章》第六、七、八章，即使就处理执行国际法院判决问题而言，也不应例外，即只要一国对国际法院判决不执行可能危及国际和平与安全。"②

三、国际法院咨询意见的法律效力

尽管人们通常都认为国际法院的咨询意见是没有法律约束力的，但是无论是《联合国宪章》还是《国际法院规约》对国际法院咨询意见的法律约束力问题并没有明确规定。如《联合国宪章》第94条规定，"联合国每一会员国为任何案件之当事国者，承诺遵行国际法院之判决"。《国际法院规约》第59条规定，"法院之裁判除对于当事国及本案外，无拘束力"。从这两条的规定来看，都是指的国际法院诉讼管辖中的裁决，而不包括国际法院咨询意见。因而，我们只能推断出国际法院的咨询意见没有法律拘束力。

在国际法院作出的咨询意见中，法院多次表示其咨询意见没有法律约束力，只具有咨询的性质。如在对保、匈、罗和约的解释问题案中，法院指出："争端当事国的同意是法院在诉讼管辖案件中的基础，在咨询程序中，即便咨询申请涉及一个实际上存在于两国之间的悬而未决的争端，情形也不一样，法院的答复仅仅有咨询性质，不具有拘束力"。③在国际劳工组织行政法庭的判决问题案、④ 联合国某些经费案⑤等咨询

---

① 温树斌：《国际法强制执行问题研究》，武汉大学出版社2010年版，第229页。

② 许光建：《联合国宪章诠释》，山西教育出版社1999年版，第604页。

③ Interpretation of Peace Treaties with Bulgaria, Hungary and Romania, First Phase, Advisory Opinion, I. C. J. Reports 1950, p. 71.

④ Judgments of the Administrative Tribunal of the I. L. O. upon complaints made against the U. N. E. S. C. O. , Advisory Opinion of October 23rd, 1956, I. C. J. Reports 1956, p. 84.

⑤ Certain Expenses of the United Nations (Article 17, paragraph 2, of the Charter), Advisory Opinion of July 1962, I. C. J. Reports 1962, p. 168.

意见案中，国际法院对咨询意见的效力都有类似表述。

第二节　安理会决议司法审查的法律效力

一、诉讼管辖中的裁决

(一)直接司法审查

对安理会决议合法性的司法审查是一种假定，对安理会决议合法性的直接司法审查是假定国家在国际法院对安理会提起诉讼，诉称安理会决议不合法，要求国际法院就此作出裁决。在这种假定情况下，如果国际法院认定安理会决议不合法，这样的裁决将具有什么样的法律效力呢？

按照《国际法院规约》的现行规定，"法院之裁决除对于本案当事国及本案外，无拘束力。"如果安理会决议的直接司法审查中简单套用此种规定，其结果是国际法院的裁决只对安理会和原告国家产生拘束力，对联合国其他会员国无拘束力；而按照《联合国宪章》第 25 条规定，联合国会员国需接受并履行安理会决议。如果国际法院裁定安理会决议违法，那对于联合国其他会员国来说，只需要继续履行安理会决议，无需理会国际法院对安理会决议的裁决。显然，这将会出现一种奇怪的现象，安理会及其理事国和原告国必须接受国际法院的裁决，而联合国其他会员国需要继续安理会的决议。显然，必须对《规约》进行修订才能解决这一矛盾。必须规定国际法院对安理会决议合法性的裁决具有普遍约束力，即不仅对安理会及其理事国和原告国有拘束力，而且对联合国其他会员国也具有拘束力。如果国际法院裁定安理会决议违法，联合国所有会员国都不能履行安理会的该项决议。

国际法院在关于《防止及惩治灭绝种族罪公约》的适用案中就面临着这个问题。在该案中，波黑要求国际法院指示的临时措施，就包括：对于安理会对前南斯拉夫实行武器禁运的第 713(1991)号决议及后来提及或重申该决议的所有决议均必须解释为不损害波黑按《联合国宪章》第51条和习惯国际法规则而具有单独或集体自卫的固有权利；也不得解释为按《联合国宪章》第24条第1项和第51条，并按越权行为的习惯原则可对波黑实行武器禁运。① 波黑还主张："波黑有权寻求和接受其他国家的支援，以保卫自己及其人民，包括以立即获得军事武装、装备和物资的方式；有权请求任何国家为其自卫而立即提供援助；任何国家应波黑请求，都有权立即前往保卫该国。"②

对此，国际法院的意见是："这类诉求是要求非本诉讼当事方的国家或实体采取的措施，而按照《国际法院规约》第59条，法院对某个案件的判决，'除对于当事国外，无拘束力'；因此，法院可为保全这些权利指令当事方采取临时措施，但无法要求那些最终判决对之无约束力的第三国或其他实体承认并尊重这些权利。"③法院还指出："《国际法院规约》第41条赋予法院指示临时措施的权力，该措施应'保全彼此权利'，这就是说，应由案件中的一方或双方采取措施；然而，波黑请求这些措施的意向显然不是要法院指示被告国应采取一定步骤以保全申请国的权利，而倒是要法院宣布这些权利是哪些权利'以向整个国际社会'尤其是联合国安理会理事国'澄清法律状况'，因此法院判定必须把这种情况视为超出了《国际法院规约》第41条的范围。"④

---

① Application of the Convention on the Prevention and Punishmentof the Crimeof Genocide, Provisional Measures, Ordef of 13 September 1993, I. C. J. Reports 1993, pp. 328, para. 2.

② Application of the Convention on the Prevention and Punishmentof the Crimeof Genocide, Provisional Measures, Ordef of 13 September 1993, I. C. J. Reports 1993, pp. 327-328, para. 3.

③ Application of the Convention on the Prevention and Punishmentof the Crimeof Genocide, Provisional Measures, Ordef of 13 September 1993, I. C. J. Reports 1993, p. 344, para. 40.

④ Application of the Convention on the Prevention and Punishmentof the Crimeof Genocide, Provisional Measures, Ordef of 13 September 1993, I. C. J. Reports 1993, pp. 344-345, para. 41.

（二）间接司法审查

国际法院对安理会决议的间接司法审查，也是一种假定。间接司法审查是指国际法院在现有的诉讼管辖中，在涉及安理会决议的合法性时，对安理会决议合法性作出裁定。那国际法院对安理会决议的裁决具有怎样的法律效力呢？同样依照《规约》的现行规定，"法院之裁决除对于本案当事国及本案外，无拘束力"。如果国际法院裁决安理会决议不合法，在诉讼管辖中的当事国均可以不履行安理会决议，原告被告双方都不能再以安理会决议作为自己的法律依据。那安理会决议对联合国其他会员国是否有法律约束力呢？这里所面临的矛盾同上述直接司法审查中所面临的矛盾类似，即原被告双方当事国根据法院裁决可以不履行安理会决议，但是联合国其他会员国不受国际法院裁决的拘束而必须履行安理会决议。这就会出现安理会决议被国际法院认定为非法，而联合国绝大多数会员国却要履行安理会决议的情况。显然这种结果是很奇怪的，所以必须规定国际法院对安理会决议合法性的裁决具有普遍约束力，即不仅对原被告双方当事国有拘束力，而且对联合国其他会员国也具有拘束力。如果国际法院裁定安理会决议违法，联合国所有会员国都不能履行安理会的该项决议。

洛克比空难案提供了一个很好的例子。假设利比亚最终成功地劝说法院推翻了安理会要求利比亚引渡其国民和实施航空和外交制裁的决议，甚至即使这些决议是无效的，安理会决议的无效将会改变世界上每个国家的权利和义务，所有国家必须马上限制和利比亚的航班和外交。一个不是原来诉讼的当事方的国家可能主张，决定仅仅约束当事方——美国和利比亚，但是如果利比亚寻求法院判决其他国家停止执行制裁，法院肯定遵循自己的决定和判决。安理会可能通过一个新的决议，实施类似的制裁，但是新的法院又将挑战这一决议。①

---

① Geoffrey R. Watson, Constitutionalism, Judicial Review, and the World Court, 34 Harvard International Law Journal (1993).

二、咨询意见中的裁定

如本章第一节所述，一般情况下，国际法院的咨询意见仅仅是咨询性的，没有约束力。因而，在咨询意见管辖方式中，国际法院关于安理会的决议是无效的、越权的认定将不会对安理会、咨询申请机关以及其他有关机构或国家产生约束力。但国际法院认定安理会决议违法或无效的咨询意见不具有法律拘束力又会产生一个问题，那就是，既然咨询意见没有法律约束力，但与此同时联合国会员国还必须承担遵守安理会决议的《联合国宪章》义务，这将使得联合国会员国必须遵守一项被国际法院认定为非法的安理会决议，这将导致联合国会员国法律义务上的混乱。所以，如果想通过国际法院咨询管辖方式行使对安理会决议合法性的司法审查，必须赋予国际法院咨询意见以法律效力，否则国际法院的咨询意见没有任何法律意义。

事实上，也是可以在国际法院以咨询管辖方式对安理会决议进行司法审查时，赋予咨询意见以法律效力的。咨询意见虽然在本质上只是一项意见，申请机构没有义务接受它，但是鉴于国际法院作为联合国主要司法机关的权威地位和作用，很难想象国际法院有关安理会决议无效的咨询意见将不会产生任何法律效果。正如塞尔维亚外交部长耶雷米奇在联合国大会有关科索沃独立咨询意见决议草案会议上所述，"国际法院的咨询意见将为很多国家提供政治上中立而法律上权威的指导意见"。①很多国家和国际组织以及国际法院自身也会经常援引国际法院在以往咨询意见中的一些观点，而且，当法院在其裁判中经由《国际法院规约》第38条第1款(d)项提及司法判例作为法律渊源时，它在将判决作为司法判例和将咨询意见作为司法判例之间没有做任何区分，它同等地利用两类司法宣告。② 另外，还有部分国际法院的法官也认为法院的咨询意

---

① 联合国文件：联合国大会第六十三届会议第二十二次全体会议正式记录，A/63/PV.22，第1页。

② 刘芳雄：《国际法院咨询管辖权研究》，浙江大学出版社2008年版，第121页。

见具有很重要的法律地位，如罗莎琳·希金斯（Rosalyn Higgins）法官在隔离墙咨询意见案中指出："虽然这项裁定是以咨询意见的形式作出的，不是在一个诉讼案件中作出，但是，本法院作为联合国的主要司法机关意味着它的法律后果与裁定一种行为或状况非法是一样的。联合国会员国不得给予承认和援助的义务的依据不是建立在普遍义务的概念上。"①国际法院认为，联合国，尤其是大会和安全理事会，应该考虑须采取何种进一步行动，终止修建隔离墙及相关制度所造成的非法状况，对本咨询意见给予应有的考虑。② 所以，如果国际法院在咨询意见中认定安理会某一决议无效，那将会产生巨大的法律影响力，而不是仅仅说国际法院的咨询意见没有法律约束力那么简单。

三、安理会决议无效

严格地讲，无效与非法是两个不同的概念，非法的决议肯定是无效的，但是无效的决议不一定是非法的。例如，安理会根据《联合国宪章》第 39 条认定甲国侵犯乙国，破坏了和平，但是后来事实证明这种认定不正确，那么安理会的该项决议就是无效的，但不能说是非法的，因为安理会并没有违反有关法律规则。③

国际法院判决安理会决议无效的法律后果是什么？是无效行为的自始无效（ab initio）——正如无效行为没有发生一样？或者结果仅仅是除了当事方以外没有任何人受约束。换句话说，是否国际社会应该接受司法最高原则，在此原则之下，法院的宪法性判决在将来的案件中对对所有联合国机构均有约束力；或者应该接受杰斐逊的共同审查的政治理论——没有一个联合国机构能对《联合国宪章》做最后解释，以及法院

---

① Legal Consequences of the Construction of a Wall in the Occupied Palestinian Territory, Advisory Opinion of 9 July 2004, Separate Opinion of Judge Higgins, I. C. J. Reports 2004, p. 216, para. 38.

② Legal Consequences of the Construction of a Wall in the Occupied Palestinian Territory, Advisory Opinion of 9 July 2004, I. C. J. Reports 2004, p. 200, para. 160.

③ David Schweigman, The Authority of the Security Council under Chapter VII of the UN Charter, Martinus Nijhoff Publishers, 2001, p. 205.

在案件中的判决应被尊重，但在将来的案件中不必要。① 虽然一些评论者主张，国际法院应该作为《联合国宪章》解释的最后判决者(the final umpire)，② 但是《联合国宪章》文本和准备资料并没有清楚的支持这一点，这些渊源只是表明法院可以实施一些司法审查权。《联合国宪章》规定法院是联合国的主要司法机构，暗含着可以审查其他机构行为的合法性；然而准备资料规定政治机构普遍不被接受的决定可以被忽略，暗含着法院可以拒绝执行这种行为，这些资料还不能很清楚地说明法院使其他机构决定无效的观点有什么法律后果。③

(一)自始无效

安理会决议无效的可能后果有许多种，第一种可能的后果是该决议自始无效，且因此被认为从未具有法律效力。在一般国际法中，这是指依靠强迫或违反强制性国际法准则(假设存在这样的强制性准则)而订立条约的情形，④ 通过类比，同样的规则可能适用于国际组织决策过程。因此，在南斯拉夫危机中，波黑对安理会第713(1991)号决议提出质疑，波黑要求采取临时措施，解除武器禁运；波黑声称安理会的武器禁运损害了波黑根据《联合国宪章》第51条享有的自卫权，违反了习惯国际法和强行法，安理会第731(1991)号决议可能无意中违反了强行法规则并引起会员国参与了种族屠杀行为。⑤ 因而，该决议违反了国际法中的种族清洗禁止性规定(在许多国际法准则中，它是一个强制性国际法准则)，应该被认为是自始无效的。

(二)往后无效

在国际组织的法律框架内，第二个也许是更加常见的后果是，组织

---

① Geoffrey R. Watson, Constitutionalism, Judicial Review, and the World Court, 34 Harvard International Law Journal (1993).

② Thomas M. Franck, The "Powers of Appreciation": Who Is the Ultimate Guardian of UN Legality?, (1992) 86 A. J. I. L. 523.

③ Geoffrey R. Watson, Constitutionalism, Judicial Review, and the World Court, 34 Harvard International Law Journal (1993).

④ 参见《维也纳条约法公约》第51-53条。

⑤ Application of the Convention on the Prevention and Punishment of the Crime of Genocide, Provisional Measures, Oreder of 8 April 1993, I. C. J. Reports 1993, p. 328.

决议无效并非自始无效，而是被宣告为没有溯及既往的效力。毕竟，无效的决议在其生效与被宣告无效这段期间内已经产生了法律影响，而且，以无效的决议为根据，基于善意而行为的当事人的地位有充足的理由应该受到保护。例如，欧盟法院就采用的是这种做法，根据欧盟法律，如果欧盟法院认为欧盟理事会、欧盟委员会欧盟中央银行的一项立法行为和措施违反了有关规定，如缺乏权限、违反法定程序、违反基本法律原则或者滥用权力，它可以宣布其全部或部分无效。① 但是，在实践中欧盟法院出于法律确定性的考虑，防止宣布立法措施的无效给先前的贸易行为带来混乱，欧盟法院可以在判决书中宣布立法措施的无效在法律上没有溯力，并且立法措施的法律效力也不从法院判决生效之日起而终止，而是使其效力一直持续到替代立法措施颁布之日。

（三）部分无效

安理会决议无效的第三个可能的后果是部分无效。当安理会决议只有部分因缺陷而受到影响，如果且可能时，仅仅使受影响的部分无效，而保持该决议其他部分的效力，可能是明智的做法。显然，在安理会决议因违反程序而产生的缺陷中，不可能产生这种后果；但是我们可以想象出一些情形，即一个实体上的法律缺陷只影响到安理会决议的一小部分，例如，一项安理会决议的次要条款与一般国际法的准则相冲突，或者安理会的制裁决议只是某个被制裁人员名单有错误。当然，许多情况下都取决于把该条款分割开本身是否是可以接受的，主流的观点似乎认为，分割实际上是可以接受的，除非受影响的条款构成该组织决策的至关重要的部分。如在国际法院某些挪威债券案中，赫什·劳特派特（Hersch Lauterpacht）法官在其个别意见中表示，当争议的部分是相关决策的至关重要的要素时，就不能允许进行分割。② 这意味着，当它不是至关重要的要素时，就允许进行分割。

还有最后一种可能的后果，即除了在决议被宣布为自始无效的情况

---

① See Article 263 and Artice 264 of Consolidated Version of the Treaty on the Functioning of the European Union, Official Journal C 84 of 30. 3. 2010.

② Case of Certain Norwegian Loans, Judgment of July 6th, 1957, Separate Opinion of Judge Sir Hersch Lauterpacht, I. C. J. Reports 1957, pp. 50-54.

外(甚至可以包括这种情形)，可以说，许多缺陷通过接受、默许或禁止反言这些操作都是可以纠正的。因此，即使安理会决议是明显越权的，但如果联合国会员国(或者在该事项上，受到影响的会员国)都没有提出反对，那么，这些决策很有可能就生效。实际上，人们甚至可以更进一步地认为：只有很少的法律保护，来对抗那些以越权的方式采行的文件，主要是因为，许多表面看来是越权的文件，却被该组织的成员接受。正如丹麦政府曾经宣称的：如果在非常重要的关头，还宣布获得绝大多数会员国支持而作出的一项行为是非法的，这将变得毫无意义。①

四、司法审查的其他效果

(一)削弱安理会决议的合法性

国际法院任何宣告安理会决定无效的决定的重要性不仅仅是它的法律效果，它最重要的效果是它将削弱安理会相关决定的合法性。任何国家寻求这个决定对国际公共关系的影响的兴趣要大于它的法律效果，这个国家将利用法院调动世界的观点来支持它的理由。② 托马斯·弗兰克(Thomas Franck)曾指出："合法性导致服从的力量不是靠大量规则或规则制定机构，也不是依靠强制性权威，它是以自愿的模式产生服从。"③

法院宣告安理会决议或决定是无效的或越权的决定将会削弱那个决定的合法性或削弱服从的要求。一个被视为非法或不合法的决定被削弱，这一点在对波斯尼亚的武器禁运中的反应被显示出来。无论是在诉讼案件中还是在咨询意见中，法院任何关于安理会决议是非法的决定将会给不愿意遵守这个决议的国家以勇气，将会加强这个国家不遵守决议

---

① Jan Klabbers, An Introduction to International Institutional Law, Cambridge University Press, 2003, p. 241.

② Dapo Akande, The International Court of Justice and the security Council: Is There Room for Judicial Control of Decisions of the Political Organs of the United Nations?, International and Comparative Law Quarterly, Vol. 46, Part2 (1997).

③ Thomas Franck, The Power of Legitimacy Among Nations, Oxford University Press, 1990, p. 26.

的理由，甚至会导致安理会自身重新考虑它的决议，这就是一个国家或机构寻求一个决议非法性的宣告所想取得的效果。①

（二）增强安理会决议的合法性

法院对安理会决议实施司法审查在另一方面可能事实上对安理会又是有益的。因为如果允许或鼓励单个国家自己去判定安理会决定的合法性并相应地行动，正如旧金山会议上建议的一样，将是一个导致灾难的建议，这威胁到解散《联合国宪章》第七章下的整个有约束力的行动体制，这在波黑武器禁运案中已有所反应。从国家那里取消这种程序，将它集中在国际法院，为声称安理会决定非法提供一个有序的体制。如果法院真的裁定一个政治机构的决定非法，正如目前为止在所有案件中，法院有理由审查它们的合法性，这将有助于安理会，这样会增加它的决定的力量和合法性。②

第三节　安理会决议无效的国际法律责任

不负责任的权力必定是不受约束的权力，③ 所以，对安理会决议进行司法审查的效力还涉及到一个国际法律责任问题，那就是当国际法院裁定安理会决议违法或无效，联合国及其会员国是否应承担一定的国际法律责任以及承担什么样的法律责任？如果安理会决议被裁定违法，给相关国家造成损害，需要有关国际法主体承担一定的责任，如果没有人需要为此承担责任，这样的司法审查的实际效果就要大打折扣。"任何

---

① Dapo Akande, The International Court of Justice and the security Council: Is There Room for Judicial Control of Decisions of the Political Organs of the United Nations?, International and Comparative Law Quarterly, Vol. 46, Part2 (1997).

② Dapo Akande, The International Court of Justice and the security Council: Is There Room for Judicial Control of Decisions of the Political Organs of the United Nations?, International and Comparative Law Quarterly, Vol. 46, Part2(1997).

③ ［英］阿克顿著，侯健、范亚峰译：《自由与权力——阿克顿勋爵论说文集》，商务印书馆 2001 年版，第 343 页。

法律制度都有关于违背义务的责任规定。"①奥地利法学家凯尔森也认为："法律责任是与义务相关的概念。一个人在法律上要对一定行为负责，或者他为此承担法律责任，意思就是，他作相反行为时，他应受制裁。"②由于安理会决议被司法审查以及被裁定为违法都只是一种假设，但这种假设也需要探讨以下几个问题，即什么情况下导致国际法律责任、由谁承担国际法律责任以及承担什么样的国际法律责任？

一、国际法律责任的构成要件

按照《关于国际组织的责任的条款草案》和《关于国家责任的条款草案》的规定，国际组织和国家承担国际责任的一般原则，构成国际法律责任有两个条件，一是由作为或不作为构成的行为构成该国际组织或国家对其国际义务的违反，即属于国际不法行为；二是该国际不法行为归于该国际组织或国家。③ 根据两个责任条款草案来看，国际组织或国家承担国际责任首要条件是违反了国际义务。

（一）安理会决议违法

安理会决议被国际法院宣布为违法，其前提必须是安理会违反了其相关的国际义务，安理会的国际义务主要是来自《联合国宪章》，但也有可能来自于国际习惯法或国际强行法。安理会对其国际义务的违反可能表现为：安理会决议的通过不符合程序，或是安理会超越了自身的职权，或者是安理会决策的依据和情报来源错误或判断错误。这些都构成了安理会对其《联合国宪章》义务的违反，在实践中是存在这

---

① 李寿平：《现代国际责任法律制度》，武汉大学出版社 2003 年版，第 17 页。

② ［奥］凯尔森著：《法与国家的一般理论》，沈宗灵译，中国大百科全书出版社 1996 年版，第 73 页。

③ 《关于国际组织的责任的条款草案》第三条，一般原则：1. 一国际组织的每一国际不法行为引起该国际组织的国际责任；2. 一国际组织的国际不法行动在下列情况下发生：（c）由作为或不作为构成的行为依国际法归于该国际组织；而且（d）该行为构成对该国组织义务的违法。参见联合国文件：国际法委员会《关于国际组织的责任的第一次报告》，2003 年 3 月 26 日，A/CN.4/532，第 18 页。

种可能的。一些国家还表现出了对此类问题的关注，如利比亚在关于制裁的修正案中指出："如果制裁没有充分理由或在超过所需行动的情况下对目标国家造成任何不合法的损害，并且此种损害不符合与实现制裁目标相称的原则，目标国家则有权要求及获得应得的赔偿，这只不过是将实施制裁的权力置于《联合国宪章》和国际法约束之下的一个必然后果。国际组织和各国一样，也是必须对它们的非法行为负责、从而亦须对赔偿责任法施加给它们的义务负责的国际法人，否则，使它们接受合法性原则、认为它们有义务遵守各自的章程及国际法就毫无意义了。"①可见安理会决议违法，应该导致联合国或相关会员国的国际责任。

(二)造成损害

安理会决议违法是不是一定会导致相关国际法主体的国际责任，也就是说还是否要求安理会决议对相关国家或私人造成损害，相关国际法主体才承担国际法律责任？

在国际责任理论中，对于损害是否构成国际责任的必备要件，主要存在两种观点：一种观点认为，如果某行为没有对国际法律关系造成任何损害，而且也不可能造成损害，那么这一行为就不会成为国际不法行为，当然也不会引起国际法律责任。②如韩国国际法学柳炳华就认为，"如果主张国际责任并请求赔偿，求偿方必须有损害事实的发生，在没有任何损害的情况下，不能求偿。国际社会与国内社会不同，只有发生损害才可以追究责任"。③另一种观点则认为，损害并不是国际责任的构成要件，如《关于国家责任的条款草案》第 2 条规定国家责任的两个

① 联合国文件：《执行联合国宪章中有关援助因实施制裁而受影响的第三国的规定——阿拉伯利比亚民众国就加强关于制裁的影响和实施的若干原则提出的订正工作文件》，2002 年 3 月 18 日，A/AC. 182/L. 110/Rev. 1，第 4 页。

② 李寿平：《现代国际责任法律制度》，武汉大学出版社 2003 年版，第 43 页。

③ 柳炳华著：《国际法》(下卷)，朴国哲、朴永姬译，中国政法大学出版社 1997 年版，第 478 页。

基本要件是：行为归咎于国家以及该行为定性为违反国际义务。① 国际法委员会关于国际组织责任的第一次报告指出，没有理由对国际组织采取不同的做法，只要将"国家"改为"国际组织"就可以提出一种类似的一般原则。② 可见国家和国际组织要承担国际责任都没有将损害作为国际责任的构成要件。

至于国家责任条款草案和国际组织责任条款草案为什么都没有损害作为国际责任的构成要件，研究现代国际责任法律制度的学者李寿平教授认为，国际法委员会之所以没有将损害作为国际责任的构成要件，是因为将损害视为一种同"违背国际义务"的相同因素，也就是说，损害是自然包含在对国际法的违反之中，任何违背国际义务的行为必然导致损害。③ 对此，作者持不同意见，个人认为国际法委员会之所以不将损害作为国际责任的构成要件，主要是因为有些国际不法行为不一定造成损害，但是这类违背国际义务的行为同样构成某一国际法主体的国际责任，只不过是不需要承担损害赔偿责任，但其他形式的法律责任还是存在的。如安理会的一项决议仅具有建议或授权的性质，但没有任何国家实施该项决议，也没有给相关国家或私人造成损害，那即使该决议本身属于违法决议，联合国也无赔偿责任，但这并不排除联合国的其他国际法律责任。

二、国际法律责任的责任主体

如果安理会决议违法，则安理会肯定是违反了某种国际义务，按照上述论证，违反国际义务则要承担国际责任，那安理会违反了国际义务由谁来承担责任呢？

---

① 《国家对国际不法行为的责任条款草案案文》，available at：http：//jpkc. rucil. com. cn/article/default. asp? id＝173.

② 联合国文件：国际法委员会《关于国际组织的责任的第一次报告》，2003年3月26日，A/CN. 4/532，第17页，第36段。

③ 李寿平：《现代国际责任法律制度》，武汉大学出版社2003年版，第47~48页。

（一）联合国

1. 联合国承担国际法律责任的理论基础

按照现代国际责任的理论，如果一个国际组织作出了不遵守条约或其他国际义务的行为，或由于其机构和组织官员的行为给国家、个人或其他国际组织、国际法实体造成了损害，则要承担国际责任，这已成为国际法学者的一致观点。① 如韩国学者柳炳华认为："国际组织如有违反国际法的行为，而且该行为可以归因于国际组织，则应承担国际责任。"②苏联学者克里缅科在其给"国际组织的责任"的定义中也说，"国际组织的国际法律责任是由于它违反了根据条约以及国际法其他渊源而承担的义务的结果"。③ 国际组织法专家梁西教授也认为："国际组织，在一定范围内也是国际责任的主体；当国际组织由于其国际不法行为而违背国际义务时，也应承担国际责任"。④ 苏联学者童金也明确提出："凡是国际组织做出不当行为，不论是违反组织创建文件的规范、违反一般国际法规范，或是违反该组织内部的法律规范，都产生国际组织的责任问题。"⑤国际法委员会在《关于国际组织的国际责任的第一次报告》中也认为，"一国的每一国际不法行为引起该国的国际责任。没有理由对国际组织采取不同的做法。作为一项一般原则，显然可以说，国际组织应对其每一项国际不法行为承担国际责任。"⑥在国际法院1949年4月11日的关于为联合国服务而受损害的赔偿案的咨询意见中，国际法院就确认，联合国有资格针对某一国家主张国际赔偿，根据权利义

---

① 李寿平：《现代国际责任法律制度》，武汉大学出版社2003年版，第35页。

② 柳炳华著：《国际法》（上卷），朴国哲、朴永姬译，中国政法大学出版社1997年版，第213页。

③ 克里缅科等编：《国际法词典》，商务印书馆1996年版，第114页。

④ 梁西：《国际法》，武汉大学出版社1993年版，第113页。

⑤ 童金主编：《国际法》，邵天任、刘文宗译，法律出版社1988年版，第215~216页。

⑥ 联合国文件：国际法委员会《关于国际组织的责任的第一次报告》，2003年3月26日，A/CN.4/532，第17页，第35段。

务对等原则，国际组织也必须对其损害国家及其国民利益的行为承担国际责任。①

联合国作为国际法主体可以承担国际责任已经没有异议，那安理会决议是安理会通过的，是由安理会承担责任还是由联合国承担责任呢？安理会本身并不是国际组织，它只是联合国的一个机关，不是国际法的主体，所以安理会自身不能承担国际责任。

依照《关于国际组织的国际责任的条款草案》第4条，"一国际组织中的一个机关、其一名官员或受委托行使该组织部分职能的另外一个人的行为，应视为国际法中的该组织的行为，不管该机关、官员或人在该组织机构中的地位如何"。② 将国际组织的机关的行为归于国际组织主要的理论依据在于，国际组织的各个机关显然是置于该国际组织的控制之下的，所以从原则上讲国际组织机关的行为归于该国际组织自身。这一理论在国际实践也有体现，如《欧洲联盟运行条约》的第340条就明确规定："关于非契约责任，欧盟应根据各成员国法律所公认的一般原则对由于联盟各机构或各机构的公务人员在执行职务时所造成的损害给予赔偿（make good any damage）。"③

联合国安理会作为联合国的机关之一，其行为显然是可以归责于联合国的。国际法院在关于人权委员会特别报告员享有法律程序豁免的争议的咨询意见中指出："因联合国或以其公务身份行事的代理人所实施的行为而造成的损害，可要求联合国对由此类行为产生的损害负责。"④因此，法院认为，联合国的行为除包括其主要机关和附属机关的行为

---

① Reparation for injuries suffered in the service of the United Nations, Advisory Opinion, I. C. J. Reports 1949, p. 182.

② 联合国文件：国际法委员会《关于国际组织的责任的第二次报告》，2004年4月2日，A/CN.4/541，第13页，第28段。

③ See Article 340 of Consolidated Version of the Treaty on the Functioning of the European Union, Official Journal C 84 of 30. 3. 2010.

④ Difference Relating to Immunity from Legal Process of a Special Rapporteur of the Commission on Human Rights, Advisory Opinion, I. C. J. Reports 1999, pp. 88-89, para. 66.

外，还包括其"代理人"的作为或不作为。① 20世纪六十年代，联合国在刚果的维和行动中，"联合国刚果部队"给当地的几个国家的居民造成了广泛的损害，对这些国际不法行为导致的国际责任，联合国对受害者予以了赔偿。②

2. 因安理会决议导致联合国承担国际法律责任的情形

前面讨论安理会决议违法时，联合国应承担国际法律责任的理论与法律依据，因安理会决议而导致联合国承担国际法律责任的最大可能性就是安理会的行为越权。安理会越权可能是因为它侵犯了专属于联合国另一机关的权力，也可能是因为它行使了《联合国宪章》尚未授予任何机关的权力，但是后一种越权行为的可能性更大，因为虽然国际组织受"专业性原则"的规范③，但联合国是拥有广泛职权的综合性国际组织，所以说安理会超越联合国职权的范围的可能很小，但超越其自身职权的范围的可能性则很大。

国际法院在关于联合国某些经费咨询意见案中，承认了将某一机关越权采取的行为归责于某一国际组织的可能性。在该案中，国际法院表示："如果确定所涉行为属联合国职能范围之内，但据称是由几个机关以与《联合国宪章》所规定的职能分工不相符的方式启动或实施的，这就涉及内部层面，涉及联合国的内部组织架构。如果这一行为由一个错误的机关所为，这对内部组织架构来说是违规行为，但这并不一定意味着所产生的费用并非联合国的费用。国内法和国际法均预期可能发生法

---

① 联合国文件：国际法委员会《关于国际组织的责任的第二次报告》，2004年4月2日，A/CN.4/541，第8页，第16段。

② 李红：《国际组织的责任》，中国政法大学2006年博士论文，第10页。

③ 国际法院在关于国家在武装冲突中使用核武器的合法性的咨询意见中指出："[……]国际组织[……]不同于国家，不拥有一般权限。国际组织受'专业性原则'的规范，也就是说，国际组织的权力由设立它们的国家所赋予，权力有多大由这些国家的共同利益所决定，而且国家授权国际组织促进这些共同利益。" Legality of the Use by a State of Nuclear Weapons in Armed Conflict, Advisory Opinion, I. C. J. Reports 1996, p. 78, para.

人团体或政治团体因一代理人的越权行为而对第三方承担法律责任的情况。"①

(二)联合国会员国

国际组织一般也是不具备自己独立的执行力量或强制机制的，其通过的决策或有关决定的执行往往是通过借用成员国的有关机构或人员来完成的。联合国也如此，联合国安理会虽然是联合国的执行机构，但安理会决议的执行仍然依靠联合国的会员国以及有关区域性组织。这样就会产生一个问题，如果对某一安理会决议的执行存在国际法律责任问题，那该法律责任由谁承担？联合国或联合国会员国，再或者是由联合国和联合国会员国共同分担？

就本书讨论的情况而言，首先必须区分安理会决议是否违法。如果安理会决议是合法的，在执行中产生的国际法律责任问题，可以依据国际法委员会《关于国际组织的国际责任条款草案》第 16 条来界定，② 而本书主要是讨论在安理会决议违法的情况下，联合国会员国及有关国际组织的责任问题。作者认为，需要区分以下几种情况：

1. 会员国的自由裁量权

安理会决议是命令性质还是授权性质和建议性质，也就是说联合国会员国有多大的自由裁量权。安理会决议一般被分为有约束力决议和无约束力决议，正如本书第一章所述，这种划分并没有正式的法律依据，即使安理会依据《联合国宪章》第六章作出的决议，也有具有强制性的，根据《联合国宪章》第七章作出的决议也有的只是具有建议性质，是一种授权，如安理会授权打击索马里海盗的一系列决议。

一般来讲，安理会的制裁、武器禁运、冻结资金等强制性措施属于命令性质，具有强制约束力，联合国各会员国必须遵守和执行。如果安理会这类命令性的决议被裁定为非法，那联合国会员国也执行了此类决

---

① Certain Expenses of the United Nations (Article 17, paragraph 2, of the Charter), Advisory Opinion of July 1962, I. C. J. Reports 1962, p. 168.

② 联合国文件：国际法委员会《关于国际组织的责任的第三次报告》，2005 年 5 月 13 日，A/CN.4/553，第 18 页。

议，则由此产生的国际法律责任应由联合国来承担，因为在此类安理会决议的执行中，联合国会员国并没有自由裁量权，即使由安理会自身来执行该决议也会产生国际法律责任，所以由非法决议执行产生的法律责任应由作出该决议的国际组织来承担。所以，《国际组织责任条款草案》第16条第1款规定，"一国际组织应负有国际责任，如果：（a）该组织通过一项具有约束力的决定，使一成员国或成员国际组织实施若由该组织本身直接实施会构成国际不法行为的行为；而且（b）有关行为得到实施"。①

如果安理会的非法决议属于授权性质，则执行该决议的联合国会员国应承担国际法律责任。如1950年联合国安理会关于朝鲜问题的一系列决议被很多国家认为是非法的，该决议授权联合国会员国组建"联合国军"支援大韩民国，美英等16个国家的军队参加了"联合国军"，执行了安理会这一系列非法决议。作者认为，这些国家应承担一定国际法律责任，因为联合国关于朝鲜问题的决议只是一些授权性质的决议，这些国家并没有强制执行的义务。会员国并不受到对它的建议或授权的约束，因此会员国有不实施获得授权或建议的行为的自由。当然，联合国应承担通过这一非法决议的国际法律责任。

不过国际法委员会关于国际组织的责任条款草案报告中认为，国际组织承担责任还要看该决议的实施是为了实现谁的利益。如果一国际组织成员国在决议的授权下采取行动是为了追求自己的利益，则该国际组织无需承担责任。例如，1994年安理会关于伊拉克与科威特局势的制裁委员会根据经安全理事会第687（1991）号决议修订的第661（1990）号决议，批准向伊拉克供应氟利昂，部分出口国的这一供应行为被控违反《关于消耗臭氧层物质的蒙特利尔议定书》。显然，出口国的这一行为并不能涉及联合国的责任，因为供应氟利昂只反映了出口国和伊拉克

---

① 联合国文件：国际法委员会《关于国际组织的责任的第三次报告》，2005年5月13日，A/CN.4/553，第18页。

的利益，而不是联合国的利益。①

对于安理会的授权或建议即使是为了联合国的利益或者说是国际社会的利益，也并不一定会导致联合国的责任，还将取决于联合国会员国参与或实施这一授权或建议的程度。只有在建议或授权的行为实际得到实施，而且安理会若直接实施这一行为则构成联合国违背一项义务的情况下，才可以引发联合国的责任。如果会员国在实施授权或建议的行为时违反的是另一国际义务，这一点本身则与联合国的责任不相关。② 所以，国际法委员会《关于国际组织的责任的报告》中认为：国际组织强制实施某一行为的情况与组织授权或建议实施这一行为的情况不同。③世界知识产权组织的法律顾问在建议中也说："如果一成员国因遵守一国际组织的请求而实施的某一行为似乎既违背了该国的国际义务又违背了该组织的国际义务，则应视该组织负有国际法所指的责任。如果一国的不法行为仅是经该组织授权而不是请求，则该组织的责任程度应低得多。同样明确的是，如果协助实施一不法行为引发一组织的责任，那么协助的程度可能不同，这将对责任的程度具有影响。"④

综上所述，安理会决议如果是联合国会员国必须强制实施的决议，但由于决议具有非法性，则实施此类决议所产生的国际法律责任应由联合国来承担；但如果安理会决议只具有建议性质或授权性质，则实施此类决议所产生的国际法律责任则应由联合国和实施决议的联合国会员国来承担，但两者承担责任的法律基础不同，联合国承担国际法律责任的原因在于安理会违反了其国际义务，决议具有非法性，而联合国会员国承担国际法律责任的原因则是实施了安理会的非法决议，违背了自身的

---

① 联合国文件：国际法委员会《关于国际组织的责任的第三次报告》，2005年5月13日，A/CN.4/553，第16页，第40段。

② 联合国文件：国际法委员会《关于国际组织的责任的第三次报告》，2005年5月13日，A/CN.4/553，第16页，第41段。

③ 联合国文件：国际法委员会《关于国际组织的责任的第三次报告》，2005年5月13日，A/CN.4/553，第17页，第43段。

④ 联合国文件：国际法委员会《关于国际组织的责任的第三次报告》，2005年5月13日，A/CN.4/553，第17页，第43段。

国际义务。

2. 国际责任产生的原因

产生国际责任的原因，是由于安理会决议的本身不合法造成的还是执行的过程造成的，将对联合国会员国的责任产生重要影响。联合国会员国在执行安理会非法决议时承担国际法律责任的原因并不是由于安理会决议的非法性造成的，而是由于会员国自身原因造成的，这种情况下则联合国会员国应承担责任。也就是说即使安理会的决议是合法的，如果某一会员国那样执行安理会决议也属非法，则会员国应承担国际法律责任。如一会员国在实施安理会武力制裁措施时，违反战争法或国际人道主义法，或超出安理会决议的授权范围采取行动，则无论安理会的决议是否合法，相关会员国也应承担国际法律责任。如在海湾战争中，虽然以美国为首的多国部队对伊拉克实施的武力制裁得到了联合国安理会授权，而且安理会的此项授权也被认为是合法的，但是美军在海湾战争中利用空中优势来摧毁伊拉克民用基础设施、对正从伊拉克撤退不再处于交战状态的伊拉克军队故意连续进行"俯冲扫射"、依依靠凝固汽油弹、集束炸弹和近乎核武器的"杀伤"炸弹,① 显然这样的法律责任应由美国承担。又如，在朝鲜战争中，美国部队错误地轰炸了中国和苏联领土上的目标，显然，美军的错误行为并不是由于安理会决议的非法性造成。所以在这个问题上，美国政府最后接受："……通过联合国对经公正的现场调查表明是由美国军队造成的损害承担责任并进行赔偿"。②美国政府还表示，"它感到遗憾的是联合国指挥下的美军卷入"侵犯苏联主权的行为，并宣布它"准备提供资金，支付由联合国委员会或其他适当程序确定的对苏联财产所造成的任何损害赔偿"。③

从上述分析可以看出，如果执行安理会决议产生国际法律责任的原

---

① 泽伟、晓红：《海湾战争：联合国安理会授权的一次滥用——对一位美国学者观点之评介》，载《法学评论》1996 年第 1 期。

② 联合国文件：国际法委员会《关于国际组织的责任的第二次报告》，2004年 4 月 2 日，A/CN.4/541，第 14 页，第 32 段。

③ 联合国文件：国际法委员会《关于国际组织的责任的第二次报告》，2004年 4 月 2 日，A/CN.4/541，第 14 页，第 32 段。

因在于安理会决议本身的非法性，则应由联合国单独承担国际法律责任；而产生国际法律责任原因是由于执行安理会决议的联合国会员国违反了国际法律义务而导致的，则应由该会员国承担国际法律责任。如美国和吉布提在索马里海域检查一条吉布提的船舶，结果没有在船上发现违禁品，对此该船舶所属公司对因货物装卸所产生的费用提出了索赔。对此，联合国维持和平行动部的助理秘书长认为："执行安全理事会禁运措施的责任在于各会员国，因此，凡因各会员国为保证执行禁运措施而认为有必要采取的特别行动的费用，各会员国应负责承担。"①国际法协会题为《国际组织的责任》的报告中也包括如下意见："如一成员国在执行国际组织的合法措施的过程中违反了它必须履行的国际法规则，则该国对这一行为负有单独的责任。"②

3. 安理会决议的规定比较模糊

安理会决议的规定比较模糊的情况下，导致的国际法律责任由谁承担？安理会有些决议很难说是明显的违法的决议，这种情况在安理会授权使用武力的决议时最为突出。如安理会在通过授权使用武力的决议时，关键性用语常常采用模棱两可的语句，如往往只是授权各会员国可以采取一切必要措施来实施决议。这样的词句使得安理会的授权决议变成了一个意图开放、目的宽泛的法律文本，决议给被授权的会员国有了自由判断和解释其行为的空间，甚至给一些别有用心的国家留下了曲解的机会。其中最为典型的一个案例就是 2011 年 3 月 17 日联合国安理会通过的针对利比亚的第 1973(2011)号决议，在该决议中联合国安理会授权联合国会员国"采取一切必要措施"，保护利比亚平民，但"一切必要措施"是否包括采取军事行动以及军事行动的具体措施包括哪些，安理会理事国是有不同理解的。例如俄罗斯国家杜马(议会下院)国际事务委员会主席科萨切夫就表示，联合国安理会日前通过的第 1973

---

① 联合国文件：国际法委员会《关于国际组织的责任的第三次报告》，2005 年 5 月 13 日，A/CN. 4/553，第 12 页，第 30 段。

② 联合国文件：国际法委员会《关于国际组织的责任的第三次报告》，2005 年 5 月 13 日，A/CN. 4/553，第 11 页。

（2011）号决议的目的是通过设立禁飞区保护平民，但这一决议被"过度夸大解读"，有关国家空袭行动的打击目标却包括坦克部队和其他不属于防空系统的地面设施，"这些行动勉强只能说部分遵守决议内容，实际上与决议的文本和精神都是相违背的"。① 由于联合国会员国在实施这类决议时，自由裁量权更大，所以因执行这类决议而产生的国际法律责任更多的应由相关会员国来承担。

三、国际法律责任的形式

安理会决议被认定为违法后，根据上述的国际责任归责原则，联合国和联合国会员国应承担相应的国际法律责任，不过本部分主要是探讨联合国的国际法律责任形式，也就是主要是探讨由安理会违背其国际义务导致的联合国国际责任问题。责任的形式包括停止和不重复非法行为、赔偿、恢复原状等几种，当然并不是每一违背国际义务的行为都需要承担所有形式的责任，可能只是其中一项或几项。

（一）终止或修改违法决议

《关于国际组织的责任条款草案》第 33 条规定，国际不法行为的责任国际组织有义务：（a）在行为持续时，停止该行为；（b）在必要的情况下，提供不重复该行为的适当承诺和保证。② 根据这一精神，如果安理会决议如果被认定违法，则无论是授权性决议还是命令性决议，都将不能再被执行了，正在执行的应该停止执行。对联合国安理会而言，则是需要安理会通过新决议以终止或修改先前的决议。

在目前的安理会实践中，安理会为了保证决议的合法性，很多情况下都在决议中增设了对决议的审查条款。如安理会针对利比亚的第1970（2011）号决议中承诺："申明安理会将不断审查阿拉伯利比亚民众国当局的行动，并准备审查本决议中的措施是否得当，包括根据阿拉伯

---

① 俄议员说对利比亚的军事行动违背联合国安理会决议精神，available at：http：//news. xinhuanet. com/world/ 2011-03/21/c_121209833. htm。

② 联合国文件：国际法委员会《关于国际组织的责任的第三次报告》，2005年 5 月 13 日，A/CN. 4/553，第 7 页。

利比亚民众国当局遵守本决议相关规定的情况，随时视需要加强、修改、暂停或解除这些措施。"①安理会第 1973（2011）号决议中也承诺："重申安理会打算不断审查利比亚当局的行动，并强调安理会准备随时审查本决议和第 1970 号决议规定的措施，包括根据利比亚当局遵守本决议和第 1970 号决议的情况，酌情加强、暂停或解除这些措施。"②所以，安理会决议如被认定为非法，则联合国安理会首要的责任就是终止或修改先前的违法决议，这实际上就是国际组织的停止违法行为的责任形式。

（二）赔偿

国家有义务对其国际不法行为造成的损害提供充分的赔偿，无论这种损害是物质损害还是精神损害。常设国际法院在霍茹夫工厂案中就表达过这样的意见："非法行为的实际概念有一项基本原则———一项似乎是经由国际惯例、尤其是仲裁法庭裁决建立的原则，它规定赔偿必须尽可能消除非法行为的所有后果，并恢复实施该行为以前极可能存在的状况。"③尽管常设国际法院在该案中审理的是国与国之间的关系，但关于赔偿的这一原则也应该适用于任何其他国际法主体违背国际义务的情形。法国代表在联合国大会第六委员会也指出："霍茹夫工厂案"的判例应该既适用于国家，也适用于国际组织。④ 有学者认为，豁免国际组织对其国际不法行为须作的赔偿，那将是荒唐的，这等于说，国际机构将有权无视国际法所赋予的义务。⑤

---

① 参见安理会第 1970（2011）号决议第 27 段。

② 参见安理会第 1973（2011）号决议第 28 段。

③ 联合国文件：国际法委员会《关于国际组织的责任的第五次报告》，2007 年 5 月 2 日，A/CN.4/583，第 7 页，第 20 段。

④ 联合国文件：《联合国大会第六十一届会议正式记录》，2006 年 12 月 1 日，A/C.6/61/SR.14，第 63 段。

⑤ C. Dominicé, The International Responsibility of the United Nations for Injuries Resulting from Non-Military Enforcement Measures, in Maurizio Ragazzi（ed.）, International Responsibility Today; Essays in Memory of Oscar Schachter（Leiden/Boston: Martinus Nijhoff Publishers, 2005）, p. 363, p. 368.

　　国际组织的赔偿义务也为联合国所承认，如联合国秘书长在《关于联合国维和行动经费筹措所涉行政和预算问题的报告》中就指出："由于在联合国部队作为作战人员参与武装冲突时国际人道主义法适用于联合国部队，因此使联合国担负国际责任，而且有责任对联合国部队成员违反国际人道主义法律的行为进行赔偿。"①国际法院在关于与人权委员会特别报告员法律诉讼豁免权的咨询意见案中，在审议了对由于联合国或其代理人以公务身份采取行动造成的任何损害予以赔偿的问题后指出："联合国或许必须对这些行为造成的损害承担责任。"②

　　如果安全理事会越权行使职能或以违反《联合国宪章》的方式实施或执行制裁制度的情况下，给联合国会员国或私人造成损失，联合国是应承担国际责任的。但是目前并没有这方面的实践，而且相关受害方要得到赔偿还面临着很多困难。

　　首先，损失的大小和赔偿的数额怎样确定以及由谁来确定是个很大的问题。前面已经论述，可由国际法院来对安理会决议的合法性进行审查，但对于损失及赔偿数额怎样确定，确实需要一套规则。另外，是否应单独成立一个赔偿委员会，来核算损失以及赔偿额的大小，这些都需要进一步探讨。

　　其次，因安理会决议违法导致的联合国国际责任，需要联合国赔偿那部分费用怎样分摊？对此有人提议，联合国会对支付赔偿负责任，其会员国会像维持和平行动的情况那样分摊费用。③ 但在《国际组织责任条款草案》的讨论过程中，很多国家认为国际组织的会员国不

---

　　①　联合国文件：联合国秘书长《关于联合国维和行动经费筹措所涉行政和预算问题的报告》，1996 年 9 月 20 日，A/51/389. 第 16 段。

　　②　Difference Relating to Immunity from Legal Process of a Special Rapporteur of the Commission on Human Rights, Advisory Opinion, I. C. J. Reports 1999, p. 89, para. 66.

　　③　联合国文件：《联合国宪章和加强联合国作用特别委员会的报告》，2001 年 5 月 8 日，A/56/33，第 17 页，第 132 段。

承担这种义务。①

（三）其他责任形式

关于联合国的国际责任应该还有道歉和表示遗憾。如关于斯雷布雷尼察的沦陷问题，联合国秘书长曾表示道歉："联合国在波斯尼亚的经历是我们历史上最艰难和最痛苦的经历之一。我们在审查面对斯雷布雷尼察遭受攻击而采取的自身行动和决定时，感到极为遗憾和悔恨不已。"②虽然联合国秘书长没有明确提到联合国存在违反国际法义务的行为，但至少意味着国际组织道歉或表示遗憾可成为此类违反行为的适当法律后果之一。

本 章 小 结

法律效力是法律的效力，不包括派生文件、文书的效力。判决书、合同书等派生文件的法律效力是适用法律和实施法律后所产生的效力。国际法院裁决的法律效力，并不是指作为法律所具有普遍的约束力，而是指约束力受到国际法保证的一种效力，这种保证的最直接体现就是《联合国宪章》第 94 条，这种效力的最终来源就是国家的同意。国际法院在诉讼管辖中的裁决分为命令和判决，这类裁决仅对当事方有约束力，而且是终局性的；国际法院的咨询意见一般认为只具有建议的性质，不具有法律约束力。

如果国际法院在诉讼管辖中对安理会决议合法性进行直接司法审查，则必须规定国际法院的这类裁决具有普遍的约束力即不仅对安理会及其理事国和原告国有拘束力，而且对联合国其他会员国也具有拘束力。如果国际法院在诉讼管辖中对安理会决议合法性进行间接司法审

---

① 联合国文件：国际法委员会《关于国际组织的责任的第五次报告》，2007年 5 月 2 日，A/CN. 4/583，第 10 页，第 30 段。

② 联合国文件：《秘书长依照大会第 53/35 号决议提出的报告：斯雷布雷尼察的陷落》，1999 年 11 月 15 日，A/54/549，第 503 段。

查，则国际法院的裁决应不仅仅对当事国有约束力，而应对联合国所有会员国均有约束力。如果通过国际法院咨询管辖方式行使对安理会决议合法性的司法审查，必须赋予国际法院咨询意见以法律效力，否则将导致国际法院裁定安理会决议无效的咨询意见没有法律约束力，而联合国会员国又必须遵守安理会决议的矛盾状态。无效与非法是两个不同的概念，非法的决议肯定是无效的，但是无效的决议不一定是非法的。安理会决议无效可分为自始无效、往后无效和部分无效等几种情况。国际法院对安理会决议的司法审查即使没有法律约束力，也会产生一些其他效果。国际法院宣告安理会决定无效的裁定将削弱安理会相关决定的合法性；而宣告安理会决议合法的裁定又将有助于增强安理会的决议的力量和合法性。

安理会决议无效还可能导致国际法律责任。产生国际法律责任的前提条件是安理会决议违法，而造成损害并不是必然的构成要件，即使没有造成损害也需要承担国际法律责任，只不过不承担赔偿责任而已。如果安理会决议违法，联合国作为国际法的主体，应承担一定的国际法律责任。而联合国会员国是否需要承担法律责任则要分几种情况：如果安理会被裁定为非法的决议是命令性的，那联合国会员国如果执行了此类决议，则由此产生的国际法律责任应由联合国来承担；如果安理会的非法决议属于授权性质，则执行该决议的联合国会员国应承担国际法律责任。另外，如果执行安理会决议产生国际法律责任的原因在于安理会决议本身的非法性，则应由联合国单独承担国际法律责任；而产生国际法律责任原因是由于执行安理会决议的联合国会员国违反了国际法律义务而导致的，则应由该会员国承担国际法律责任。国际法律责任的形式包括终止或修改违法决议、赔偿以及其他法律责任形式。

第八章　中国对安理会决议司法审查制度构建的立场

中国作为联合国安理会常任理事国，一直积极主张发挥联合国安理会在维护国际和平与安全方面的积极作用。虽然国际法院在和平解决国际争端和推进国际法治方面也发挥着非常重要的作用，而且中国也越来越重视国际法院的作用，但中国应更加注重平衡这两个联合国机关在维护国际和平与安全以及推进国际法治发展方面的作用。

第一节　中国对安理会的立场与实践

一、中国对安理会作用的认识

中国作为联合国安理会常任理事国，一直非常积极地参加安理会的各项活动，履行安理会常任理事国的职责，中国也非常注重发挥安理会在维护国际和平与安全方面的地位与作用。2005 年 9 月 14 日，中国国家主席胡锦涛在纽约出席了联合国成立六十周年安理会首脑会议，并发表了题为《维护安理会权威加强集体安全机制》的重要讲话。① 这一讲话基本阐明我国对联合国安理会在维护国际和平与安全方面的作用与地位的认识与立场。胡锦涛在发言中表示，联合国六十年的实践证明，联合

---

① 胡锦涛在联合国成立 60 周年安理会首脑会议上的讲话 (全文)，参见中华人民共和国外交部网站：http：//www.fmprc.gov.cn/chn/gxh/wzb/zxxx/t212087.htm.

国安理会在解决事关世界和平与安全的重大全球和地区问题上具有不可替代的作用，我们应该保证安理会履行联合国宪章赋予的职责。

具体来讲，中国对安理会地位与作用的认识主要体现在以下几点①：

第一，维护安理会在集体安全体制中的核心地位。中国认为，国际社会要建立一个有效和公平的集体安全机制，关键在于坚持多边主义，推动实现国际关系民主化和法治化，坚持《联合国宪章》的宗旨和原则，加强联合国的权威与能力，维护安理会作为集体安全体系核心的地位。涉及世界和平与安全的重大问题上，应该由安理会根据实际情况作出判断，依照《联合国宪章》采取集体行动。

第二，安理会在应对非传统安全威胁方面的作用。冷战结束，非传统安全问题越来越严重地威胁着国际和地区和平与安全，中国支持安理会在应对恐怖主义等非传统安全问题方面发挥重要作用。在反恐方面，中国认为有关定义可适当参照现有国际公约及安理会决议的相关规定，从而达成共识。中国支持加强安理会反恐委员会职能，扩大执行局权限。同时，安理会作为联合国处理对国际和平与安全构成重大威胁问题的主要机构，不宜重复其他机构的工作。

第三，在和平解决国际争端方面。联合国会员国既要充分发挥安理会在预防与调停方面的主导作用，也要支持联合国秘书长根据授权履行斡旋与调解职能。

第四，在使用武力与自卫方面。中国认为除因遭受武力攻击而进行自卫外，使用武力必须得到安理会授权。区域办法或区域组织采取强制行动，也必须事先得到安理会授权。是否需要授权应由安理会根据《联合国宪章》第七章并视具体情况判定，谨慎处理，而且安理会是联合国唯一可决定使用武力的机构。

---

① 本部分主要参考资料为：2005 年 9 月 14 日中国国家主席胡锦涛在联合国成立 60 周年安理会首脑会议上发表的题为《维护安理会权威 加强集体安全机制》的重要讲话和 2005 年 6 月中国政府正式对外发布的《中国关于联合国改革问题的立场文件》。分别参见：http：//www.fmprc.gov.cn/chn/gxh/wzb/zxxx/t212087.htm. 和 http：//www.fmprc.gov.cn/chn/pds/ziliao/tytj/zcwj/t199083.htm.

第六，在联合国制裁方面。中国主张必须以用尽所有和平手段为前提，谨慎使用制裁。一旦安理会决定实施制裁，各国均有义务严格执行。

第七，在法治、人权与民主方面。中国认为，缓和和制止人道主义危机是国际社会的正当关切。有关行动应由安理会在联合国框架下根据具体情况判断和处置，尽可能使用和平方式，严格遵守《联合国宪章》的有关规定，尊重有关当事国及其所在地区组织的意见。在涉及强制性行动时，更应慎重行事，逐案处理。对是否将有关局势提交国际刑事法院，安理会应谨慎行事。中国未加入《罗马规约》的一个理由就是国际刑事法院对安理会权力限制过多。

二、中国在安理会的实践

1971 年 10 月 25 日，联合国大会第 26 届会议通过联合国大会第 2758 号决议，决定"恢复中华人民共和国在联合国的一切权利，承认她的政府的代表为中国在联合国组织的唯一合法代表并立即把蒋介石的代表从它在联合国组织及其所属一切机构中所非法占据的席位上驱逐出去"。① 从此中华人民共和国作为联合国安理会常任理事国在安理会展开工作，作为安理会常任理事国，中国拥有否决权，但是中国在安理会使用否决权方面非常谨慎，到目前为止，中国在安理会公开会议上总共行使了 11 次否决权，在五个常任理事国中是行使否决权最少的国家。②

中国第一次对安理会决议草案行使否决权是 1972 年 8 月 25 日，否

---

① 1971 年 10 月 25 日，联合国大会第 26 届会议第 1976 次全体会议通过了第 2758 号决议 A/RES/2758（XXVI）。

② 关于安理会常任理事国在安理会行使反对票的统计，有不同标准和方法，尤其是关于联合国秘书长人选等问题的投票情况是否包括在内，有不同的看法，本书所述的安理会常任理事国的否决票是以联合国网站统计和列明的为准。参见联合国网站：http：//www.un.org/zh/sc/meetings/veto/ 截至 2018 年 6 月 1 日，五个常任理事国中，俄罗斯联邦/苏联对安理会决议草案投了 105 次反对票，其中苏联投反对票 83 次，俄罗斯联邦投反对票 22 次，时间主要集中在联合国成立后至 20 世纪 60 年代；美国投了 81 次反对票，时间主要集中在 20 世纪 70—80 年代；英国投了 31 次反对票；法国投了 19 次反对票，冷战结束后就再也没有投过反对票了。

决了安理会关于孟加拉国加入联合国的决议草案，理由是支持当时的巴基斯坦解放运动；① 第二次是 1997 年 1 月 10 日，否决了安理会关于向危地马拉派遣联合国军事观察员的决议草案，理由是危地马拉与中国台湾维持外交关系；② 第三次是 1999 年 2 月 25 日，否决了安理会关于同意联合国驻马其顿预防性部署部队延期的决议草案，理由是马其顿政府在当年 1 月与中国台湾进行所谓"复交"；③ 第四次是 2007 年 1 月 12日，否决了美国和英国提出的有关缅甸问题的决议草案，理由是不应干涉缅甸内政；④ 第五次是 2008 年 7 月 11 日，中国否决了美、英提出的关于津巴布韦问题决议草案，理由是不应干涉津巴布韦内政；⑤ 第六至十一次都是否决了美英法等国提交的叙利亚问题决议草案，主要理由是不应干涉叙利亚内政。⑥

　　从上述对中国在安理会行使否决权的情况来看，中国在安理会的否决权行使具有以下几个特点：第一，中国行使否决权时非常慎重，到目前为止，总共只行使了 11 次，是五大常任理事国中行使否决权最少的国家；第二，行使否决权的理由主要是有关国家同台湾建立所谓的外交关系以及安理会有关决议草案干涉了其他国家的内政，其中中东局势

---

　　① 参见联合国文件：《安理会第 1660 次会议临时逐字记录》，1972 年 8 月 23日，S/PV. 1660.

　　② 参见联合国文件：《安理会第 3730 次会议临时逐字记录》，1997 年 1 月 9日，S/PV. 3730.

　　③ 参见联合国文件：《安理会第 3982 次会议临时逐字记录》，1999 年 1 月 25日，S/PV. 3982.

　　④ 参见联合国文件：《安理会第 5619 次会议临时逐字记录》，2007 年 1 月 12日，S/PV. 5619.

　　⑤ 参见联合国文件：《安理会第 5933 次会议临时逐字记录》，2008 年 7 月 11日，S/PV. 5933.

　　⑥ 参见联合国文件：《安理会第 6627 次会议临时逐字记录》，2011 年 10 月 4日，S/PV. 6627；《安理会第 6711 次会议临时逐字记录》，2012 年 2 月 4 日，S/PV. 6711；《安理会第 6810 次会议临时逐字记录》，2012 年 7 月 19 日，S/PV. 6810；《安理会第 7180 次会议临时逐字记录》，2014 年 5 月 22 日，S/PV. 7180；《安理会第 7825 次会议临时逐字记录》，2016 年 12 月 5 日，S/PV. 7825；《安理会第 7893 次会议临时逐字记录》，2017 年 2 月 28 日，S/PV. 7893.

(叙利亚)议题就有 6 次，这说明如果安理会决议草案或有关国家除非危及我国重要核心利益或违反国际法基本原则，否则我国一般不投反对票；第三，从行使否决权的时间来看，除了 1972 年投了一次反对票外，随后近 25 年没有投过一次反对票，但从 1997 年开始，中国已投了 10 次反对票，反映了中国在安理会更加活跃，更加重要。

三、中国对安理会改革的立场

2005 年 6 月中国政府正式对外发布的《中国关于联合国改革问题的立场文件》①，其中，中国对安理会改革的理解是：安理会改革是多方面的，既包括扩大问题，也包括提高工作效率、改进工作方法等重要问题。中国认为安理会改革应遵循的原则包括：(1)提高安理会的权威和效率，增强其应对全球性威胁和挑战的能力；(2)优先增加发展中国家代表性；(3)应让更多国家，特别是中小国家有更多的机会轮流进入安理会，参与其决策；(4)坚持地域平衡原则，并兼顾不同文化和文明的代表性；(5)涉及各地区的改革方案应首先在有关地区组内达成一致；(6)坚持协商一致，这是《联合国宪章》的重要精神，目的是兼顾各方，特别是中小国家利益，只有经过协商一致作出的决定才能赢得最广泛的信任和支持。中方反对人为设时限，反对强行表决尚有重大分歧的方案。可见，中国对安理会改革的立场是要求增强安理会在维护国际和平与安全方面的作用。

四、中国对几个有争议的安理会决议的态度

(一)安理会朝鲜问题决议

1950 年，苏联代表因抗议国民党代表出席安理会会议而缺席 7 个月之久，在此期间安理会就朝鲜半岛问题作出了一系列决议。② 这些决

---

①　《中国关于联合国改革问题的立场文件》，参见中华人民共和国外交部网站：http：//www.fmprc.gov.cn/chn/pds/ziliao/tytj/zcwj/t199083.htm.

②　这些决议是安理会第 82(1950)号决议、安理会第 83(1950)号决议、安理会第 84(1950)号决议。

议是安理会根据《联合国宪章》第七章作出的，属于实质性重要问题而非程序性的，但对决议的有效性一直存在异议。苏联的立场是，安理会在一个常任理事国缺席的情况下作出决定，是没有依照《联合国宪章》规定行事。中国政府对安理会通过上述决议的法律效力是持否定态度的。中国认为，在中国和苏联两个常任理事国均缺席的情况下，安理会所通过的上述决议是"非法的"。①

（二）安理会制裁利比亚决议

1988 年 12 月 21 日，美国泛美航空公司 103 航班客机在苏格兰南部洛克比镇上空爆炸坠毁，机上 259 名乘客连同机组人员外加 11 名当地居民全部丧生。英美两国指控两名利比亚情报官员参与制造了这起空难，要求利比亚交出犯罪嫌疑人接受英国的审判，利比亚予以拒绝。1992 年 1 月 2 日，联合国安理会通过第 731 号决议，要求利比亚立即对英美提出的法律程序上的要求给予答复。1992 年 3 月 3 日，利比亚到国际法院分别起诉英国和美国，认为洛克比空难应适用 1971 年 9 月于蒙特利尔签订的《关于制止危害民用航空安全的非法行为的公约》，根据该公约规定的或引渡或起诉的原则，利比亚有权将犯罪嫌疑人交本国司法机构审判。之后，即 1992 年 3 月 31 日，安理会通过了第 748(1992)号决议，认定利比亚没有履行第 731(1992)号决议。1993 年 1 月 11 日，安理会又通过了第 883(1993)号决议，对利比亚进行经济制裁。在这几份安理会决议草案表决的会议上，中国代表分别表达了对这些决议的立场。

在安理会第 731(1992)号决议的表决会议上，中国投赞成票。中国代表表示，"在磋商和讨论过程中，我们注意到安全理事会不结盟成员国对由安全理事会仅仅根据某些国家的单方面调查即作出相应的决定，尤其是这一决定涉及司法和引渡，表示关切。因此，他们就此提出了建设性的建议，中国代表团支持这些建议。考虑到不结盟集团的建议得到了提案国的采纳，并根据中国政府一贯反对恐怖主义的原则立场，中国

① 许光建：《联合国宪章诠释》，山西教育出版社 1999 年版，第 199 页。

代表团对刚刚通过的第 731(1992)号决议投了赞成票。这一决议的通过不应导致任何过激的行动或紧张局势"。①

在安理会第 748(1992)号决议的表决会议上，中国投了弃权票。中国代表表示，"惩罚恐怖主义一要有明确的证据，二要符合国际法，根据有关国际公约来处理。中国主张按照《联合国宪章》和国际法的有关原则对炸机事件进行认真、全面、公正、客观的调查，并对有关犯罪予以应有的惩罚。我们主张国际争端通过和平协商解决。我们支持联合国秘书长和其他方面发挥作用"。②

在安理会第 883(1993)号决议的表决会议上，中国投了弃权票。中国代表认为，"国与国之间的争端，不管问题多么复杂，都应通过外交和政治途径和平解决，我们不赞成滥用联合国的名义，动辄对一国实施制裁，我们在安理会通过第 748(1992)号决议时就已经表明，中国原则上不赞成对利比亚实行制裁。在目前形势有所变化的情况下，更不赞成维持和强化对利比亚的制裁，我们认为，解决炸机嫌疑犯问题的唯一有效办法是谈判和协商。强化对利比亚的制裁，不仅无助于问题的解决，反而将使局势进一步复杂化，并且将给利比亚人民带来更大痛苦，给邻国及其他有关国家造成更大经济困难，因此，中国代表团无法支持今天通过的决议"。③

（三）安理会建立前南斯拉夫国际刑事法庭的决议

针对前南斯拉夫境内的的种族屠杀问题，1993 年联合国安理会通过决议的方式，设立了前南斯拉夫国际刑事法庭以惩罚那些自 1991 年以来在前南斯拉夫境内发生的战争罪、种族屠杀、反人道罪等严重的国际罪行。对于安理会以决议的方式设立国际刑事法庭的合法性，很多国

---

① 联合国文件：《安理会第 3033 次会议临时逐字记录》，1992 年 1 月 21 日，S/PV.3033，第 39 页。

② 联合国文件：《安理会第 3063 次会议临时逐字记录》，1992 年 3 月 31 日，S/PV.3063，第 27 页。

③ 联合国文件：《安理会第 3312 次会议临时逐字记录》，1993 年 1 月 11 日，S/PV.3312，第 28 页。

家提出了质疑。① 虽然中国代表团对这一决议投了赞成票，但主要是考虑到前南斯拉夫境内的局势特殊性以及恢复及维持国际和平的紧迫性。② 中国采取的这一政治态度并不表示中国赞同这种法律安排，中国常驻联合国代表李肇星大使指出："我们历来认为在援引《联合国宪章》第七章、以安理会决议的方式成立国际法庭的问题上应持谨慎态度，以防止出现滥用第七章的先例。中国代表团一贯主张以缔约方式成立国际法庭，从而使其建立在牢固的法律基础之上，有效地行使其职能……现以决议方式通过《国际法庭规约》，规定给予国际法庭以优先管辖权乃至专属管辖权，这是有损于国家司法主权的原则的。安全理事会援引第七章以决议方式通过《国际法庭规约》，是联合国会员国必须遵照《联合国宪章》的条约义务予以执行，这在理论和实践上都将会带来很多问题和困难。对此，中国一直是持保留立场的。"③ 中国代表团最后还强调指出："以目前方式建立的国际法庭只能针对前南斯拉夫情况而特设的、临时性质的，不构成先例。"④

（四）安理会造法性决议

鉴于核武器、化学武器和生物武器及其运载工具的扩散对国际和平与安全构成威胁，为了维护国际和平与安全，安理会根据《联合国宪

---

① See Statement by Ronaldo Mota Sardenberg, Permanent Representative of Brazil, to the United Nations, U. N. SCOR, 48th Sess. , 3217th mtg. At 34, U. N. Doc. S/PV. 3217(1993). See also Statement by Representive of Japan, to the United Nations, U. N. SCOR, 48th Sess. , 3217th mtg. At 23, U. N. Doc. S/PV. 3217 (1993). See Statement by Sir David Hannay, Representative of the United Kingdom, to the United Nations, U. N. SCOR, 48th Sess. , 3217th mtg. At 18, U. N. Doc. S/PV. 3217 (1993). See Statement by Representive of Venezuela, to the United Nations, U. N. SCOR, 48th Sess. , 3217th mtg. At 8, U. N. Doc. S/PV. 3217(1993).

② 联合国文件:《安理会第 3217 次会议临时逐字记录》，1993 年 5 月 25 日，S/PV. 3217，第 18 页。

③ 联合国文件:《安理会第 3217 次会议临时逐字记录》，1993 年 5 月 25 日，S/PV. 3217，第 18 页。

④ 联合国文件:《安理会第 3217 次会议临时逐字记录》，1993 年 5 月 25 日，S/PV. 3217，第 18 页。

章》第七章通过了第 1540（2004）号决议，中国对该决议草案投了赞成票。该决议具有一定的特殊性，因为虽然国际社会已经有一系列有效的防止生化武器扩散的条约，但这些条约只有禁止国家之间扩散的规定，却没有禁止向非国家行为者扩散的规定，安理会第 1540（2004）号决议正好填补了这一空白，在本质上构成国际造法。① 对安理会这一"造法性"决议，中国代表团表示："中国支持联合国在防扩散领域发挥应有的作用，赞成安理会在广泛协商的基础上通过适当决议。中国代表团认为，目前的决议是在现有国际法基础上进一步推动和加强国际合作，以妥善解决非国家行为者非法贩运大规模杀伤性武器及其运载工具和相关材料的问题，防止大规模杀伤性毁灭性的进一步扩散，基于这一立场，中国代表团对决议草案投了赞成票。"②中国代表团在《不扩散核武器条约》第八次审议大会上提交的《关于防止核武器扩散问题的工作文件》中明确指出："各国应切实执行联合国安理会第 1540 号和第 1887 号决议，在现有国际法基础上，进一步推动和加强国际合作，以有效解决非国家行为者非法贩运大规模杀伤性武器及其运载工具和相关材料的问题。"③可见，中国对安理会第 1540（2004）之类的"造法性"决议的合法性是没有异议的。

五、中国实施安理会决议的实践

中国作为联合国安理会常任理事国，长期以来严格遵守安理会各项已生效的决议，但是安理会有些决议还存在执行的问题。④ 这些需要执

---

① 简基松：《对安理会"决议造法"行为之定性分析与完善建言》，载《法学》2009 年第 10 期。

② 联合国文件：《安理会第 4956 次会议临时逐字记录》，S/PV.4956，第 5 页。

③ 中国代表团在《不扩散核武器条约》第八次审议大会上提交的《关于防止核武器扩散问题的工作文件》，available at：http：//www.fmprc.gov.cn/chn/pds/ziliao/tytj/zcwj/t707085.htm.

④ 《联合国宪章》第 41 条规定，"安全理事会得决定所应采取武力以外之办法，以实施其决议，并得促请联合国会员国执行此项办法……"

行的决议主要是一些有关安理会制裁措施的决议，尤其是近年来安理会针对恐怖主义通过的一些金融制裁措施，即对某些个人、集团或实体冻结其金融资产或经济资源，如安理会 2002 年通过的针对塔利班、本·拉登和基地组织的第 1390(2002) 号决议。

对于安理会有关金融制裁措施的决议，我国采用的是由外交部发布通知的形式来实施的。如外交部发布的《外交部关于执行联合国安理会第 1373 号决议的通知》(外发[2001]18 号)、《外交部关于执行安理会第 1267 和 1333 号决议对有关个人和实体实施金融制裁的通知》(外发[2001]20 号)以及《外交部关于执行联合国安理会第 1526 号决议的通知》(外发[2004]2 号)等。这些通知的下发对象是国务院各部位、各直属机构，各省、自治区、直辖市人民政府外事办公室等。在通知中，外交部一般会指出："本决议系安理会根据《联合国宪章》第七章采取的强制性行动，对各国均有法律约束力。为履行我国政府所承担的国际义务，请各有关部门根据该决议，结合本部门情况采取具体措施，切实执行安理会有关决议。执行过程中如遇重大政策性问题，请及时会商外交部。若联合国安理会以后通过决议，变更、取消或延长上述决议的执行，外交部将另行通知。"[①]

为了执行外交部通知，相关的金融、交通、海关等行政主管部门也发布相应的通知，如中国人民银行发布的《中国人民银行执行外交部关于执行安理会有关决议通知的通知》(银发[2010]165 号)、《中国人民银行关于落实执行联合国安理会相关决议的通知》(银发[2017]187号)；交通运输部国际合作司根据外交部要求发布的《关于执行联合国安理会第 1980 号决议的通知》(国际组函[2011]126 号)、《关于执行联合国安理会第 2009 号决议的通知》(国际组函[2012]1 号)、《关于执行联合国安理会第 2016 号决议的通知》(国际组函[2012]1 号)；海关总署发布的《关于执行外交部〈关于执行联合国安理会第 1298 号决议的通知〉的通知》(署税[2000]368 号)以及《海关总署转发外交部〈关于执行

---

　　① 参见《外交部关于执行联合国安理会第 1526 号决议的通知》，外发[2004]2 号。

联合国安理会第 1803 号决议的通知〉的通知》(署法发［2008］200
号)等。

根据我国《商业银行法》第 29 条第 2 款规定："对于个人储蓄存款，
商业银行有权拒绝任何单位或者个人查询、冻结、划扣，但法律另有规
定的除外。"对于单位存款，该法第 30 条也规定，商业银行"有权拒绝
任何单位或者个人冻结、划扣，但法律另有规定的除外"。显然，无论
是外交部的通知还是中国人民银行的通知都不是法律法规。于是有学者
指出，中国目前采取的以主管行政部门下发通知的形式启动安理会金融
制裁决议的有关执行程序存在明显的法律缺陷或漏洞，有必要通过立法
程序将安理会决议的内容转换为国内法规，以使安理会的制裁措施具有
真正的法律效力和可执行力。①

第二节　中国对国际司法的立场与实践

一、中国对国际法院的态度

从国际法院成立至今的 60 多年的时间里，中国对国际法院的态度
大致可分为四个阶段。

第一阶段自 1946 年国际法院成立至 1949 年中华人民共和国成立。
在这个阶段，中国对国际法院的态度是比较积极的。最典型的事件是当
时的中华民国政府于 1946 年 10 月 26 日发表声明接受国际法院的强制
管辖权以及徐谟(任期为 1946 年 2 月 6 日—1956 年 6 月 28 日)出任了国
际法院的法官。②

第二个阶段始自 1949 年中华人民共和国成立至 1971 年恢复中华人
民共和国在联合国的合法席位。在此阶段，由于逃亡台湾的国民党当局

---

① 万鄂湘：《国际法与国内法关系研究》，北京大学出版社 2011 年版，第 78
页。

② 饶戈平：《国际法》，北京大学出版社 1999 年版，第 456 页。

窃据了中国在联合国中的合法席位，行使着中国在联合国的代表权，中华人民共和国政府无法与国际法院发生任何联系。

第三阶段始自 1971 年联合国大会第 2758 号决议恢复中华人民共和国在联合国的一切合法权利，终于 1978 年中国实行改革开放政策之前。由于联合国大会第 2758 号决议承认中华人民共和国政府的代表"为中国在联合国组织的唯一合法代表并立即把蒋介石的代表从它在联合国组织及其所属一切机构中非法占据的席位上驱逐出去"，① 台湾国民党当局无权代表中国参与联合国活动，断绝了与国际法院的关系。这一阶段，虽然中国恢复了在联合国的一切合法权利，但对国际法院的态度还是相当冷漠。如，我国明确地拒绝了国际法院的任择强制管辖权和事实上拒绝了国际法院的自愿管辖权和协定管辖权。此外，我国从未与其他国家签订特别协定将某一争端提交国际法院，与其他国家签订的双边条约中也不含有将有关争端提交国际法院的条款。对于中国所参加的国际条约中关于提交国际法院解决争端的条款，我国政府均作了保留。另外，在这个时期，国际法院也没有中国籍的法官。

第四个阶段自 1978 年中国实行改革开放至今。在这个阶段，中国开始参与国际法院的活动，对参与国际法院的活动开始日显积极，② 但总体上仍对国际法院仍不是很积极。迄今为止，在法院的诉讼管辖权方面，中国尚未向国际法院提交任何争端，中国仍未接受国际法院的强制管辖权和自愿管辖权，对于协定管辖权也只是作出很审慎的突破；在法院的诉讼管辖权方面，中国表现同样相对比较保守。中国从未主动提议就某事向国际法院申请咨询意见，对于咨询程序的参与也不太积极。

---

① 参见联合国大会第 26 届会议第 1976 次全体会议通过的第 2758 号决议 A/RES/2758(XXVI)。

② 1984 年，著名法学家倪征（日奥）当选为国际法院法官，1994 年任期届满回国。1994 年史久镛先生出任国际大法官，并于 2003 年 2 月当选为国际法院院长——这是中国人首次荣任此职，史久镛先生于 2010 年辞去国际法院法官职务。2010 年 9 月 13 日，当选的联合国国际法院中国籍法官薛捍勤在海牙和平宫正式宣誓就职，成为国际法院首位中国籍女法官。

二、中国对国际法院活动的参与

(一)诉讼管辖活动的参与

1. 没有接受任择强制管辖

《国际法院规约》当事国根据规约第 36 条第 2 款的规定，可随时作出单独声明，就与接受同样义务的任何其它国家发生的某些性质的法律争端，承认国际法院的强制管辖权，而不须另行订立特别协议，这就是国际法院的"任择强制管辖权"。截止到 2017 年 7 月 31 日，193 个《国际法院规约》缔约国。此外，目前有 72 个国家依照《规约》第三十六条第二项和第五项作出声明，承认法院的管辖权具有强制性（其中一些国家附有保留）。① 1946 年 10 月 26 日，当时的中国国民政府发表声明，接受国际法院的强制管辖权。联合国恢复中华人民共和国的合法席位后，1972 年 9 月，我国政府通知联合国秘书长，明确表示，对中国国民政府于 1946 年 10 月 26 日所作出的关于接受国际法院强制管辖权的声明不予承认。②

2. 双边条约中没有提交国际法院管辖的条款

根据《国际法院规约》第 36 条的规定，现行有效的双边条约的缔约国，可以在条约中规定，同意把它们之间因条约的解释与适用方面的争端，提交国际法院解决。但是，我国在签订双边条约中，从来没有载入这样的条款。对于缔约双方因条约的解释与适用发生的争端，我国签订的双边条约一般只是规定，"应当通过外交途径协商解决"。③ 不过，在我国签订的双边投资保护协定中，对缔约双方关于条约的解释与适用争端的解决方法体现了一定的灵活性，如可以通过友好协商、通过设立临时仲裁机构进行仲裁等方式解决。尤其值得注意的是，在仲裁员的指定方面，体现了与国际法院的一定的联系性。这类条约中一般规定，"如

---

① 联合国文件：《国际法院的报告》(2016 年 8 月 1 日至 2017 年 7 月 31 日)，A/72/4，第 11 页。

② 刘芳雄：《国际法院咨询管辖权研究》，浙江大学出版社 2008 年版，第 145～152 页。

③ 如《中华人民共和国和葡萄牙共和国引渡条约》第 20 条规定："由于本条约的解释或者适用所产生的任何争议，应当通过外交途径协商解决。"

果缔约一方没有任命仲裁员，应缔约另一方的要求，则仲裁员应由国际法院院长来任命；如果缔约双方未能完成仲裁庭首席仲裁员的任命，则应缔约任何一方的要求，该首席仲裁员应由国际法院院长作出任命；如果国际法院院长是缔约一方的国民或由于其他原因不能履行此项职责，该项任命应由国际法院副院长作出；如果该副院长是缔约一方的国民或由于其他原因不能履行此项职责，该项任命应由非缔约任何一方国民的国际法院最资深法官作出。"①虽然我国有关这类双边条约的争端解决并不是由国际法院来解决，但是也体现了与国际法院的一定的联系，是我国在国际法院管辖方面的一点点小突破。

3. 对多边条约的国际法院管辖条款一般予以保留

目前有很多国际公约均规定，有关条约的解释与适用发生争端时，可提交国际法院解决，但我国对所参加的国际多边条约如有此款规定，一般都作出保留。② 这类多边条约一般规定：两个或两个以上缔约国间

① 载有此类条款的双边条约有：《中华人民共和国政府和尼日利亚联邦共和国政府相互促进和保护投资协定》《中华人民共和国政府和印度共和国政府关于促进和保护投资协定》《中华人民共和国和比利时——卢森堡经济联盟关于相互鼓励和保护投资的协定和议定书》《中华人民共和国政府与澳大利亚政府相互鼓励和保护投资协定》《中华人民共和国政府与也门共和国政府关于鼓励和相互保护投资协定》《中华人民共和国政府和斯里兰卡民主社会主义共和国政府关于相互促进和保护投资协定》《中华人民共和国政府和摩洛哥王国政府关于鼓励和相互保护投资协定》《中华人民共和国政府和新西兰政府关于鼓励和相互保护投资协定》《中华人民共和国政府和智利共和国政府关于鼓励和相互保护投资协定》《中华人民共和国政府和菲律宾共和国政府关于鼓励和相互保护投资协定》等。

② 中国参加国际公约情况一览表(1875—2003)，http：//www.fmprc.gov.cn/chn/pds/ziliao/tytj/tyfg/t4985.htm。我国参加多边公约时，对此类条款提出保留的有：《保护工业产权的巴黎公约(1967年斯德哥尔摩修订文本)》第28条第1款；《消除一切形式种族歧视国际公约》第22条；《国际水道测量组织公约》第17条；《关于防止和惩处侵害受国际保留人员包括外交代表的罪行的公约》第13条第1款；《消除对妇女一切形式歧视公约》第29条第1款；《核材料实体保护公约》第17条第2款；《禁止酷刑和其他残忍、不人道或有辱人格的待遇或处罚公约》第30条第1款；《核事故或辐射紧急情况援助公约》第13条第2款；《及早通报核事故公约》第11条第2款；《制止危及海上航行安全非法行为公约》第16条第1款；《制止危害民用航空安全的非法行为的公约》第14条第1款。

关于本公约的解释或适用的任何争端不能以谈判或以本公约所明定的程序解决者，除争端各方商定其他解决方式外，应于争端任何一方请求时提请国际法院裁决。我国对此条款均作出了保留。另外，有的多边条约规定，当缔约国之间就条约的解释与适用发生争端时，在争议一方的请求下，可将此争议提交国际法院院长指定的一位仲裁人。① 严格地讲，对公约的解释与适用的争端此类解决方法，还不能算是国际法院的诉讼管辖，只是由国际法院院长指定仲裁人，通过仲裁方式来解决，但对此类条款，我国加入公约时也提出了保留。

不过随着国际法院的作用增强和形象的日益提升，中国也开始慢慢转变对国际法院的态度。中国除了对一些涉及国家重大利益的国际争端坚持通过谈判和协商解决外，对专业性和技术性的国际条约所规定的由国际法院解决争端的条款一般不作保留，改变了过去对提交国际法院解决国际争端的条款一概保留的做法。②

（二）咨询管辖活动的参与

从国际法院咨询管辖权的来看，联合国大会和安理会可以就任何法律问题请求国际法院发表咨询意见；联合国其他机关及各种专门机关，经联合国大会授权，可以对其工作范围内的任何法律问题请求国际法院发表咨询意见。国家不能请求国际法院发表咨询意见，但可以提出有关请求国际法院发表咨询意见的决议草案，例如，联合国大会"请求国际法院就科索沃单方面宣布独立是否符合国际法的问题提供咨询意见"的决议草案③就是由塞尔维亚提交的。中国从未就任何法律问题提出此类

---

① 如《国际水道测量组织公约》第 17 条，对本公约的解释或应用而引起的任何争议，经协商或指导委员会的斡旋后均未得到解决时，在争议一方的请求下，可将此争议提交国际法院院长指定的一位仲裁人。此类条款还有《核材料实体保护公约》第 17 条第 2 款；《核事故或辐射紧急情况援助公约》第 13 条第 2 款；《及早通报核事故公约》第 11 条第 2 款。

② 杨泽伟：《联合国改革的国际法问题研究》，武汉大学出版社 2009 年版，第 203 页。

③ 联合国文件：《塞尔维亚提交的决议草案——请求国际法院就科索沃单方面宣布独立是否符合国际法的问题提供咨询意见》，2008 年 9 月 23 日，A/63/L.2.

决议草案，中国唯一参加的国际法院咨询意见案就是科索沃独立咨询意见案，所以要考察中国在国际法院咨询管辖权方面的实践，主要就是考察中国对该案的态度与立场。

就科索沃独立问题向国际法院寻求咨询意见的联合国大会上，中国同意将这一问题提交国际法院发表咨询意见，投了赞成票，但在联合国大会上没有发表任何意见。① 在该案中，国际法院确定 2009 年 4 月 17 日为就此问题向法院提交书面陈述的截止日期，2009 年 7 月 17 日为已提交书面陈述的国家和组织就其他书面陈述提交书面评论的截止日期。② 中国在规定的期限内，向国际法院提出了书面陈述。中国的主要原则立场有三点：第一，安理会第 1244 号（1999 年）决议是国际社会处理科索沃问题的权威基础，安理会决议应该被遵守；第二，尊重国家主权和领土完整是国际法一项基本原则；第三，人民自决权原则有特定的内容和适用范围。③ 我国在口头陈述中重申了这三项原则立场，并从四个方面对这些问题的相反解释进行了驳斥。④ 2010 年 7 月 27 日，国际法院最终宣布了科索沃临时自治机构单方面宣布独立并不违反国际法的咨询意见。对此，中国外交部发言人表示，"在科索沃问题上，我们一贯主张在联合国安理会相关决议规定的框架内，由当事方通过对话，寻求彼此均可接受的解决办法。中方认为，国际法院的咨询意见并不妨碍当事方通过谈判妥善解决问题"。⑤

---

① 联合国文件：《联合国大会第 63 届会议第 22 次全体会议正式记录》，2008 年 10 月 8 日，A/63/PV. 22.

② 联合国文件：《国际法院关于科索沃单方面宣布独立是否符合国际法的问题的咨询意见——秘书长的说明》，2010 年 7 月 26 日，A/64/881，第 7 页，第 3 段。

③ Written Statement of the People's Republic of China to the International Court of Justice on the Issue of Kosovo, available at: http://www.icj-cij.org/docket/files/141/15611.pdf.

④ 余民才：《"科索沃独立咨询意见案"评析》，载《法商研究》2010 年第 6 期。

⑤ 外交部发言人秦刚就国际法院发表科索沃案咨询意见答记者问，参见中华人民共和国外交部网站：http://www.fmprc.gov.cn/chn/gxh/tyb/fyrbt/t719091.htm.

三、中国对国际法院改革的立场

从上述对中国参与国际法院的诉讼管辖与咨询管辖的实践来看，总体上讲，中国对国际法院的司法活动并不是很积极，但是从趋势上来看，中国越来越重视国际法院的作用。如在投资保证协定的争端方面，中国在越来越多的双边投资条约中规定，将与条约解释和适用有关的争端提交给国际法院院长、副院长或资深法官指定的仲裁员来仲裁；在国际法院咨询管辖方面，中国在科索沃独立咨询意见案中提交了书面陈述，并参加了口头陈述阶段的活动。

中国关于国际法院的态度与立场，最直接的证明载于 2005 年 6 月中国政府正式对外发布的《中国关于联合国改革问题的立场文件》。① 在该文件中，中国政府表示：“中国支持加强国际法院作用，改进法院的工作方法，提高法院的效率。各国自由选择和平解决争端方式的权利应得到尊重。”概括起来，中国对国际法院的立场包括以下三点：

1. 支持加强国际法院作用

国际法院作为联合国的主要司法机构，在解决国际法律争端，发展国际法治方面起着非常重要的作用。在诉讼管辖方面，在过去 60 多年中，法院作出的判决涉及各种各样的问题，包括各国的航行权、国籍、庇护、征用、海洋法、陆地与海洋边界以及条约的解释与适用等；对发展国际海洋法、领土法以及条约法等作出了巨大的贡献，促进了国际关系的法治化。在咨询管辖方面，虽然法院的咨询意见一般不具有法律约束力，但是由于国际法院在国际司法中的权威地位，其咨询意见还是有很大的影响力的。咨询意见在解决法律争端方面，到目前为止涉及的争端包括：国际组织有关职能问题的争端、国际组织内部成员国之间的争端、一般法律问题的争端、其他国际性法庭的判决的争端以及国际组织

---

① 2005 年 6 月中国政府正式对外发布《中国关于联合国改革问题的立场文件》，参见中华人民共和国外交部网站：http://www.fmprc.gov.cn/chn/pds/ziliao/tytj/zcwj/t199083.htm.

与其成员国之间的争端等。① 咨询意见在发展国际法方面也发挥着重要作用，对国际法的基本原则、国际组织法、国际行政法以及国际条约法的发展起了重要的推动作用。②

中国对国际法院在解决国际争端和发展国际法治方面的作用是予以认可的，并希望其作用得到加强。目前，影响国际法院发挥作用的因素主要是体现在以下两点：第一，在诉讼管辖方面，截至 2017 年 7 月 31 日，193 个《国际法院规约》缔约国中，只有 72 个国家根据《规约》第 36 条第 2 项向秘书长交存了承认法院强制管辖权的声明，③ 而且对这些声明作出了诸多保留，限制和减少了强制管辖条款的效力。在多边条约中，对将与条约解释与适用有关的争端提交国际法院解决的条款，很多缔约国也提出了保留。第二，在咨询管辖方面，有权向国际法院提出咨询意见请求的机构还不是很多，而且有些联合国机关，如联合国安理会向国际法院提出咨询请求的积极性也不是很高。

中国支持加强国际法院的作用，是否包括今后中国会接受国际法院的强制管辖条款，目前还不得而知，但有一点是肯定的，中国只会朝更加积极发挥国际法院作用的方向发展。另外，要加强国际法院在诉讼管辖方面的作用，还需要促使安理会根据《联合国宪章》第 36 条建议各国将争端提交国际法院审理。加强国际法院咨询管辖方面的作用，就需要授予更多机关申请咨询意见的权利，如有人建议，授权联合国秘书长利用国际法院发表咨询意见的权限，已得到授权的机关也应该更加积极的利用这一权限向国际法院申请发表咨询意见。④ 中国对这些增强联合国作用的建议应该是持支持的态度。

---

① 刘芳雄：《国际法院咨询管辖权研究》，浙江大学出版社 2008 年版，第 145~152 页。

② 刘芳雄：《国际法院咨询管辖权研究》，浙江大学出版社 2008 年版，第 152~167 页。

③ 联合国文件：《国际法院的报告》(2016 年 8 月 1 日至 2017 年 7 月 31 日)，A/72/4，第 11 页。

④ 联合国文件：《和平纲领——预防性外交、建立和平与维持和平》，1992 年 6 月 17 日，A/55/985-S/24111，第 38 段。

2. 改进法院的工作方法，提高法院效率

冷战结束以后，随着国际法院在解决国际争端方面的作用不断加强，来自发展中国家的法官逐渐增多，国际法院在司法审判中的形象日益提升，法院规约缔约国向国际法院提起的诉讼案件不断增加。面对日益增加的案件数量，国际法院显得有些捉襟见肘，"法院的积案虽然减少，但待处理案件数量依然繁重"。①截至 2017 年 7 月 31 日，法院总表上所列诉讼案件有 17 个，法院待决的咨询程序有一个。② 国际法院的年度报告也多次指出，国际法院的工作相当沉重。"这一方面是因为国际法院规约缔约国向法院提交的案件增加了，另一方面也是因为提交法院的案件在事实及法律方面都越来越复杂。此外，这些案件还经常要分几个阶段处理，原因各异，例如被告对管辖权或可受理性提出初步反对意见，要求指明临时措施的请求必须作为紧急事项处理，有第三国请求参加诉讼等。"③

国际法院为了能够应付一直如此繁忙的活动，近年来采取了多种步骤来提高效率，以便能够应对工作量的不断增加。法院不断重新审查其程序和工作方法，定期更新(2001 年通过的)程序指引，供出庭国家使用。④ 此外，法院还为自己设定了特别严格的听讯和评议时间表，这样就可以同时审理多个案件，并尽可能迅速地处理日趋增加的附带程序(请求指明临时措施、反诉、请求参加诉讼)。⑤ 一些专家学者也为提高

① 联合国文件：《国际法院的报告》(2005 年 8 月 1 日至 2006 年 7 月 31 日)，2006 年 8 月 14 日，A/61/4，第 48 页。

② 联合国文件：《国际法院的报告》(2016 年 8 月 1 日至 2017 年 7 月 31 日)，A/72/4，第 6 页。

③ 联合国文件：《国际法院的报告》(2010 年 8 月 1 日至 2011 年 7 月 31 日)，2011 年 8 月 11 日，A/66/4，第 2 页，第 11 段。

④ 联合国文件：《国际法院的报告》(2010 年 8 月 1 日至 2011 年 7 月 31 日)，2011 年 8 月 11 日，A/66/4，第 4 页，第 25 段。

⑤ 联合国文件：《国际法院的报告》(2010 年 8 月 1 日至 2011 年 7 月 31 日)，2011 年 8 月 11 日，A/66/4，第 4 页，第 25 段。

国际法院的工作效率，提出了一些建设性的改革方案设计。① 应该说，在保证国际法院司法公正的情况下，一切提高国际法院效率的措施，中国都是会支持的。

3. 各国自由选择和平解决争端方式的权利应得到尊重

和平解决国际争端的方式是指以武力以外的方法来解决国际争端，包括政治的方法和法律的方法。政治的解决方法一般是指谈判、协商、调查、斡旋、调解以及和解等；而法律的方法一般是指仲裁和司法解决争端的方法。中国历来主张和平解决国际争端，但就政治和法律两类解决争端的方式而言，中国在对外关系实践中，更倾向于采用谈判、协商、斡旋和调停的政治方式。这也是为什么中国在"支持加强国际法院作用"的同时，仍然坚持"各国自由选择和平解决争端方式的权利应得到尊重"的原因。当然，我们应该相信，随着国际法院工作方法的改进，工作效率的提高，国际法院在和平解决国际争端和发展国际法治方面将发挥着越来越重要的作用，中国也将更多地参与国际法院的司法活动中来。

第三节　中国对安理会决议司法审查 制度构建的立场与建议

一、中国对安理会决议司法审查制度构建的立场

（一）中国政府对安理会决议司法审查制度构建的立场

上述两节分别论述中国对于联合国安理会和国际法院的态度与立场及其实践，但关于国际法院对安理会决议的合法性实施司法审查的立场与态度这一问题，可以说从来没有官方的文件涉及，所以我们只能从有

---

① 杨泽伟：《联合国改革的国际法问题研究》，武汉大学出版社 2009 年版，第 200~203 页。

关文件和实践中去推理。

最能反映中国对安理会决议与国际法院司法活动关系立场的案例，就是国际法院关于科索沃独立咨询意见案。在该案中，中国作出了书面陈述，中国的主要原则立场之一就是，安理会第 1244 号（1999 年）决议是国际社会处理科索沃问题的权威基础，安理会决议应该被遵守。① 虽然，这一咨询案例并不是对安理会决议合法性的审查，但是中国在其书面陈述中表达了对安理会决议地位的认识，强调了其权威性。另外，在国际法院作出科索沃临时自治机构单方面宣布独立不违反国际法的咨询意见后，中国外交部对此的立场是，"在科索沃问题上，我们一贯主张在联合国安理会相关决议规定的框架内，由当事方通过对话，寻求彼此均可接受的解决办法。中方认为，国际法院的咨询意见并不妨碍当事方通过谈判妥善解决问题"。② 中国再一次表达了对安理会决议地位的看法和对国际法院咨询意见的态度。从这一案件，我们可以看出，中国政府不可能接受国际法院对安理会决议进行司法审查的建议。

科索沃独立咨询意见案是中国参与的第一个咨询案件，这一方面是因为中国对这一案件的法律意见比较关切，另一方面是因为中国逐渐建立了对国际法院的信任。但是国际法院关于这一案件的最终结果使得国际法院的威信与作用可能受到损害，可能会使中国对参与国际法院的司法活动持更加谨慎的态度。

（二）中国籍国际司法机构法官对安理会决议司法审查的观点

截至目前，在联合国国际法院担任过法官的中国籍法官共有 5 位，他们是徐谟、顾维钧、倪征（日奥）、史久镛和薛捍勤。虽然在国际法院，法官并不是代表他的国籍国，但是法官在国际法院案件中发表的个别意见，在某种程度上反映法官国籍国所属法系中所蕴含的法律文化和

---

① Written Statement of the People's Republic of China to the International Court of Justice on the Issue of Kosovo, available at: http://www.icj-cij.org/docket/files/141/15611.pdf.

② 2010 年 7 月 23 日，外交部发言人秦刚就国际法院发表科索沃案咨询意见答记者问，参见外交部网站：http://www.fmprc.gov.cn/chn/gxh/tyb/fyrbt/t719091.htm.

法律传统,① 所以, 对中国籍国际法院法官对安理会决议司法审查的观点进行考察, 将有助于理解中国对安理会决议司法审查的立场。由于中国籍法官在其意见中几乎均没有对国际法院审查安理会决议这个问题发表过意见, 所以本节只选取倪征(日奥)法官和史久镛法官的两份意见进行分析, 因为这两份意见涉及他们对国际法院与安理会各自职能以及它们之间关系的观点, 可以间接探寻他们对安理会决议司法审查的立场。

倪征(日奥)法官在国际法院任职期间, 共发表了 3 份意见。倪法官在尼加拉瓜诉美国的军事和准军事行动案关于实体的判决中发表了个别意见;② 在利比亚诉英国、利比亚诉美国的《蒙特利尔公约》解释和适用案中发表了内容完全相同的两份声明。③ 利比亚诉英国和利比亚诉美

---

① 2002 年 10 月 27 日, 史久镛法官接受《中国青年报》采访时表示:"我自己的法律信仰, 归结起来就是, 严格地按照现行的国际法从事审判, 并根据国际法的基本原则解释和适用法律。只能是这样, 因为作为一名国际法院法官, 我没有自己的法律派系, 完全按照国际法的一套标准行事, 而根本不能有任何主观主义的想法。"参见杨亮天:《我走在海牙的使命——访国际法院副院长史久镛》, available at: http://pil. rucil. com. cn/article/default. asp? id=97。虽然史法官表示自己没有法律派系, 但《国际法院规约》第 9 条规定, "每次选举时, 选举人不独应注意被选人必须具备必要资格, 并应注意务使法官全体确能代表世界各大文化及各主要法系"。《规约》的规定说明国际法院法官无意中可能在思维方式或法律理念方面还是有可能会体现某一法系的特点。

② Military and Paramilitary Activities in and against Nicaragua (Nicaragua v. United States of America), Judgement of 27 June 1986, Separate opinion of Judge Ni, I. C. J. Reports 1986, pp. 201-211.

③ Questions of Interpretation and Application of the 1971 Montreal Convention arising from the Aerial Incident at Lockerbie (Libyan Arab Jamahiriya v. United Kingdom), Order of 14 April 1992, Request for the indication of Provisional Measures, Declaration by Judge Ni. I. C. J. Reports 1992, pp. 20-23; Questions of Interpretation and Application of the 1971 Montreal Convention arising from the Aerial Incident at Lockerbie (Libyan Arab Jamahiriya v. United States of America), Order of 14 April 1992, Request for the indication of Provisional Measures, Declaration by Judge Ni. I. C. J. Reports 1992, pp. 132-135.

国案中的声明也许最能反映倪法官关于对安理会决议司法审查的观点①，当然倪法官在这份声明中并未论及对安理会合法性审查的问题，但是可以从中发现倪法官对国际法院与安理会关系的论述。在洛克比空难案中，国际法院拒绝了利比亚要求国际法院指示临时措施的请求，理由是安理会通过了相关决议，而且根据《联合国宪章》第103条规定的《宪章》义务优先原则，国际法院不能指示与有关安理会决议相冲突的临时措施。倪法官虽然同意国际法院拒绝作出临时措施的裁定，但是倪法官不同意国际法院的推理过程，他认为："利比亚的请求应该仅仅基于未履行《蒙特利尔公约》第14条第1款规定的六个月期限的要求而被驳回，法院不必同时就其他问题作出决定。因此，如果几个月后，争端仍继续存在，而且申请国有这种愿望，利比亚仍可根据1971年《蒙特利尔公约》的规定，寻求法院的补救办法。"②

倪法官得出这一结论的推理过程在于他对安理会与国际法院关系的分析。倪法官的观点是，"洛克比空难问题由安理会审议不应该阻止该问题由国际法院受理，尽管两个机构受理同一问题，但其着重点不同。安理会作为政治机构，更加关注消除国际恐怖主义和维护国际和平与安全，而国际法院作为联合国的主要司法机构，更加关注的是法律程序，如引渡问题和与起诉犯罪和评估赔偿有关的诉讼等"。③ 可见，倪法官在其声明中并未就安理会相关决议的合法性问题发表意见，因而也就谈

---

① Questions of Interpretation and Application of the 1971 Montreal Convention arising from the Aerial Incident at Lockerbie (Libyan Arab Jamahiriya *v.* United States of America), Order of 14 April 1992, Request for the indication of Provisional Measures, Declaration of Judge Ni. I. C. J. Reports 1992, pp. 132-135.

② Questions of Interpretation and Application of the 1971 Montreal Convention arising from the Aerial Incident at Lockerbie (Libyan Arab Jamahiriya *v.* United States of America), Order of 14 April 1992, Request for the indication of Provisional Measures, Declaration of Judge Ni. I. C. J. Reports 1992, p. 135.

③ Questions of Interpretation and Application of the 1971 Montreal Convention arising from the Aerial Incident at Lockerbie (Libyan Arab Jamahiriya *v.* United States of America), Order of 14 April 1992, Request for the indication of Provisional Measures, Declaration of Judge Ni. I. C. J. Reports 1992, pp. 132-134.

不上由国际法院对安理会决议合法性进行审查的问题。不过从倪法官关于国际法院与安理会是相互合作与配合而不是竞争或彼此排斥关系的观点来推断，倪法官应该认为国际法院对安理会决议没有司法审查权。

史久镛法官 1993 年至 2010 年在国际法院任职，其中于 2003 年至 2006 年任国际法院院长。在其担任国际法院法官期间共发表 16 份意见，其中，在使用武力的合法性系列案中，在请求指示临时措施阶段，史法官发表了 6 份完全相同的声明①和 4 份完全相同的异议意见②。在墨西哥诉美国的阿韦纳和其他墨西哥国民案中，史法官发表了声明；③在德国诉美国的拉格兰(LaGrand)兄弟案中发表了个别意见；④在使用或威胁使用核武器合法性的咨询意见案中发表了声明；⑤在波黑诉南斯拉夫的《灭种罪公约》适用案关于初步反对的判决中，他与韦列谢京(Vereshchetin)法官一起共同发表了声明，⑥在该案的实体判决中，他与朗热瓦(Ranjeva)、科罗马(Koroma)法官一起分别发表了联合异议意见和联合声明。⑦

同样，在史法官所发表的上述意见中也很难找到其关于国际法院对安理会决议进行司法审查这一问题的观点，史法官只是在使用武力合法

---

① Decalarations of Judge Shi. Legality of Use of Force (Serbia and Montenegro v. United Kingdom, Serbia and Montenegro v. Germany, Serbia and Montenegro v. France, Serbia and Montenegro v. Italy, Yugoslavia v. Spain, Yugoslavia v. United States of America).

② Disenting Opinion of Judge Shi. Legality of Use of Force (Serbia and Montenegro v. Portugal, Serbia and Montenegro v. Netherlands, Serbia and Montenegro v. Canada, Serbia and Montenegro v. Belgium).

③ Decalaration of Judge Shi. Avena and Other Mexican Nationals (Mexico v. United States).

④ Separate Opinion of Vice-President Shi. LaGrand (Germany v. United States of America).

⑤ Decalaration of Judge Shi. Advisory Opinion of 8 July 1996.

⑥ Joint Decalration of Judge Shi and Judge Vereshchetin. Judgement of 11 July 1996 (Preliminary Objections).

⑦ Joint Dissenting Opinion of Judges Ranjeva, Shi and Korama. Joint Declaration of Judges Shi and Korama. Judgement of 26 February 2007.

性案中发表的反对意见中论述了国际法院在维持国际和平与安全方面的作用与权力，从中可以间接地推断出史法官关于国际法院与安理会关系的观点。在该反对意见中，史法官认为："面对那样的紧急情况，国际法院应该在其司法职能许可的范围内对维护国际和平与安全做出自己的贡献。如果国际法院根据请求发布临时措施命令要求当事国履行自己的《联合国宪章》义务以及其他相关国际法律义务将是合法的；《国际法院规约》没有禁止国际法院这样做，根据《联合国宪章》国际法院是联合国的主要司法机关，国际法院应在联合国的框架内维护国际和平与安全，国际法院发布这样的命令属于行使其司法职能的暗含权力，国际法院在最需要其对维护国际和平与安全做出贡献时却没有这样做，这是很不幸的。"①所以，史法官对法院决定不指示临时措施的命令投了反对票。②

从上述分析来看，很难从联合国国际法院中国籍法官发表的意见中探寻他们有关国际法院对安理会决议进行司法审查的观点。不过前南国际刑事法庭的中国籍法官李浩培先生对该法庭审查建立自身的安理会决议的合法性问题发表了个别意见，③ 但这份个别意见只能说是对我们研究国际法院审查安理会决议的问题有一定参考价值，因为这份意见只是表达了有关前南国际刑事法庭对安理会建立其自身的决议的合法性进行司法审查的问题，不是联合国国际法院对安理会决议司法审查的问题。

在塔迪奇上诉案中，前南国际刑事法庭上诉庭根据管辖权的管辖权理论（the doctrine of competenc-competence），认为该法庭对安理会建立其自身的决议的合法性有司法审查的权力，④ 李浩培法官在其个别意见中对这个问题发表了不同意见，李法官表示虽然他同意上诉庭驳回上诉人上诉请求的决定，但他不同意上诉庭对前南国际刑事法庭合法性进行

① Legality of Use of Force (Serbia and Montenegro v. Portugal), Dissenting Opinion of Judge Shi, I. C. J. Reports 1999, pp. 716-717.

② Legality of Use of Force (Serbia and Montenegro v. Portugal), Dissenting Opinion of Judge Shi, I. C. J. Reports 1999, p. 717.

③ Separate Opinion of Judge Li on the Defence Motion for Interlocutory Appeal on Juridiction, 2 Oct 1995. http: //www. icty. org/x/cases/tadic/acdec/en/51002723. htm.

④ 参看本书第二章第二节。

审查的决定。

李法官认为，"前南国际刑事法庭上诉庭根据管辖权的管辖权理论，审查安理会建立前南国际刑事法庭决议的合法性。然而，这个理论只允许该刑庭审查和决定自己的管辖权，然而法庭却不适当扩展到对法庭权能的审查和对安理会建立该法庭决议的适当性(appropriateness)审查。《前南国际刑事法庭规约》第1条也只授予法庭'根据本规约各条款起诉应对1991年以来前南斯拉夫境内所犯的严重违反国际人道主义法行为负责的人的权力'，《联合国宪章》也没有授予法庭审查安理会决议合法性的权力，非常明确的是本法庭没有这样的权力，法庭的审查是越权的和非法的"。① 而且，"安理会根据《联合国宪章》第39条通过的建立该法庭的第808(1993)号决议是建立在前南斯拉夫情势构成对国际和平与安全威胁的基础之上。这种情势是否对国际和平与安全构成为威胁以及应该采取什么措施是政治问题，作为联合国政治机构的安理会完全有权决定此类问题。该法庭的法官只有法律方面的训练，但对国际政治事务却没有经验，对这类问题是无知的，审查安理会的该项决议在法律上和事实上都是不明智和无价值的，对上诉人请求审查法庭建立的合法性问题应该予以驳回"。②

从李法官否定前南国际刑事法庭对安理会相关决议进行司法审查的观点和理由来看，李法官基本上不同意国际司法机构对安理会这样一个联合国政治机构的决议进行审查，所以，李法官应该也不会赞成由国际法院对安理会决议进行司法审查。

(三)中国学者有关国际法院对安理会决议进行司法审查的观点

总体而言，目前中国国际法学者并没有对国际法院审查安理会决议合法性问题进行过深入系统研究，但也有很多国际法学者在其相关论著

---

① Separate Opinion of Judge Li on the Defence Motion for Interlocutory Appeal on Juridiction, 2 Oct 1995, para. 2. http：//www. icty. org/x/cases/tadic/acdec/en/51002723. htm.

② Separate Opinion of Judge Li on the Defence Motion for Interlocutory Appeal on Juridiction, 2 Oct 1995, para. 3. http：//www. icty. org/x/cases/tadic/acdec/en/51002723. htm.

中对这一问题有所论及，研究分析他们关于这一问题的观点，有助于我们确立在有关国际法院审查安理会决议这一问题上的立场。

高健军教授在《从"洛克比"案看国际法院同安理会的关系》一文中，① 在分析了国际法院同安理会的关系后，得出的结论是国际法院限制安理会权力行使方面应发挥一定的作用。高教授认为，联合国体系不同于国内法体系，国际法院并未被授予对联合国其他机关所作决议的合法性进行司法审查的权力；与此同时，《联合国宪章》虽然对安理会的权力作了一些限制，但是这种限制是不明确的，需要依据国际法原则进行解释。他还认为，《联合国宪章》的解释属于一个法律问题，而国际法院则是《联合国宪章》解释的最恰当的机构，这样国际法院就可能成为判定安理会权力界限的适当场所。国际法院解释《联合国宪章》中的限制规定的过程就是对安理会决议合法性进行审查的行为，这样国际法院就事实上行使了司法审查的权力。不过高教授认为，国际法院在实施司法审查权的范围应当受到严格的限制，以免妨害安理会处理危机国际和平与安全的事项方面的效率。他认为，对国际法院审查权的限制至少应包括以下两个方面：首先，审查的范围应限于安理会依据《联合国宪章》第七章作出的有拘束力的决议，并且这类决议涉及国家依国际法一般原则所享有的基本权利，妨害了国际法院的司法职能；其次，国际法院不可主动进行司法审查，要以有关国家的申请为前提条件。要建立国际法院对安理会决议的司法审查制度，还需要对《联合国宪章》有关条款进行修改。

宋杰博士在其专著《国际法院司法实践中的解释问题研究》中，在研究国际法院关于《世界卫生组织宪章》的解释问题时，分析了国际法院的司法审查权及其限制。他认为，从"国际组织是自己管辖权的最终决定者"这个角度而言，国际法院具有审查其他任何国际组织决议效力的权力，但是，当把这样一个观点放在联合国体系内判断时，则仍不免有所疑问。因为在联合国体系内，国际法院的首要特色在于其是"联合

---

① 高健军：《从"洛克比"案看国际法院同安理会的关系》，载《中外法学》1998 年第 1 期。

国"的主要司法机关，而不是其司法性。因而国际法院有义务和责任保证联合国的统一性和权威性，所以，就联合国大会和安理会决议而言，国际法院很难对其进行司法审查。如果国际法院这行使这种司法审查权，将会导致联合国各机关之间在管辖权问题上产生冲突，不利于建立和谐的国际法律秩序。宋杰博士还认为，国际法院不能对安理会决议实施司法审查是由国际法院所处社会的本质决定的，因为国际社会在相当长的时间内是不可能接受"宪法法院"这样的观念和现实的。事实上，国际法院在实践中还从没有挑战过安理会决议的效力，国际法院采取的是自我抑制，这是建立在对现实的认识与把握的基础之上。①

王秀梅教授在《国际法院对安理会的司法审查权刍议——以国际组织宪政为视角》一文中指出，随着安理会制定的法律越来越多，国际法院的法官已经无从继续回避其对安理会决议的司法审查，但对安理会决议进行司法审查需要对现行的国际制度作出重大改革，因此，确立并实现国际法院对安理会的司法审查制度，将任重而道远。②

从上述分析可以看出，对安理会决议司法审查这一问题进行过研究的学者总体上认为，安理会的权力应受到限制，国际法院可以对安理会决议的合法性进行审查，但这一制度的建立面临很多困难，难度很大。

二、中国对安理会决议司法审查制度构建应持的立场

加强国际法治建设对中国有利，中国正处于和平发展的上升期。"历史证明，当崛起中的大国认为它的崛起不会受到阻碍，而现在的大国认为它对世界的统治不会受到威胁时，超级大国可以和平共处。"③这种共处需要建立在相互信任的基础上，而相互信任则又建立在共同的规则和对规则的遵守之上，而这一切要求加强国际法治建设。

---

① 宋杰：《国际法院司法实践中的解释问题研究》，武汉大学出版社2008年版，第36~38页。

② 王秀梅、李小玲：《国际法院对安理会的司法审查权刍议——以国际组织宪政为视角》，载《河南省政法管理干部学院学报》，2011年第2期。

③ 《中美必将是对手但不一定是敌人》，载《参考消息》2010年12月4日，第8版。

目前，中国的综合国力正处于一个上升时期，而美国、欧盟虽然遭遇严重的金融债务危机，但是综合实力仍远超过中国。由于欧美有共同的民主政治价值观和社会经济制度，对中国的快速发展，也存有担心，担心中国的发展会给威胁它们在世界的统治地位和话语权，所以它们不断散布中国威胁论的言论，对中国采取经济上压制、文化上渗透、军事上包围、技术上封锁等措施。而中国的发展是一种和平发展，中国的发展只会促进和平而不会威胁和平，中国在上升发展的新时期，不可能再走西方发展时期的对外侵略扩展的道路，这既不符合中国的对外政策和文化传统，也不符合当今世界的潮流。中国的发展必须建立在一个良好的周边环境和一个和平稳定的世界环境基础之上，而且这个世界必须有一套合理的政治经济新秩序和国际规则。

目前，在联合国体系中，安理会处于一个强势地位，而国际法院处于一个弱势地位，而中国又属于安理会常任理事国之一，这种格局似乎对中国比较有利，但事实上，目前安理会也面临着很大的改革压力。国际社会对安理会最大的非议就是安理会权力过大，而且有滥用权力的危险，那么对安理会权力制约的途径主要有两个：一个是内部途径；一个是外部途径。内部途径就是改革安理会，其中最主要的方案就是扩大安理会理事国的数量，增强安理会构成的民主化和程序的透明度，分散安理会的权力，减少安理会滥用权力的风险。而外部途径就是通过联合国的其他机关来对安理会的权力实施监督，除了联合国大会的监督外，国际法院的司法监督，即司法审查似乎也是一种可行的办法。

从上述两节的分析，我们可以看出，中国在安理会改革方面，要维护安理会作为集体安全体系核心的地位，提高安理会的权威和效率；同时同意优先增加发展中国家在安理会的代表性，坚持地域平衡原则等，这些意见虽然很合理，但是国际社会想要在安理会扩容方面达成一致意见，将面临着诸多困难。而且最后即使国际社会就安理会的改革方案达成一致意见，也是一些大国、强国更多的加入进来，不一定符合中国的利益，从目前安理会改革"四国联盟"的方案来看，[1] 日本、德国、印度

---

[1] 参见杨泽伟：《联合国改革的国际法问题研究》，武汉大学出版社2009年版，第147~149页。

和巴西是最希望进入常任理事国的国家。从国际社会的历史和实践来看，大国强国一般都具有较强的谈判能力和活动能力，所以真正的发展中国家要提高在安理会，尤其是安理会常任理事国中的比例是很难的，最终的结果必然是发达国家占有更多的席位，这是与我们目前的立场背道而驰的。

也就是说，即使安理会增加了理事国数量，西方发达国家仍将继续在安理会占优势地位，当然，中国在安理会属于常任理事国，拥有巨大的权力——否决权，但是中国在联合国的安理会实践来看，这一权力很难行使。因为这一权力过大，反而不能轻易行使，中国在行使否决权时，必须要考虑到否决权的行使对国际关系所造成的重大影响，所以，在安理会决议草案的投票表决中，只有当某一决议草案涉及中国的重要核心利益或违反国际法基本原则时，中国考虑投反对票，而一般情况下，即使对安理会决议草案内容有严重保留，我们也只会投弃权票，而这不能阻碍安理会决议的通过。

那我们是否可以考虑，对安理会的外部制约呢？外部制约的途径之一就是本书论述的国际法院的司法审查机制，这一机制应该也是符合中国立场和利益的，中国对联合国集体安全制度改革的立场就包括"推动实现国际关系的民主化和法治化"，而国际法院对安理会决议的司法审查制度是有助于实现国际关系法治化的，而且这一制度构想也有助于减轻安理会内部改革的压力。

本 章 小 结

中国作为联合国安理会常任理事国，一直非常积极地参加安理会的各项活动，履行安理会常任理事国的职责，中国认为应维护安理会在集体安全体制中的核心地位。中国在联合国安理会使用否决权时非常谨慎，只有当有关国家同台湾建立了所谓的外交关系或有关决议草案严重干涉了其他国家内政时，中国才会使用否决权。关于联合国安理会改革，中国的立场是增强安理会在维护国际和平与安全方面的作用。中国在实施安理会决议时，采用的是由行政机关通知的形式实施的，这种做法在法律上存在缺陷。

总体上讲，中国对国际法院的司法活动并不是很积极，但是从趋势上来看，中国越来越重视国际法院的作用。自实行改革开放至今，国际法院 15 位法官中总有中国籍法官；在法院的诉讼管辖权方面，中国尚未向国际法院提交任何争端，中国仍未接受国际法院的强制管辖权和自愿管辖权，但对于协定管辖方面作出很审慎的突破；在咨询管辖方面，中国积极参与了科索沃独立咨询意见案。关于国际法院的改革，中国支持加强国际法院作用，改进法院的工作方法，提高法院的效率，各国自由选择和平解决争端方式的权利应得到尊重。

从中国在联合国的实践来看，中国政府更加注重联合国安理会在维护国际和平与安全方面的作用，结合中国对国际法院的立场来看，很难得出中国政府支持国际法院对安理会决议进行司法审查的结论。目前，国际社会主张对安理会权力进行限制，防止安理会滥用权力的呼声越来越高，即使对安理会的成员结构和数量进行改革，也很难改变西方国家在安理会占优势地位的现状，而且中国使用否决权的压力也越来越大。所以，支持国际法院对安理会决议进行司法审查，有助于加强对安理会权力的限制，减轻安理会改革的压力。这一制度也将有助于避免中国与美国等西方国家在联合国发生尖锐对立，从而为和平发展创造一个比较有利的国际环境。

结　　论

　　冷战结束以后，安理会在维持国际和平与安全方面发挥着越来越大的作用，安理会通过的决议数量也大为增加，但一些安理会决议的合法性也受到了质疑。安理会决议的合法性受到质疑的主要原因在于，安理会决议的通过超越了安理会自身的权限。针对安理会决议的合法性问题，一些学者主张国际法院对安理会决议进行司法审查。对安理会决议进行司法审查的理论依据主要在于：首先，安理会依法履行自己的职责是国际法治的要求；其次，任何权力都应受到约束，安理会的权力也不例外；最后，国家的权利应该可以通过国际司法的途径得到保护。

　　对安理会决议的进行司法审查，首先考虑的是由联合国国际法院来进行，但从《联合国宪章》和《国际法院规约》的规定来看，找不到这样的法律依据。国际法院在其司法实践也明确表示自身对安理会决议没有司法审查权，但有几位国际法院法官在其个别意见或共同意见中表示国际法院拥有司法审查权，而且事实上，国际法院在几个案件中对安理会决议的合法性进行了审查，只不过结论是安理会决议是合法有效的。结合其他国际司法机构的情况来看，最有可能对安理会决议进行司法审查的主体就是联合国国际法院了，其他国际司法机构即使声称自己拥有对安理会决议合法性进行审查的权力，也只是就某个或某些特定的安理会决议进行司法审查。

　　国际法院对安理会决议合法性进行审查时，应遵守案件性原则、政治问题不审查原则、安理会决议有效推定原则以及安理会决议合法性解释原则等，这是由于国际法院司法权中立性特点以及维护安理会权威地位的需要而设定的。国际法院对安理会决议的司法审查范围应主要集中安理会根据《联合国宪章》第七章作出的决议，具体来讲，包括安理会根据《联合国宪章》第 39 条作出的对国际情势判定的决议、根据《联合国宪章》第 40 条作出的为防止情势恶化而采取的临时办法的决议以及依据《联合国宪章》第 41 条和第 42 条分别作出的有关武力和武力以外的强制措施的决议。

关于对安理会决议合法性司法审查的标准，首先应考虑的是《联合国宪章》，包括《联合国宪章》规定的联合国宗旨与原则以及《联合国宪章》的有关条款；其次，某些习惯国际法也可以作为司法审查的标准，习惯国际法包括联合国自身发展起来的国际习惯和一般国际习惯；最后，国际强行法也是安理会必须遵守的，可以作为对安理会决议进行司法审查的标准。一般法律原则在国际法院的司法实践中很少适用，即使适用也只是司法程序方面的一般法律原则，所以采用一般法律原则来审查安理会决议合法性的意义不是很大。由于《联合国宪章》第 103 条明确规定联合国会员国的《联合国宪章》义务优于其条约义务，而安理会决议被视为《联合国宪章》义务，所以一般国际条约不能作为司法审查的标准。

国际法院管辖方式分为诉讼管辖和咨询管辖，国际法院以这两种方式对安理会决议进行司法审查皆有可能。国际法院的诉讼管辖是解决国家之间的法律争端，但在此种方式中对安理会决议实施司法审查的可能性还是存在的，如洛克比空难引发的诉讼案件就存在这种可能性。但国家以安理会作为被告对安理会决议的合法性提起诉讼的方式可能性不大，主要制度障碍在于《国际法院规约》并不允许国际组织作为当事方参与国际法院的诉讼管辖，所以要对安理会决议以直接诉讼管辖的方式进行司法审查，必须对《联合国宪章》和《国际法院规约》进行重大修改，而这种修改的可能性并不大。以诉讼管辖方式对安理会决议进行间接司法审查的另一障碍在于国际法院在诉讼管辖中的裁决仅对当事国双方才有约束力，所以一旦国际法院在诉讼管辖中宣告安理会决议违法或无效，这将造成一种奇怪的局面，即诉讼双方当事国可以因法院判决而不遵守安理会决议，而联合国其他会员国仍需遵守安理会决议。从国际法院的咨询管辖实践来看，以咨询管辖方式对安理会决议实施司法审查的可能性最大，但是国际法院咨询意见一般情况下并没有法律约束力，这将是咨询管辖方式的一大缺陷。国际法院对安理会决议的司法审查即使没有法律约束力，也会产生一些其他效果。另外，安理会决议无效还可能导致联合国的国际法律责任。

中国作为联合国安理会常任理事国，一直非常积极地参加安理会的各项活动，履行安理会常任理事国的职责，中国认为应维护安理会在集体安全体制中的核心地位。虽然从趋势上来看，中国越来越重视国际法院的作用，但相对于中国对安理会的态度来看，中国对国际法院的司法活动的积极性还不够。中国在处理国际问题时更倾向于采用协商谈判等政治方式来解决国际争端，因而从这一情况来分析，可以断定中国并不会支持国际法院对安理会决议的司法审查。但是目前国际社会主张对安理会权力进行限制，防止安理会滥用权力的呼声越来越高，联合国安理会面临着巨大的改革压力。从目前的各种改革方案来看，难度都很大，而且这些改革方案并一定符合中国的意愿和利益，而建立国际法院对安理会决议的司法审查制度，将有助于加强对安理会权力的限制，减轻安理会改革的压力。这一制度也将有助于避免中国在联合国安理会与美国等西方国家发生尖锐对立，从而为中国的和平发展创造一个比较有利的国际政治环境和法治环境。

参 考 文 献

一、中文文献

(一)著作类

1. 陈东晓．全球安全治理与联合国安全机制改革．北京：时事出版社，2012.

2. 黄瑶．论禁止使用武力原则：联合国宪章第二条第四项法理分析．北京：北京大学出版社，2003.

3. 江国青．联合国专门机构法律制度研究．武汉：武汉大学出版社，1993.

4. 李浩培．条约法概论．北京：法律出版社，2003.

5. 李世光，刘大群，凌岩．国际刑事法院罗马规约评释．北京：北京大学出版社，2006.

6. 李寿平．现代国际责任法律制度．武汉：武汉大学出版社，2005.

7. 梁西．国际组织法(总论)．武汉：武汉大学出版社，2002.

8. 刘芳雄．国际法院咨询管辖权研究．杭州：浙江大学出版社，2008.

9. 毛瑞鹏．美国与联合国安理会改革．上海：上海人民出版社，2012

10. 门洪华．和平的纬度：联合国集体安全机制研究．上海：上海人民出版社，2002.

11. 莫纪宏. 宪法审判制度概要. 北京：中国人民公安大学出版社，1998.

12. 邵沙平. 国际法院新近案例研究（1990—2003）. 北京：商务印书馆，2006.

13. 宋杰. 国际法院司法实践中的解释问题研究. 武汉：武汉大学出版社，2008.

14. 盛红生. 联合国维持和平行动法律问题研究. 北京：时事出版社，2006.

15. 苏晓宏. 变动世界中的国际司法. 北京：北京大学出版社，2006.

16. 万鄂湘. 国际法与国内法关系研究. 北京：北京大学出版社，2011.

17. 王莉君. 权力与权利的思辨. 北京：中国法制出版社，2005.

18. 温树斌. 国际法强制执行问题研究. 武汉：武汉大学出版社，2010.

19. 许光建. 联合国宪章诠释. 太原：山西教育出版社，1999.

20. 杨泽伟. 联合国改革的国际法问题研究. 武汉：武汉大学出版社，2009.

21. 曾令良. 21 世纪初的国际法与中国. 武汉：武汉大学出版社，2005.

22. 曾令良. 欧洲联盟法总论. 武汉：武汉大学出版社，2007.

23. 张贵洪. 联合国与国际法治：第二届联合国研究青年论坛获奖论文集. 北京：时事出版社，2016.

24. 赵海峰. 国际司法制度初论. 北京：北京大学出版社，2006.

（二）译著类

1. ［英］郑斌. 国际法院与法庭适用的一般法律原则. 韩秀丽、蔡从燕译. 北京：法律出版社，2012.

2. ［英］詹宁斯，瓦茨. 奥本海国际法（第一分册）. 王铁崖等译. 北京：中国大百科全书出版社，1998.

3. ［英］伊恩·布朗利. 国际公法原理. 曾令良、余敏友等译. 北京：法律出版社，2003.

4. ［美］伊恩·赫德. 无政府状态之后：联合国安理会中的合法性与权力. 毛瑞鹏译. 上海：上海人民出版社，2018.

5. ［美］比尔德. 伟大的篡权：美国19、20世纪之交关于司法审查的讨论. 李松锋译. 上海：上海三联书店，2009.

6. ［美］W. 迈克尔·赖斯曼. 国际法：领悟与构建. 万鄂湘等译. 北京：法律出版社，2007.

7. ［美］西尔维亚·斯诺维斯. 司法审查与宪法. 谌洪果译. 北京：北京大学出版社，2005.

8. ［美］约翰·哈特·伊利. 民主与不信任：关于司法审查的理论. 朱中一、顾运译. 北京：法律出版社，2003.

9. ［美］克里斯托弗·沃尔夫. 司法能动主义：自由的保障还是安全的威胁. 黄金荣译. 北京：中国政法大学出版社，2007.

（三）论文类

1. 陈海明. 卡迪案及其对国际法意义的分析. 太平洋学报，2010（1）.

2. 陈景辉. 比例原则的普遍化与基本权利的性质. 中国法学，2017（5）.

3. 陈亚芸. 论联合国宪章在欧盟法律体系中的地位——由卡迪案引发的思考. 国际论坛，2013（01）.

4. 戴轶. 试论安理会授权使用武力的法律规制. 法学评论，2008（3）.

5. 邓宁. 国际法院对安理会决议的间接司法审查权之探析. 天津法学，2014（3）.

6. 高健军. 从"洛克比"案看国际法院同安理会的关系. 中外法学，2002（1）.

7. 高翔. 国际宪政主义思潮及其启示. 武汉理工大学学报（社会科学版），2010（2）.

8. 古祖雪．联合国改革与国际法发展——对联合国"威胁、挑战和改革问题高级别小组"报告的一种解读．武大国际法评论，2006(2)．

9. 韩召颖．联合国安理会制度有效性的考察．南开学报(哲学社会科学版)，2008(5)．

10. 何田田．联合国安理会决议与国际法渊源关系的思考．南都学坛(人文社会科学学报)，2017(3)．

11. 洪永红．试论卢旺达国际刑事法庭的合法性．西亚非洲，2008(9)．

12. 黄文艺．全球化时代的国际法治——以形式法治概念为基准的考察．吉林大学社会科学学报，2009(4)．

13. 黄瑶．国际组织决议的法律效力探源．政治与法律，2001(5)．

14. 简基松．对安理会"决议造法"行为之定性分析与完善建言．法学，2009(10)．

15. 李杰豪．联合国宪政及其结构缺陷与路径趋势．国际问题研究，2008(4)．

16. 李寿平．国际和平与安全的新威胁与联合国框架下的使用武力规则．北京理工大学学报(社会科学版)，2007(3)．

17. 李廷康．安理会授权使用武力机制合法性与有效性关系问题分析，国际关系研究 2017 (4)．

18. 李薇薇．论联合国经济制裁中的人权保护——兼评联合国对朝鲜的经济制裁．法律科学(西北政法学院学报)，2007(2)．

19. 林健聪．联合国安全理事会与国际法院的权力冲突．云南大学学报(法学版)，2010(1)．

20. 刘健．国际刑事法院管辖权与联合国安理会职权关系论——《罗马规约》的妥协性规定评析．现代法学，2007(5)．

21. 刘亮．国际法院咨询管辖中"法律问题"的界定．研究生法学，2008(6)．

22. 邱冬梅．论国际刑事法院与联合国安理会的关系．厦门大学法律评论，2006(2)．

23. 盛红生．从诉讼角度考察国际组织的法律人格．法学评论，2010（1）．

24. 司平平．联合国大会维护和平职能的扩展——对《联合国宪章》第 12 条逐步扩大的解释．法学评论，2007（2）．

25. 宋杰．国际法院关于《联合国宪章》的解释问题研究．甘肃社会科学，2005（6）．

26. 宋杰．国际法院司法实践中的初步反对问题研究．法学评论，2007（1）．

27. 宋显忠．全球时代的宪政与法治．吉林大学社会科学学报，2009（4）．

28. 孙昂．联合国安理会制裁机制的正当程序——以"1267 制裁机制"的改革为例．国际法研究 2015（6）．

29. 孙萌．论国家责任制度在联合国组织的适用．中国法学，2005（1）．

30. 孙萌．论集体安全制度对禁止使用武力原则的实施．外交评论，2008（2）．

31. 王成琳．浅析国际新背景下的联合国改革．南方论刊，2017（4）．

32. 王虎华，蒋圣力，联合国安理会决议造法的国际法思考．时代法学，2015（12）．

33. 王军敏．联合国安理会决议的法律效力．中国党政干部论坛，2009（11）．

34. 王孔祥．强行法与公正审判权的冲突——联合国安理会 1267 号决议评析．武汉大学学报（哲学社会科学版），2010（1）．

35. 王蕾凡．安理会目标制裁决议实施中人权保护的司法审查．国际法研究，2017（4）．

36. 王立君．国际组织责任的若干问题评析．法学评论，2010（4）．

37. 王玫黎，谭畅．冲突与协调：安理会与国际法院的关系新论．西南政法大学学报，2012（5）．

38. 王秀梅，李小玲．国际法院对安理会的司法审查权刍议——以国际组织宪政为视角．河南政法管理干部学院学报，2011(2)．

39. 王秀梅．国际宪政思潮的兴起与国际法"宪法化"趋势．法律科学，2011(2)．

40. 伍俐斌．联合国安理会对国际刑事法院管辖权的限制．政法论坛，2017(1)．

41. 徐娜．从"洛克比空难案"透视国际法院的司法审查权．今日科苑，2008(22)．

42. 许楚敬．设立前南斯拉夫问题国际法庭的法理根据．政法论丛，2002(4)．

43. 熊安邦．论联合国安理会制裁措施的新发展——对联合国安理会第 1970 号和 1973 号决议的国际法解析．西部法学评论，2012(1)．

44. 杨泽伟．联合国改革的现实基础．国际观察，2007(6)．

45. 杨泽伟．联合国改革与现代国际法：挑战、影响和作用．时代法学，2008(3)．

46. 杨泽伟．论国际法的政治基础．法律科学，2005(3)．

47. 杨泽伟．再论国际组织决议的法律效力．法商研究，1998(6)．

48. 余敏友．联合国集体安全体制对使用武力的法律控制：挑战与改革．武大国际法评论，2006(2)．

49. 余敏友．试析法律在联合国集体安全体制中的作用．外交评论，2006(4)．

50. 余敏友．武力打击国际恐怖主义的合法性问题．法学研究，2003(6)．

51. 曾令良．国际法院的咨询管辖与现代国际法的发展．法学评论，1998(1)．

52. 曾令良．联合国在推动国际法治建设中的作用．法商研究，2011(2)．

53. 曾令良．欧洲共同体司法审查制度剖析．武汉大学学报(社会科学版)．1988(2)．

54. 甄妮，陈志敏. 不干涉内政原则与冷战后中国在安理会的投票实践. 国际问题研究，2014(3).

55. 张箫剑. 国际强行法之理论考察. 河北法学，2009(8).

56. 赵宏瑞，杨一泽. 全球治理中联合国安理会否决权机制研究，哈尔滨工业大学学报(社会科学版)，2016(2).

57. 赵建文. 联合国安理会在国际法治中的地位和作用. 吉林大学社会科学学报，2011(4).

58. 钟继军. 政府间组织成为国际法院诉讼当事者之辨析. 法学杂志，2008(5).

59. 朱文奇. 论成立国际刑事法庭的合法性问题. 时代法学，2005(6).

60. [美]伊恩·赫德. 付炜译. 联合国安理会与国际法治. 浙江大学学报(人文社会科学版). 2013(5).

二、英文文献

(一) Books

1. Devika Hovell, *The Power of Process: The Value of Due Process in Security Council Sanctions Decision-Making*, Oxford, Oxford University Press, 2016.

2. Giorgio Gaja and Jenny Grote Stoutenburg, *Enhancing the Rule of Law through the International Court of Justice*, Koninklijke Brill NV, Leiden, the Netherland, 2014.

3. Antōnios Tzanakópoulos, *Disobey the Security Council: countermeasures against wrongful sanctions*, Oxford University Press, 2011.

4. August Reinisch, *Challenging acts of International Organizations before National Courts*, Oxford University Press, 2011.

5. Bardo Fassbender, *The United Nations Charter as the Constitution of the International Community*, Martinus Nijhoff Publishers, 2009.

6. Jan Klabbers, Anne Peters, Geir Ulfstein, *The Counstitutionalization*

of International Law, Oxford University Press, 2009.

7. Hitoshi Nasu, *International Law on Peacekeeping: a Study of Article 40 of the UN Charter*, Martinus Nijhoff Publishers, 2009.

8. Ian Hurd, *After Anarchy: Legitimacy and Power in the United Nations Security Council*, Princeton University Press, 2008.

9. Juergen Dedring, *The United Nations Security Council in the* 1990s: *Resurgence and Renewal*, State University of New York Press, 2008.

10. Ian Clark, *Legitimacy in international society*, Oxford University Press, 2007.

11. Brian Frederking, *The United States and the Security Council: Collective Security since the Cold War*, Routledge, 2007.

12. Jeremy Matam Farrall, *United Nations Sanctions and the Rule of Law*, Cambridge University Press, 2007.

13. Francois Thoenen, *Judicial Review of the UN Security Council's: law-making by regional and national courts*, Institut universitaire de hautes études internationales, 2007.

14. Shabtai Rosenne, Yaél Ronen, *The Law and Practice of the International Court*, 1920-2005, Martinus Nijhoff Publishers, 2006.

15. Kenneth Manusama, *The United Nations Security Council in the Post-cold War Era: Applying the Principle of Legality*, Martinus Nijhoff Publishers, 2006.

16. Oliver James Lissitzyn, *The International Court of Justice: Its Role in the Maintenance of International Peace and Security*, The Lawbook Exchange, Ltd. , 2006.

17. Max Hilaire, *United Nations Law and the Security Council*, Ashgate Publishing, Ltd. , 2005.

18. Benedetto Conforti, *The Law and Practice of the United Nations*, Martinus Nijhoff Publishers, 2005.

19. Dimitris Bourantonis, *The History and Politics of UN Security Council*

Reform, Routledge, 2005.

20. Vera Gowlland-Debbas, Djacoba Liva Tehindrazanarivelo, *National Implementation of United Nations Sanctions: A Comparative Study*, Martinus Nijhoff Publishers, 2004.

21. Erika De Wet, *The Chapter VII Powers of the United Nations Security Council*, Hart Publishing, 2004.

22. Neil Fenton, *Understanding the UN Security Council: Coercion or Consent?*, Ashgate, 2004.

23. Jan Klabbers, *An Introduction to International Institutional Law*, Cambridge University Press, 2003.

24. Mohamed Sameh M. Amr, *The Role of the International Court of Justice as the Principal Judicial Organ of the United Nations*, Kluwer Law International, 2003.

25. Erika De Wet, André Nollkaemper, Petra Dijkstra, *Review of the Security Council by Member States*, Intersentia nv, 2003.

26. N. D. White, *The United Nations System: Toward International Justice*, Lynne Rienner Publishers, 2002.

27. B. G. Ramcharan, *The Security Council and the Protection of Human Rights*, Martinus Nijhoff Publishers, 2002.

28. David Schweigman, *The Authority of the Security Council under Chapter VII of the UN Charter*, Martinus Nijhoff Publishers, 2001.

29. Kaiyan Homi Kaikobad, *The International Court of Justice and Judicial Rewiew: a study of the court's powers with repect to judgments of the ILO and UN administrative tribunals*, Kluwer Law International, 2000.

30. Danesh Sarooshi, *The United Nations and the Development of Collective Security: The Delegation by the UN Security Council of its Chapter VII Powers*, Oxford University Press, 1999.

31. Bardo Fassbender, *UN Security Council Reform and the Right of Veto: A Constitutional Perspective*, Martinus Nijhoff Publishers, 1998.

32. Sam Muller, D. Raič, J. M. Thuránszky, *The International Court of Justice: Its Future Role After Fifty Years*, Martinus Nijhoff Publishers, 1997.

33. Mohammed Bedjaoui, *The New World Order and the Security Council: Testing the Legality of its Acts*, Martinus Nijhoff Publishers, 1994.

34. Renata Sonnenfeld, *Resolutions of the United Nations Security Council*, Martinus Nijhoff Publishers, 1988.

35. Shabtai Rosenne, *Procedure in the International Court: A Commentary on the 1978 Rules of the International Court of Justice*, Martinus Nijhoff Publishers, 1983.

36. Jorge Castañeda, *Legal Effects of United Nations Resolutions*, Columbia University Press, 1969.

37. Hans Kelsen, *The Law of the United Nations: A Critical Analysis of its Fundamental Problems*, F. A. Praeger, 1950.

(二) Articles

1. Antonios Tzanakopoulos, Sharing Responsibility for UN Targeted Sanctions, International Organizations Law Review, 12(2015), 427-447.

2. Sebastian Recker, European Court of Justice Secures Fundamental Rights from UN Security Council Resolutions, Göttingen Journal of International Law 1 (2009) 1, 159-178.

3. Kamrul Hossain, *Legality of the Security Council Action: Does the International Court of Justice Move to Take Up the Challenge of Judicial Review?*, Uluslarasi Hukuk ve Politika Cilt 5, No: 17 ss. 133-163, 2009.

4. Matteo M. Winkler, *When Legal System Collide: The Judicial Review of Freezing Measures in the Fight Against International Terrorism*, Yale Law School Student Scholarship Papers, 2007.

5. Andrea Bianchi, *Assessing the Effectiveness of the UN Security Council's Anti-terrorism Measures: The Quest for Legitimacy and Cohesion*, 17 (5) European Journal of International Law (2006).

6. Kathleen Renée Cronin-Furman, *The International Court of Justice*

and the United Nations Security Council: *Rethinking a Complicated Relationship*, 106 Columbia Law Review (2006).

7. Armin von Bogdandy, *Constitutionalism in International Law*: *Comment on a Proposal from Germany*, 47 Harvard International Law Journal (2006).

8. Ioana Petculescu, *The Review of the United Nations Security Council Decisions by the International Court of Justice*, 52 Netherlands International Law Review (2005).

9. Corneliu Bjola, *Legitimating the Use of Force in International Politics*: *A Communicative Action Perspective*, 11(2) European Journal of International Relations (2005).

10. Sébastien Jodoin, *Enhancing the Procedural Legitimacy of the U. N. Security Council*: *A Normative and Empirical Assessment*, 17 Sri Lanka Journal of International Law (2005).

11. Eric Rosand, *The Security Council as "Global Legislator"*: *Ultra Vires or Ultra Innovative?*, 28 Fordham International Law Journal (2005).

12. Alain Pellet, *Strengthening the Role of the International Court of Justice as the Principal Judicial Organ of the United Nations*, 3 The Law and Practice of International Courts and Tribunals (2004).

13. James Crawford, *Marbury v. Madison at the International Level*, 36 Geo. Wash. Int'l L. Rev. (2004).

14. Emilio J. Cárdenas, *The United Nations Security Council's Quest for Effectiveness*, 25 Michigan Journal of International Law (2004).

15. Elias Davidsson, *The U. N. Security Council's Obligations of Good Faith*, 15 Florida Journal of International Law (2003).

16. Andrea Bianchi, *Ad-hocism and the Rule of Law*, 13(1) European Journal of International Law (2002).

17. Wouter G. Werner, *Securitization and Judicial Review*: *A Semiotic Perspective on the Relation Between the Security Council and International*

Judicial Bodies, 14 International Journal for the Semiotics of Law (2001).

18. Michael Plachta, *The Lockerbie Case: The Role of the Security Council in Enforcing the Principle Aut Dedere Aut Judicare*, 12(1) European Journal of International Law (2001).

19. Abdul Ghafur Hamid, *A Legal Implication of the Lockerbie Case: Can the International Court of Justice Judicially Review Security Council Decisions?*, 8(2) International Islamic University Malaysia Law Journal (2000).

20. Deborah D'Angelo, *The "Check" on International Peace and Security Maintenance: The International Court of Justice and Judicial Review of Security Council Resolutions*, 23(2) Suffolk Transnational Law Review (2000).

21. Erika. de Wet, *Judicial Review as an Emerging General Principle of Law and Its Implications for the International Court of Justice*, 47 (2) Netherlands International Law Review (2000).

22. Bernd Martenczuk, *The Security Council, the International Court and Judicial Review: What Lessons from Lockerbie?* 10(3) European Journal of International Law (1999).

23. Nigel White, *To Review or Not to Review? The Lockerbie Cases Before the World Court?*, 12 Leiden Journal of International Law (1999).

24. Ernst-Ulrich Petersmann, *Constitutionalism and International Adjudicate: How to Constitutionalize the U. N. Dispute Settlement System?* 31 International Law and Politics (1999).

25. Wood, Michael C. , *The Interpretation of Security Council Resolution*, Max Planck Year Book of United Nations Law (1998).

26. Dapo Akande, *The International Court of Justice and the Security Council: Is There Room for Judicial Control of the Decisions of the Political Organs of the United Nations?*, 46 International and Comparative Law Quaterly (1997).

27. Karl Doehring, *Unlawful Resolutions of the Security Council and their Legal Consequences*, Max Planck Year Book of United Nations Law (1997).

28. P. Dupuy, *The Constitutional Dimension of the Charter*, Max-Plank Year Book of United Nations Law (1997).

29. Jose E. Alvarez, *Judging the Security Council*, 90 American Journal of International Law (1996).

30. R. I. R. Abeyratne, *International Politics and International Justice: Unity in Diversity?*, 10 (2) International Journal of Politics, Culture and Society (1996).

31. Ken Robeerts, *Second-Guessing the Security Council: The International Court of Justice and Its Powers of Judicial Review*, 7 Pace International Law Review (1995).

32. Attila Tanzi, *Problems of Enforcement of Decisions of the International Court of Justice and the Law of the United Nations*, 6 (1) European Journal of International Law (1995).

33. T. D. Gill, *Legal and Some Political Limitations on the Power of the UN Security Council to Exercise its Enforcement Powers under Chapter VII of the Charter*, Netherlands Year Book of International Law (1995).

34. Vera Gowlland-Debbas, *The Relationship between the International Court of Justice and the Security Council in the Light of the Lockerbie Case*, 88 American Journal of International Law (1994).

35. Matthias Herdegan, *The "Constitutionalization" of the UN Security Council*, 27 Vanderbilt Journal of Transnational Law (1994).

36. Sean D. Murphy, *The Security Council, Legitimacy, and the Concept of Collective Security After the Cold War*, 32 Columbia Journal of Transnational Law (1994).

37. Scott S. Evans, *The Lockerbie Incident Cases: Libyan-sponsored Terrorism, Judicial Review and the Political Question Doctrine*, 18 MD. Journal of International Law & Trade (1994).

38. Keith Happer, *Does The United Nations Security Council Have the Competence to Act as Court and Legislature?*, 27 N. Y. U. Journal of

Internationl Law And Politics (1994).

39. David D. Caron, *The Legitimacy of the Collective Authority of the Security Council*, 87 American Journal of International Law (1993).

40. Geoffrey R. Watson, *Constitutionalism, Judicial Review, and the World Court*, 34 Harvard International Law Journal (1993).

41. W. Michael Reisman, *The Constitutional Crisis in the UN*, 87 American Journal of International Law (1993).

42. R. St J. Macdonald, *Changing Relations between the International Court of Justice and the Security Council of the United Nations*, 31 Can. Y. I. L. (1993).

43. Dencho Georgiev, *Politics or Rule of Law, Deconstruction and Legitimacy in International law*, 4(1) European Journal of International Law (1993).

44. C. Tomuschat, *The Lockerbie Case before the International Court of Justice*, 48 International Commission of Jurists-The Review (1992) .

45. Thomas M. Frank, *The " Powers of Appreciation "*: *Who Is the Ultimate Guardian of UN Legality?*, 86(3) American Journal of International Law (1992).

46. Michael J. Glennon, *The Constitution and Chapter VII of the United Nations Charter*, 85 American Journal of International Law (1991).

47. Bardo Fassbender, *Review Essay*: *Quis judicabit? The Security Council, Its Powers and Its Legal Control*, 11 (1) European Journal of International Law (2000).

(三) Cases

1. Advisory Proceedings referred to the International Court of Justice

(1) Admission of a State to the United Nations (Charter, Art. 4), Advisory Opinion, I. C. J. Reports 1948.

(2) Reparation for injuries suffered in the service of the United Nations,

Advisory Opinion, I. C. J. Reports 1949.

(3) International Status of South-West Africa, Advisory Opinion, I. C. J. Reports 1950.

(4) Interpretation of Peace Treaties with Bulgaria, Hungary and Romania, First Phase, Advisory Opinion, I. C. J. Reports 1950.

(5) Reservations to the Convention on Genocide, Advisory Opinion, I. C. J. Reports 1951

(6) Effect of awards of compensation made by the U. N. Administrative Tribunal, Advisory Opinion, I. C. J. Reports 1954.

(7) Judgments of the Administrative Tribunal of the I. L. O. upon complaints made against the U. N. E. S. C. O. , Advisory Opinion, I. C. J. Reports 1956.

(8) Certain Expenses of the United Nations (Article 17, paragraph 2, of the Charter), Advisory Opinion, I. C. J. Reports 1962.

(9) Legal Consequences for States of the Continued Presence of South Africa in Namibia (South West Africa) notwithstanding Security Council Resolution 276 (1970), Advisory Opinion, I. C. J. Reports, 1971.

(10) Application for Review of Judgement No. 158 of the United Nations Administrative Tribunal, Advisory Opinion, I. C. J. Reports 1973.

(11) Western Sahara, Advisory Opinion, I. C. J. Reports 1975.

(12) Legality of the Threat or Use of Nuclear Weapons, Advisory Opinion, I. C. J. Reports 1996.

(13) Legality of the Use by a State of Nuclear Weapons in Armed Conflict, Advisory Opinion, I. C. J. Reports 1996.

(14) Difference Relating to Immunity from Legal Process of a Special Rapporteur of the Commission on Human Rights, Advisory Opinion, I. C. J. Reports 1999.

(15) Legal Consequences of the Construction of a Wall in the Occupied Palestinian Territory, Advisory Opinion, I. C. J. Reports 2004.

(16) Accordance with international law of the unilateral declaration of independence in respect of Kosovo, Advisory Opinion, I. C. J. Reports, 2010.

2. Contentious Cases before the International Court of Justice

(1) Anglo-Iranian Oil Co. (*United Kingdom v. Iran*), Jurisdiction, Judgment of July 22nd, 1952, Dissenting Opinion of Judge Alvarez, I. C. J. Reports, 1952.

(2) Nottebohm (*Liechtenstein v. Guatemala*), Preliminary Objection, Judgement of November 18th, 1953, I. C. J. Reports 1953.

(3) Certain Norwegian Loans (*France v. Norway*), Judgment of July 6th, 1957, I. C. J. Reports 1957.

(4) Temple of Preah Vihear (*Cambodia v. Thailand*), Merits, Judgemnt of 15 June 1962, I. C. J. Reports 1962.

(5) South West Africa (*Liberia v. South Africa*; *Ethiopia v. South Africa*), Second Phase, Judgment, I. C. J. Reports 1966.

(6) Aegean Sea Continental Shelf (*Greece v. Turkey*), Internrim Protection, Order of 11 September 1976, I. C. J. Reports 1976.

(7) Military and Paramilitary Activities in and against Nicaragua (*Nicaragua v. United States of America*), Provisional Measures, Order of 10 May 1984, I. C. J Reports 1984.

(8) Questions of Interpretation and Application of the 1971 Montreal Convention arising from the Aerial Incident at Lockerbie (*Libyan Arab Jamahiriya v. United Kingdom*; *Libyan Arab Jamahiriya v. United States of America*), Provisional Measures, Order of 14 April 1992, I. C. J. Reports, 1992.

(9) Application of the Convention on the Prevention and Punishment of the Crime of Genocide (*Bosnia and Herzegovina* v. *Serbia and Montenegro*), Provisional Measures, Oreder of 8 April 1993, I. C. J. Reports 1993.

(10) Questions of Interpretation and Application of the 1971 Montreal Convention arising from the Aerial Incident at Lockerbie (*Libyan Arab*

Jamahiriya v. United Kingdom; *Libyan Arab Jamahiriya v. United States of America*), Preliminary Objections, Judgment of 27 February 1998, I. C. J. Reports, 1998.

(11) Armed Activities on the Territory of the Congo (*Democratic Republic of the Congo v. Uganda*), Provisional Measures, Order of 1July 2000, I. C. J. Reports 2000.

(12) Armed Activities on the Territory of the Congo (New Application: 2002) (*Democratic Republic of the Congo v. Uganda*), Provisional Measures, Order of 1 July 2002, I. C. J. Reports 2002.

3. Cases before the other Intetnational Courts

Prosecutor v. Tadić, 1995, International Criminal Tribunal for the former Yugoslavia (ICTY).

Yassin Abdullah Kadi v. Council of the European Union and Commission of the European Communities, 2005, European Court of Justice (ECJ).

后　记

本书是在我博士学位论文基础上修改完成，虽然早在 2012 年 6 月就已经通过了博士论文答辩并获得了武汉大学国际法专业的法学博士学位，但由于诸多原因一直拖延到现在。一方面，虽然博士论文是在自己的导师曾令良教授的悉心指导下认真完成的，答辩时也顺利通过，但也还有很多不足之处，想再多收集一些资料，经过"精雕细刻"之后再出版。另一方面，就是出版经费的问题，由于博士学位论文作为一种学术论文，专业性很强，因而很难靠发行量来弥补出版费。博士毕业之后，曾一直寄希望于得到某方面的资助，但一直没有这样的机会，直到今年得到了湖北警官学院张建良教授的大力支持，从其主持的"荆楚卓越警务法律人才协同育人计划项目"中拨出经费予以资助，本书才得以出版。

记得曾老师在论文指导过程中多次给我们强调，"你们的博士论文将来可能就是你们的第一本专著，是要出版的，必须认真对待；另外，你们最终可能会发现博士论文也是你们自己投入精力、花费心思最多，老师们给予指导最多的一部著作，首先有导师的全程指导，还有开题答辩、论文外审和论文答辩中教授们提出的各种意见。所以，要将自己博士论文写成精品"。

现在专著终于要出版了，但令人无比悲痛的是，深受学生爱戴的曾老师却因操劳过度在 2016 年的 7 月永远地离开了我们，老师再也无法看到我论文的出版了。在修改书稿的过程中，我找到了自己珍藏的那本被曾老师亲笔修改过的博士论文初稿。在那本论文初稿上，曾老师用红、蓝和墨绿三种颜色的笔作了详细的批注并提出了大量修改意见，老师甚至对自己的批注和修改意见也作过修改。三种不同颜色的笔迹表明老师将我的论文认真修改过多次，老师每看一次就用一种不同颜色的笔批注一次。老师治学严谨和对学生认真负责的态度达到了令人震惊的程度，同时也让我深感愧疚，我应该在撰写博士论文的过程更认真一些，研究更深入一些，那样就可以让老师少操劳一些。

　　本书最终能得以出版，与诸位老师、领导、同事、同学、朋友和家人的支持、帮助、关心和理解是分不开的，在此一并表示衷心的感谢！